rowohlts monographien
begründet von Kurt Kusenberg
herausgegeben
von Wolfgang Müller und Uwe Naumann

Émile Zola

**mit Selbstzeugnissen
und Bilddokumenten
dargestellt von
Marc Bernard**

bildmono
**ro
ro
ro**
graphien

Rowohlt

Aus dem Französischen übertragen und ergänzt von Hansgeorg Maier
Den dokumentarischen und bibliographischen Anhang bearbeiteten
Paul Raabe und Uta Rösler-Isringhaus
Ergänzung der Bibliographie 1997
durch Brigitte Haertel
Herausgeber: Kurt Kusenberg
Umschlagentwurf: Werner Rebhuhn
Vorderseite: Émile Zola. Éditions du Seuil, Paris.
(Aus dem Besitz der Familie Zola)
Rückseite: Karikatur von Jean Veber, 1887

Veröffentlicht im Rowohlt Taschenbuch Verlag GmbH,
Hamburg, Januar 1959
Mit Genehmigung des Verlags Éditions du Seuil, Paris
Alle Rechte an dieser Ausgabe vorbehalten
Satz Times (Linotron 505 C)
Gesamtherstellung Clausen & Bosse, Leck
Printed in Germany
1290-ISBN 3 499 50024 8

6. Auflage. 33.–34. Tausend Mai 1997

Inhalt

In Aix (1840–1858)

Émile Zola wurde am 2. April 1840 in Paris geboren; seine Mutter stammte aus Burgund, sein Vater aus Italien. François Zola, von Beruf Ingenieur, wohnte damals in Aix-en-Provence, wo er sich mit dem Bau eines Kanals befaßte, der nach ihm benannt werden sollte.

Als er wieder einmal in Paris weilte, um sich den zur Verwirklichung seines Projekts erforderlichen Rückhalt zu verschaffen, hatte er die Bekanntschaft eines jungen Mädchens gemacht – es war die neunzehnjährige Émilie-Aurélie Aubert. François Zola war dreiundvierzig und ein Mann von raschen Entscheidungen; kaum hatte er das junge Mädchen erblickt, beschloß er, Émilie-Aurélie zu heiraten.

Während eines neuerlichen Aufenthalts seiner Eltern in der Hauptstadt kam dann Émile zur Welt: in der Pariser Wohnung, die sein Vater in der Rue Saint-Joseph, Nummer 10, gemietet hatte, einer Seitenstraße der Rue Montmartre.

Als in Paris alle wegen des Kanalprojekts nötigen Schritte getan waren, kehrte François Zola mit Frau und Kind nach Aix zurück. Er starb dort 1847.

Émile Zola ist sieben Jahre alt, als er seinen Vater verliert. Vom siebenten bis zum zwölften Lebensjahr besucht er das Alumnat Notre-Dame, anschließend das Collège von Aix. Er gehört zur Schulkapelle und bläst bei den Prozessionen die Klarinette – im übrigen beschäftigen ihn die Kapitel eines Romans, den er über die Kreuzzüge zu schreiben begonnen hat. Nach anfänglich nur mittelmäßigen Leistungen im Unterricht entwickelt er ziemlich übergangslos einen beträchtlichen Arbeitseifer, und bei den Prüfungen am Ende des Schuljahres belegt er in den meisten Fächern den ersten Platz.

Obwohl seine Bindung an die Provence im Grunde reiner Zufall ist, werden seine Kindheitseindrücke und Jugenderinnerungen unverwischbare Spuren hinterlassen. Zwar wird er nie ein Schriftsteller, der sich seiner Heimat verschreibt, und er bezeigt der Provence keineswegs die Anhänglichkeit eines Paul Arène oder Alphonse Daudet; aber er wird lebenslang seiner Spaziergänge mit Cézanne und Baille in der Umgebung von Aix gedenken und von dieser Spanne seines Daseins stets mit innerer Bewegung sprechen; und die Menschen der Provence werden häufig in seinen Büchern auftreten, wie er denn auch immer zu seinen Jugendfreundschaften steht.

Die verschiedenen Gegenden Südfrankreichs prägen sich ihm unaus-

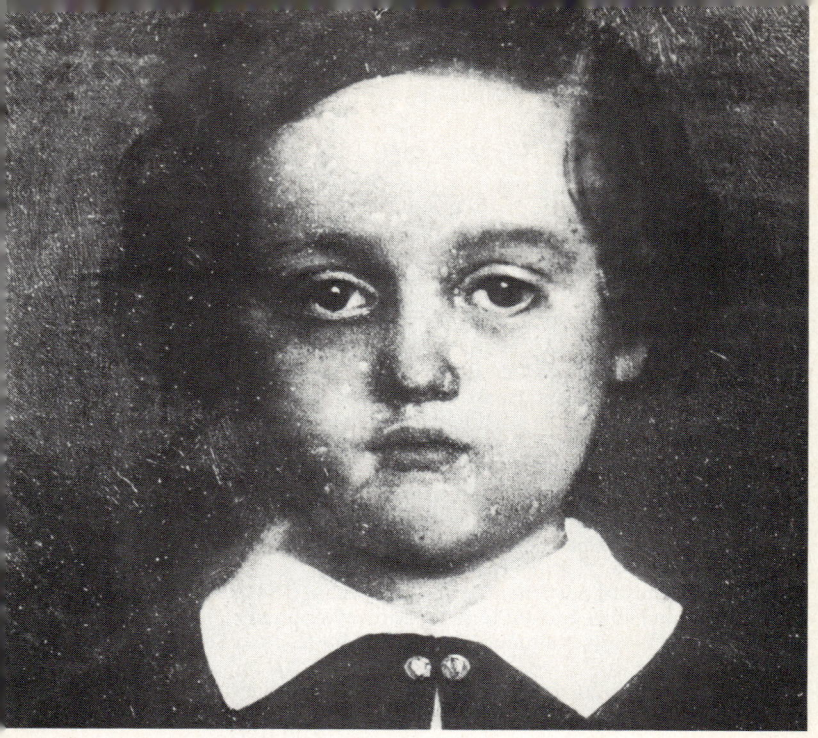

Émile Zola im Alter von fünf Jahren

löschlich ein; in seinem Lebenswerk wird er vielfach auf sie zurückkommen.

Das *Paradou* behält für ihn den Charakter einer Oase, eines wahren Paradieses. Er kennt die bergige Steppe um Aix so bewundernswert genau, weil er sie mit seinen Kameraden vom Collège ausgiebig durchstreift hat; er hat im Arc gebadet und mit trockenem Gras auf improvisierten Feuerstellen gekocht, waghalsig ist er in unerforschte Höhlen eingedrungen – so gründlich hat ihn das unbehinderte Umherwandern an den Geschmack der Freiheit gewöhnt, daß ihm mitunter Tränen in die Augen treten, wenn er sich hernach dieser Zeitläufte erinnert. Zwanzig Jahre alt, wird er sich als Zollangestellter wenigstens in der Phantasie aus seinem elenden Dienstraum davonstehlen, um in sich die Landschaft von Aix wiederzufinden.

Kräftiger noch als in den Klassenzimmern des Collège gedieh sein Hang zur Literatur in freier Luft, unter dem endlosen Blätterdach der Platanen, während er sich ganze Abschnitte aus dem Epos *Jocelyn* von Alphonse de Lamartine oder dem Drama *Hernani* von Victor Hugo aufsagte. Lamartine, Hugo und Alfred de Musset sind damals seine Lieblingsdichter. Cézanne und er gebärden sich als hemmungslose Romantiker; beim Baden zitieren sie, mitten zwischen zwei Kopfsprüngen, lange Dialogstellen aus Victor Hugos *Ruy Blas*.

Erste Pariser Jahre

Seitdem François Zola (1847) gestorben war, hatte der kleine Haushalt zunehmend unter einer an Not grenzenden Geldverlegenheit gelitten, die Madame Zola schließlich – elf Jahre später – veranlaßte, Aix zu verlassen, um in Paris ein Auskommen zu suchen. Émile ist gerade achtzehn geworden; nun geht er aufs Lycée Saint-Louis, wo er wegen seines südfranzösischen Akzents «Der Marseiller» heißt. Er bereitet sich auf das Maturum als Realgymnasiast vor, fällt jedoch durch und fährt nach Aix in die Ferien. Im November desselben Jahres 1859 meldet er sich erneut zur Prüfung, jetzt in Marseille, denn er möchte lieber bei den Examinatoren in der Provinz sein Heil versuchen. Indessen schafft er das Examen noch immer nicht, und wie beim erstenmal ist das Unterrichtsfach Französisch die Ursache seines Scheiterns . . . Madame Zola ist völlig verzagt; es ist ihr nicht möglich, den Sohn noch länger auf dem Lycée zu lassen, er soll sich statt dessen nach einer Anstellung umtun. Ein Freund der Familie bringt ihn, an den Docks Napoléon, bei der Zollverwaltung unter. 60 Francs zahlt man ihm im Monat; er verfällt der Verzweiflung, wenn er sich ausmalt, welches mediokre Schreiberdasein vor ihm liegt.

Da er in Paris niemanden kennt, korrespondiert er ausgiebig mit seinen Freunden in Aix. Gleich in einem seiner ersten Briefe an Baille (datiert vom 23. Januar 1859) spricht er dem Freund von der Notwendigkeit, sich selber sein Brot zu verdienen; ein Problem, das ihn auf Jahre hinaus quälen wird:

«Immer noch falle ich meiner Mutter zur Last, die kaum sich selbst durchzubringen vermag. Es ist meine Pflicht, mir Arbeit zu suchen, um mich zu ernähren, und noch habe ich diese Arbeit nicht gefunden; ich hoffe nur, es möge demnächst der Fall sein. So sieht es also bei mir aus: ich habe für mein Essen und Trinken aufzukommen, gleichviel, wie; und will ich nicht auf meine Träume Verzicht leisten, muß ich, was meine Zukunft betrifft, die Nacht zu Hilfe nehmen. Der Kampf wird sich in die Länge ziehen, doch schreckt er mich keineswegs; ich spüre etwas in mir, und wenn dieses Etwas wirklich in mir lebt, muß es früher oder später ans Tageslicht gelangen!»

Aber Zola entdeckt, daß es durchaus nicht so einfach ist, für Essen und Trinken aufzukommen – «gleichviel, wie»:

«Ich wollte, ich könnte Dir etwas Sicheres über meine materielle Lage sagen. Leider ist jedoch nichts weniger gesichert als gerade diese Seite meiner Zukunft. Länger als ein Jahr jage ich nun schon hinter einer Anstellung her; aber ich mag mich noch so hetzen, sie geht mir jedesmal

*Brief an die
Großeltern,
1850*

durch die Lappen. Gesuch auf Gesuch habe ich eingereicht; bei den un-
möglichsten Behörden habe ich mich angeboten: überall Vertröstungen,
nie ein Ergebnis. – Du kannst gar nicht ermessen, wie schwer ich unterzu-
bringen bin! Nicht, daß ich Bedingungen stellte, dies oder das lieber tun
möchte als jenes; diese Anmaßung hegte ich wohl anfangs, heute ist sie mir
vergangen!»

Da endlich wird er, im April 1860, Schreiber beim Zoll, mit monatlich
60 Francs. Worüber er begreiflicherweise nicht sonderlich begeistert ist.
Baille gegenüber spricht sich Émile, nicht ohne Bitterkeit, unverhohlen
aus:

«*Was mich selber angeht, so besteht mein Leben in ständig dem gleichen
Einerlei. Wenn ich, über mein Pult gebeugt, schreibe, ohne zu erfassen, was
ich da aufs Papier bringe, und währenddessen mit offenen Augen schlafe,
als sei ich gänzlich abgestumpft, dann rückt mir mitunter plötzlich eine
lebhafte Erinnerung vor den Sinn, etwa einer unserer fröhlichen Ausflüge
oder eine Gegend, die uns besonders gefiel, und mir wird gräßlich beklom-
men ums Herz. Ich hebe den Kopf und gewahre die triste Wirklichkeit: den
staubigen, mit gilbenden Wischen vollgestopften Dienstraum, bevölkert
von einer Schar zumeist stumpfsinniger Schreiber; ich vernehme das mono-
tone Kratzen der Federn, Worte, die mir peinigend in die Ohren gellen,
Ausdrücke, die mich bizarr anmuten; da beginnen, wie um meiner zu*

spotten, auf den Fensterscheiben die Sonnenstrahlen zu spielen und mahnen mich daran, daß draußen die Natur in voller Blüte steht, die Vögel ihre schmeichelnden Lieder anstimmen und die Blumen ihre berauschenden Düfte verströmen. Ich lasse mich auf meinen Strohsitz zurückfallen, schließe die Lider und sehe, für einen Moment, Euch, meine alten Freunde, auf mich zukommen; und auch sie sehe ich, die Frauen, die ich einst liebte, ohne mir dessen bewußt zu sein. Dann verschwindet alles, schrecklicher denn je kehrt die graue Realität zurück, ich fasse nach meiner Feder und bräche am liebsten in Tränen aus.»

Unter einer Schar *«zumeist stumpfsinniger Schreiber»* hält er es nicht lange aus; zwei Monate später kommt er um seine Entlassung ein. Was zur Folge hat, daß er wieder einmal einige Zeit als Bohemien seine Tage fristet: er haust unter dem Dach und nährt sich von Brotstücken, die er mit Knoblauch abreibt und in Öl tunkt.

Während dieser ganzen ersten Etappe seiner Pariser Jahre hat Zola – trotz zweimaligen Scheiterns an der Matura, und wiewohl seine Zukunftsaussichten ihm äußerst düster hätten vorkommen können – sich niemals der Mutlosigkeit überlassen. Der Grund: er glaubt eben an «etwas», was er «in sich» spürt und wofür er kämpfen will, damit es *«früher oder später ans Tageslicht»* gelangen kann.

Im Dezember 1859 hat er Baille bereits den Abschluß seines ersten Prosawerks angekündigt:

«Nie besuche ich jemanden, die Abende dünken mich überaus lang. Ich rauche viel, lese viel und schreibe sehr wenig. Jedoch habe ich ‹Les Grisettes de Provence› beendet; es hat mir einfach Spaß gemacht, diese losen Schwänke zu erzählen. Ich bin aber weit davon entfernt, mit meinem Werk zufrieden zu sein: der Stoff war über die Maßen spröde; die Begebnisse liefen hintereinander her, es ergab sich keine Verwicklung, keine Entwirrung eines Knotens. Zu allem Überfluß wollten sich nicht Würde und Moral einstellen; unsere Rollen waren ja auch nichts weniger als solche von Romanhelden . . .»

. . . Das Ungenügen, dem er sich ausgeliefert fühlt, beeinträchtigt indessen nicht sein Selbstvertrauen:

«Es ist nicht so, als ob mir die dichterische Eingebung erstorben wäre: in den Stunden, die ich meinen Träumen weihe, ist mein Esprit so schlagfertig wie je, und auch meine Einfälle sind großartig.»

Im selben Brief an Baille faßt er ein Glaubensbekenntnis in Worte, von dem er auch künftig nicht abgeht:

«Beständig unbekannt sein, heißt: dahin kommen, daß man an sich zweifelt; nichts stärkt die Hoffnungen eines Autors mehr als der Erfolg. Aber einerlei: um bekannt zu werden, muß ich noch an mir arbeiten, und falls diese letzten Monate, die soviel Wirrnis und Enttäuschungen gebracht haben, mir abträglich gewesen sind, so haben sie doch nicht vermocht, alle Poesie in mir zu ersticken.»

In gleichem Sinn folgen, wenig später, die prophetischen Zeilen:

«Was aus mir werden wird, darüber bin ich mir noch nicht schlüssig; sollte ich aber endgültig die literarische Laufbahn einschlagen, habe ich vor, die Devise ‹Alles oder nichts!› zu meinem Wahlspruch zu machen. Ich wäre also keineswegs gesonnen, in jemandes Fußstapfen zu treten; was

nicht heißt, daß ich darauf erpicht wäre, das Haupt einer ‹Schule› zu werden – ein Mann solchen Gepräges geht üblicherweise ja streng systematisch zu Werke –, vielmehr würde es mich danach verlangen, einfach einen noch unbetretenen Pfad ausfindig zu machen und auf ihm jedenfalls der Gesellschaft all der Skribenten unserer Tage enthoben zu sein.»

Was er binnen eines Jahrzehnts in die Tat umsetzen wird – die Bildung einer literarischen Gruppe mit Flaubert, den Goncourts, Alphonse Daudet –, legt er bereits jetzt Baille und Cézanne dar:

«Das besondere Ziel solchen Zusammenwirkens würde es sein, einen machtvollen Bund für die Zukunft zu begründen und uns gegenseitig zu unterstützen, welche Kampflage auch immer sich für uns ergeben mag. Wir sind jung, das Feld ist unser – wär's nicht weise, bevor wir uns ins Getümmel stürzen, uns die Hände zu reichen und ein ganz neuartiges Band zwischen uns zu knüpfen, damit wir, einmal im Kampf, stets einen Freund an unserer Seite wissen, diesen Lichtpfeil der Hoffnung in all der Finsternis unter uns Menschen?»

Doch er weiß augenscheinlich gar nicht, was er künftig schreiben wird. Baille ist Realist, und Zola legt sich ins Zeug, um ihm verständlich zu machen, daß diese Anschauung die Dinge nicht trifft:

«Was mich schon früher gegen Dich aufbrachte, war diese Beharrlichkeit, mit der Du Dich darauf versteiftest, meine Philosophie einfach nicht anzuerkennen und zu begreifen. Ich mochte Dir noch so oft einschärfen: ‹Die Wirklichkeit ist traurig, die Wirklichkeit ist abscheulich; hüllen wir sie also mit Blumen ein! Lassen wir sie nur soweit an uns heran, wie unser erbärmliches Menschsein es erheischt; essen und trinken wir, befriedigen wir unsere brutalen Triebe, sorgen wir aber auch dafür, daß die Seele zu ihrem Recht kommt, daß unsere Mußestunden der Traum verschönt!› – Du erwidertest unentwegt: ich redete ins Blaue hinein und sähe gar nicht, was mich so blind mache. Großer Gott, als ob ich es wirklich nicht sähe! Ich wende meine Blicke, indem ich sie auf die Rosen richte, nicht darum vom Mist ab, weil ich dem Mist, der meine Rosen zum Blühen bringt, die Nützlichkeit abstreiten will, sondern weil ich die Rosen, so wenig nützlich sie auch sind, eben vorziehe. Entsprechend halte ich es mit der Wirklichkeit und dem Idealen. Die erstere nehme ich als notwendig hin, ich unterwerfe mich ihr nach dem Willen der Natur; aber seitdem ich imstande bin, von der ausgefahrenen Straße des gemeinen Haufens abzuweichen, bin ich in anderer Richtung unterwegs und tummle mich auf meinen eigenen Wiesen und Weiden.»

Da Baille sich zum Idealismus seines Freundes so schwer bekehren läßt, setzt Zola abermals zum Angriff an:

«Wenn man Schlamm aufrührt, bleiben einem stets ein paar Dreckspritzer an den Händen; wenn man sich beim Morgenrot auf freier Flur ergeht, kehrt man mit Blumenduft und Tau behaftet heim. Der satirische Dichter, der den Menschen nur von seiner schlechten Seite sieht, wird zuletzt von mitleidiger Verachtung, Abscheu, ja Haß gepackt; sein Gelächter, anfänglich scherzhafter Spott, wird bitter; sein Wunsch zu bessern macht dem zu geißeln Platz; je weiter er hineinwatet, desto unergründlicher wird der Morast; je strenger der Satiriker sich gebärdet, desto erbarmungsloser wird er; sein letzter Weheruf ist eine Blasphemie.»

Während er dem ihm so wichtigen Kampf gegen den Realismus obliegt, wechselt Zola öfters die Behausung, ohne sich allerdings sehr weit aus dem Umkreis des Panthéon zu entfernen, unter dessen Kuppel hernach – wie Victor Hugo oder Jean Jaurès – auch er die letzte Ruhestatt finden soll . . .

Wenn er kein Geld hat, um Kohlen zu kaufen, wickelt er sich im Winter in eine Wolldecke ein: «*einen Araber aus sich machen*», nennt er das. Er träumt von kommenden Zeiten, schreibt Dichtungen, die nichts taugen, überläßt sich unkomplizierten Empfindungen:

«Vierzehn Tage sind es nun, daß ich, höchst platonisch, der Liebe huldige. Ein junges Mädchen, eine Blumenbinderin, die nebenan wohnt, kommt täglich zweimal, früh halb sieben und abends um acht, unter meinem Fenster vorbei. Die Kleine ist blond, sehr hübsch, sehr graziös; zierliche Hände, zierliche Füße; eine der anmutigsten Grisetten. Zu der Zeit, wo sie vorübergehen muß, stelle ich mich regelmäßig ans Fenster: sie kommt, schaut zu mir herauf, wir wechseln einen Blick, am Ende wird ein Lächeln daraus; und sonst nichts.»

Bernardin de Saint-Pierre (berühmt als Verfasser von *Paul et Virginie*, einer in den Tropen spielenden Liebesidylle) beschäftigt Zolas Phantasie; daß er Saint-Pierres einstige Mansarde bewohnt, hält Zola für mehr als Zufall – er sieht darin ein ‹Zeichen›. Worüber er sich Cézanne gegenüber folgendermaßen ausläßt:

«Ich ahne wahrhaftig nicht, welche Art Schicksal es bei der Wahl meiner Wohnungen auf mich abgesehen hat. Als ich ganz klein war, habe ich mich in Aix in der Wohnung von Thiers aufgehalten. Ich komme nach Paris, und mein erstes Zimmer ist das von Raspail, dem Chemiker; und heute ziehe ich, wer weiß welcher Fügung zuliebe, aus dieser prachtvollen siebenten Behausung fort, von der ich Dir im letzten Frühjahr erzählte, und entscheide mich ausgerechnet wieder für eine Mansarde: die, in der Bernardin de Saint-Pierre die meisten seiner Manuskripte verfaßt hat. Mein neues Zuhause ist wirklich ein Juwel; recht eng, schon wahr, aber hell und sonnig und denkbar originell. Man klettert zu mir auf einer Wendeltreppe hinauf; von den zwei Fenstern geht das eine nach Süden, das andere nach Norden. Kurz, ein Belvedere mit Aussicht fast auf die ganze große Stadt. Beinahe hätte ich vergessen, Dir zu verraten, daß meine neue Straße die Rue Neuve-Saint-Étienne-du-Mont und meine Hausnummer nun die 24 ist.»

Enttäuschende Reaktionen von Cézanne und Baille auf seine Briefe lassen nicht auf sich warten: dieser ist lau, jener fürchtet, «ein Netz übergeworfen» zu bekommen. Wenn Zola ihnen bestimmte Rollen zuteilt, wenn er davon träumt, mit ihnen die Gruppe zu bilden, als die sie, einander gegenseitig ermutigend, eines Tages gemeinsam den Gipfel erreichen sollen, sträuben sich die Freunde und zaudern – um keinen Preis bereit, das große Ziel ins Auge zu fassen.

Schon in diesen Jahren zeichnen sich klar die Grundzüge von Zolas Charakter ab: leidenschaftlicher Arbeitseifer, Willenskraft, Selbstvertrauen, Lust am Kampf und ein Hang zum Dogmatisieren. Der so merkwürdig aktive Träumer ist ein großer, kurzsichtiger junger Mann, breitschultrig, überhaupt kräftig gebaut, unbeholfen und mit einem Sprachfehler behaftet, der aus jedem s ein f werden läßt.

Propaganda-Chef

Im Februar 1862 tritt Zola, da er seine Existenz sichern, aber auch Anschluß an die Welt der Literatur gewinnen will, bei der Verlags- und Sortiments-Firma Hachette ein. Zunächst besteht seine Tätigkeit darin, daß er Bücher verpacken hilft. Doch hat er nun schon den Fuß auf der untersten Sprosse der Ruhmesleiter; er braucht sie nur noch hinaufzuklimmen – und er bereitet sich darauf vor, ohne Zeit zu vertrödeln. Bald kann er sein Arbeitsfeld in den ersten Stock verlegen, wo er als Propaganda-Chef tätig ist. Allerdings ist auch dieser Posten nicht gerade das, was er sich erhofft hat, als er dem Inhaber der Firma das Manuskript einer Dichtung auf den Schreibtisch legte. Veröffentlicht wird Zolas Poem nicht, aber es hat Monsieur Hachette immerhin so stark beeindruckt, daß er seinem Angestellten das Gehalt aufbessert. Hinfort bekommt Émile pro Monat 200 Francs.

Noch vorteilhaft wirken sich für ihn die Erfahrungen aus, die er bei seinen Bemühungen sammelt, für die Bücher seiner Berufskollegen Käufer zu mobilisieren. Seine neue Funktion bringt ihn mit einigen der bekanntesten Autoren jener Tage in Berührung: mit Guizot, Lamartine, Michelet, Littré, Sainte-Beuve. Des öfteren erscheint auch Hippolyte Taine, denn seine Leser bedienen sich der Verlagsanschrift, um ihm mitzuteilen, welche Gedanken seine *Histoire de la Littérature anglaise* bei ihnen ausgelöst hat. Fleißiger noch stellen sich ein paar weniger erlauchte Romanschriftsteller ein wie Amédée Achard, de Lancye, Francis Rey, oder es kommen Berühmtheiten vom Schlage eines Edmond About, der dem jüngeren Alexandre Dumas Konkurrenz macht.

Zola entdeckt nun, daß die Literatur ein Handwerk, ein Gewerbe ist und der geistige Wert eines Werkes keineswegs immer verbürgt, daß es seinen Verfasser ernährt, falls nicht ein glücklicher Start und eine geschickte Reklame nachhelfen, gewisse Kniffe und Intrigen und das Spiel der Beziehungen.

Keinen Augenblick bringt ihn das, was er da zu lernen hat, aus der Ruhe. Ein Buch ist dazu geschaffen, verkauft zu werden, und jedes Mittel ist recht, wenn es zum Erfolg führt. Émile Zola ist ehrlich entzückt, daß er einen solchen «Beichtstuhl» innehat. Jeder Autor, der bei ihm über die Schwelle tritt, legt seine Maske ab. Zola hört ihn an, wird geschäftig oder hält sich zurück. Die Romanschriftsteller, die mit ihm reden, rechnen nicht im entferntesten damit, daß der Zweiundzwanzigjährige vor ihnen am Verlagsschreibtisch sie noch samt und sonders überrunden und die jeweilige Auflagenziffer seiner Romane eine Höhe erreichen wird, an die

Der fünfundzwanzigjährige Émile Zola

sie selber nicht einmal im Traum zu denken wagen; daß sein kommerzieller Erfolg gleichzeitig mit dem literarischen sich zu einem der erstaunlichsten des ganzen Jahrhunderts auswachsen und er der unmittelbare Rivale von Victor Hugo werden soll – er, der als Reklame-Chef derzeit Verlautbarungen an die Zeitungen schickt, in denen er die Vorzüge des jüngsten Romans von Amédée Achard oder Francis Rey herausstreicht.

Bei seinem Bestreben, der literarischen Produktion der anderen zum Absatz zu verhelfen, vernachlässigt Zola keineswegs die eigene. Zweifellos hat er von den mageren Verkaufsziffern der Gedichtbände Kenntnis genommen, denn fortan bringt er nur mehr Prosa zu Papier – eine Selbstbeschränkung, über die er sich damit hinwegtröstet, daß er seinen Sätzen eine geschliffene Form zu geben sucht.

Nachdem man ihn, der von seinem Vater die italienische Staatsbürgerschaft erbte, 1862 als Franzosen naturalisiert hat, geht die Auslosung seines Jahrgangs vorüber, ohne daß er zum Militärdienst einberufen wird. So kann er sich unbehelligt nach den Bürostunden seinen *Contes à Ninon* widmen, unter die er als Vierundzwanzigjähriger den Schlußpunkt setzt. Drei Verleger quittieren die Einsendung des Manuskripts mit einer Absage, doch Zola denkt nicht daran, seine Arbeiten noch länger in der Schreibtischschublade zu hüten; diesmal ist er fest entschlossen, sich den Weg in die Öffentlichkeit zu erzwingen.

Als er das Büro von M. Lacroix betritt, platzt er gleich mit der Bemerkung heraus: «*Drei Verleger haben zu diesem Manuskript bereits nein gesagt!*» Erstaunt mustert Lacroix den jungen Autor, den es so danach drängt, just das, wovon seine Kollegen lieber nicht reden, unumwunden einzugestehen. In das Erstaunen mischt sich Sympathie. Zola seinerseits fügt im gleichen Atem hinzu: «*Talent habe ich.*» Und er sagt das ganz ohne Anmaßung, eher mit einer gewissen Verlegenheit, wie man von etwas Offenkundigem spricht, das zu verhehlen zwecklos wäre, und sein ruhiger Ton klingt so überzeugend, daß Lacroix auf der Stelle gewonnen ist. Auch für das Manuskript.

Zola läßt es sich nicht nehmen, das Schicksal seines Buches zielbewußt zu lenken; zählt er doch nicht zu jenen, die tatenlos darauf warten, daß Erfolg und Ruhm ihnen die Tür einrennen: bereitwillig kümmert er sich um all die Schritte, die es einzuleiten gilt. Er zeigt Lacroix, wie man es anfangen muß, damit ein Buch auch verkauft wird; und für die Gänge, die ein Autor schicklicherweise nicht in eigener Person tun kann, entwirft er sorgfältig erwogene Richtlinien.

Wohl nie zuvor hat die Lust, berühmt zu werden, zu arrivieren, sich offenherziger und realistischer bekundet. Mit den Träumereien in einsamen Mansarden ist es vorbei; das Publikum ist dazu da, erobert zu werden. Nicht einen einzigen Augenblick zweifelt Zola daran, daß er sich durchsetzen wird; er kennt kein Zaudern, keine falsche Bescheidenheit; haargenau weiß er, was er will – und wie er es erringt!

Seit kurzem sind Baille und Cézanne in Paris wieder zu ihm gestoßen. Nun ist es (von 1864 bis 1867) der noch in Aix wohnende Antony Valabrègue, mit dem Zola regelmäßig korrespondiert. Der Stil seiner Briefe hat sich geändert, er zielt auf das Klare und Gedrängte und hat die Rhetorik des Jünglingsalters abgelegt. Launig gefällt sich Zola in der

Behauptung, er sei neuerdings träge geworden:

«Ich schicke Ihnen diese Zeilen, wie sie mir momentan in die Feder kommen, schreibe Ihnen wie jemand, der sich zur Eile getrieben fühlt. Nicht, daß ich gerade viel zu tun hätte! Aber ich bin derart bequem geworden, daß ich alles, was ich anfange, jetzt immer möglichst rasch zu Ende zu bringen suche, um hinterher dem Nichtstun zu frönen.»

Wie man sieht, handelt es sich bei Zola um keine gewöhnliche Trägheit, und Valabrègue erliegt um so weniger einer Täuschung darüber, als Zola sich alsbald deutlicher erklären muß:

«Ich weiß nicht, ob Sie es mir glauben werden, doch ich konnte Ihnen wirklich nicht eher antworten, weil ich entweder das eine Mal keine Zeit hatte oder ein andermal nicht aufgelegt war. Natürlich wäre es viel bequemer für mich, wenn ich mich auf eine harmlose Anwandlung von Trägheit hinausredete. Indessen ist jene geflissentliche Schreibfaulheit, als die Sie meine Art Pünktlichkeit zu bezeichnen belieben, diesmal nicht an meiner

Brief an die Brüder Goncourt: Zola bittet die Dichter um den von beiden gemeinsam verfaßten Roman «Germinie Lacerteux».

Bummelei schuld; vielmehr entwickle ich mich – wenn Sie absolut darauf bestehen – zu einem Faulpelz, der immer noch fauler wird.»

Als sein Freund ihm vorwirft, er habe in einem Artikel zu grob die eigene Person hervorgekehrt, antwortet Zola:

«Lassen Sie mich nur – und verwenden Sie auch selber das Wörtchen ‹ich› ohne Scheu! Wenn Ihr ‹ich› erst berühmt ist, wird es das ‹wir› einer ganzen Volksmenge bedeuten.»

Der Wahlspruch des «angehenden literarischen Napoleon» ist bündig und schlicht:

«Sie erinnern sich, was ich Ihnen, als Sie wieder zum ersten Stock hinuntergestiegen waren, von meiner Wohnungstür aus nachrief? ‹Schaffen! Schaffen!› Das ist's . . .»

Nebenbei nimmt er Gelegenheit, für sein Buch die Werbetrommel zu rühren:

«Meinen ersten Sieg habe ich erstritten. Hetzel und Lacroix haben meine Erzählungen in Verlag genommen; schon Anfang Oktober wird der Band erscheinen. Der Kampf darum war nur kurz, und ich wundere mich, daß ich nicht viel mehr Wunden davongetragen habe. Nun harre ich auf der Schwelle des Kommenden, das Feld, das vor mir liegt, ist weit, und ich kann mir unterwegs noch sehr wohl den Hals brechen. Was tut's? Wichtig ist nur, daß ich vorwärtskomme, und so werde ich eben losmarschieren. Bereiten Sie sich inzwischen darauf vor, einen Artikel über mich erscheinen zu lassen, ganz gleich, wo; ich gönne Ihnen gern das Vergnügen, mir in allen Punkten zu widersprechen.»

. . . Doch diese salzlosen *Contes à Ninon*, die von der künftigen vulkanischen Kraft ihres Autors kaum etwas ahnen lassen, fordern auch nur wenig zu Einwänden heraus. Ein paar Wochen nach ihrem Erscheinen entwickelt Zola, in einem ausführlichen Brief an Valabrègue, seine «*Theorie der Bildschirme*»:

«In einem künstlerischen Werk erblicken wir die Welt durch einen Menschen gesehen, durch das Medium eines Temperaments, einer Persönlichkeit. Das Bild, das sich auf diesem für uns neuen Bildschirm abzeichnet, besteht in der Wiedergabe der, von uns aus gesehen, jenseits des Schirmes befindlichen Dinge und Personen; und diese Wiedergabe, die niemals eine völlig getreue sein kann, verändert sich jedesmal, wenn sich ein neuer Bildschirm zwischen unser Auge und die Welt schiebt. Genau so verleihen Glasscheiben von verschiedener Färbung den Dingen unterschiedliche Tönungen; und auf dieselbe Weise bewirken konkave oder konvexe Linsen jeweils eine Verzerrung der Gegenstände.»

Was den Realismus betrifft, den Zola, vier Jahre zuvor, seinem Freund Baille so eindringlich zum Vorwurf gemacht hat: nun beruft er sich auf ihn, indem er den entscheidenden Gedankengang gerade am Realismus einleuchtend exemplifiziert:

«Der Bildschirm des Realisten ist eine einfache Fensterscheibe – eine sehr dünne und völlig klare Scheibe, die sich anheischig macht, so vollkommen durchsichtig zu sein, daß die Erscheinungen sie durchdringen und sich auf ihr in voller Realität abzeichnen. Es soll mithin weder eine Veränderung der Linien noch eine der Farben statthaben: die Wiedergabe soll genau, unverfälscht und unvoreingenommen sein. Der Bildschirm des Realisten

ÉMILE ZOLA

CONTES A NINON

A Ninon..
Simplice. — Le Carnet de Danse.
Celle qui m'aime. — La Fée Amoureuse.
Le Sang. — Les Voleurs et l'Ane.
Sœur-des-Pauvres.
Aventures du grand Sidoine
et du petit Médéric.

PARIS

LIBRAIRIE INTERNATIONALE
15, BOULEVARD MONTMARTRE
au coin de la rue Vivienne
J. HETZEL ET A. LACROIX, ÉDITEURS

«. . . auf der Schwelle des Kommenden . . .»

gebärdet sich gewissermaßen, als existiere er gar nicht. Aber diese Anma-ßung geht zu weit. Denn was der Realist auch immer vorbringen mag: er selbst, er als Bildschirm, bleibt eine Tatsache, und so darf er sich keineswegs vermessen, uns die Welt im edlen Glanz ungetrübter Wahrheit zu veran-schaulichen. Mag seine Glasscheibe noch so klar, noch so dünn sein – auch sie hat nichtsdestoweniger eine eigene Tönung und eine gewisse Dicke; weshalb sie wie jedes andere Medium das Bild der Gegenstände färbt und bricht. Im übrigen räume ich bereitwillig ein, daß die Bilder, welche der Realist uns vermittelt, der Wirklichkeit bei weitem am nächsten kommen; er erreicht, in der Wiedergabe der Realität, einen hohen Grad von Genauig-keit. – Sicherlich hat es etwas Heikles, einem Bildschirm, dessen Haupt-merkmal gerade das ist, beinahe gar nicht vorhanden zu sein, einen be-stimmten Charakter zuzuschreiben. Trotzdem glaube ich richtig zu urteilen, wenn ich sage, daß die Glasscheibe des Realisten mit einem feinen grauen Staub überzogen ist, der sie trübt. Alles, was durch dieses Medium geht, büßt seine Leuchtkraft ein, ja, meist verfärbt es sich ins Düstere. Anderer-seits vergröbern sich die Linien, sie übertreiben sozusagen ihre Bedeutung. Das Leben stellt sich infolgedessen zu sehr zur Schau, es nimmt sich ganz an die Materie gebunden und irgendwie zu schwerfällig aus.»

Und hier eine erste Stellungnahme, in der sich der künftige Anführer des Naturalismus zu Wort meldet:

«Meine ganze Sympathie gilt, wenn das eigens gesagt werden muß, dem Realisten; sein Verfahren wird den Forderungen meines Verstandes ge-recht, und ich verkenne keineswegs ein äußerst respektables Maß an Zuver-lässigkeit und Aufrichtigkeit. Nur kann ich, um es zu wiederholen, das nicht akzeptieren, was sich mir auf dem Bildschirm des Realisten darbietet; ich kann nicht zugeben, daß er uns Bilder vermittelt, die der Wahrheit entsprä-chen; und deshalb unterstreiche ich, daß dieses Medium Eigenheiten haben muß, die das, was darauf erscheint, verzerren und zwangsläufig aus diesen Bildern Kunstwerke machen. Im übrigen aber billige ich durchaus die Art des Vorgehens, die dem Realisten eigen ist; ich meine den Freimut, mit dem er vor die Natur hintritt und die Teile, ohne einen einzigen auszuklammern, mit dem Ganzen in Übereinkunft bringt.»

Während ihn diese Gedankengänge beschäftigen, kümmert sich Zola mit nicht geringerem Eifer um den Absatz seines Buches:

«Ich bin darauf aus, dem Band die größtmögliche Publizität zu verschaf-fen, und hoffe, daß sich das Resultat sehen lassen kann. Alles ist, Gott sei Dank, soweit besorgt: die Bogen werden zur Zeit broschiert, meine Wid-mungsschreiben sind fertig, die Reklametexte redigiert – das Übrige muß ich abwarten.»

Der Gebrauch, den er von der ihm verfügbaren Zeit macht, ist nicht gerade der, den sich ein «Faulpelz» herausnimmt:

«Kaum werden Sie mir glauben, wie stark ich eingespannt bin; ich habe soviel Arbeit übernommen, daß ich nicht mehr weiß, wo mir der Kopf steht: zehn Stunden pro Tag beansprucht mich die Librairie Hachette; dann liefere ich dem Petit Journal jede Woche einen Artikel von 100 bis 150 Zeilen und dem Salut Public in Lyon alle vierzehn Tage einen Aufsatz von 500 bis 600 Zeilen; schließlich habe ich meinen Roman, an dem ich arbeiten muß, nachdem er bis jetzt in einer Schublade geschlummert hat. Sie werden verstehen, daß ich natürlich nicht schreibe, um den Leuten schöne Augen zu machen; man zahlt mir für einen meiner Artikel beim Petit Journal zwanzig Francs und beim Salut Public fünfzig bis sechzig; auf diese Weise verdiene ich im Monat rund zweihundert Francs mit meiner Feder Auch die Geldfrage hat mich also bestimmt; vor allem betrachte ich aber den Journalismus als einen derart weitreichenden Hebelarm, daß es mir alles andere als Verdruß bereitet, an feststehenden Tagen mich vor einer ansehnlichen Leserschar produzieren zu können. Diese Erwägung wird Ihnen begreiflich machen, warum ich zum Petit Journal gegangen bin. Zwar ist mir bewußt, wie es literarisch um den Rang dieses Blattes bestellt ist; doch ich weiß ebensogut, daß seine Mitarbeiter überaus rasch bekannt zu werden pflegen.»

. . . Trotz dieser deutlichen Sprache fürchtet Zola, Valabrègue könne seine wohlerwogenen Absichten mißdeuten, und so faßt er das Gesagte noch einmal zusammen:

«*In diesem Augenblick verfolge ich ein doppeltes Ziel: mich dem Publikum bekannt zu machen und meine Einkünfte zu mehren. Möge mir der Himmel seinen Beistand leihen!*»

Indessen rechnet Zola lieber nicht allzufest auf den Beistand des Himmels; vielmehr befolgt er bei seinem Vorgehen jene Methode, von der er bis zu seinem Lebensende nicht wieder abweicht:

«*Marschieren muß ich jetzt, marschieren – trotz allem! Mag die Seite, die ich gerade geschrieben habe, gut oder schlecht sein: sie soll jedenfalls unter die Leute! Ich koste ein wahres Hochgefühl aus, indem ich gewahre, wie ich mich von der anonymen Menge immer mehr löse, und zugleich beschleicht mich eine fast beklemmende Angst bei der Frage, ob ich über die erforderlichen Kräfte verfüge – ob ich mich auf dem Stand, den ich demnächst erreicht haben werde, auf die Dauer werde halten können.*»

Als typischer geruhsamer Provinz-Dichter hängt Valabrègue der Illusion nach, das Geschriebene trage in sich selbst seinen Wert. Zola reißt ihn jedoch mit rauher Hand in die Wirklichkeit zurück:

«*Wüßten Sie, mein lieber armer Freund, wie wenig beim Erfolg das Talent im Spiele ist, Sie ließen Papier und Feder fahren und machten sich statt dessen ans Studium des literarischen Lebens – all der tausend kleinen Schurkereien, die einem die Türen öffnen, der Kunst, das Vertrauen anderer für sich auszumünzen, und der grausamen Notwendigkeit, die lieben Confratres über den Haufen zu rennen!*»

Ein Leitmotiv ist hier angeschlagen, das unaufhörlich wiederkehrt:

«*Wohl weiß ich, daß Zurückhaltung höher im Kurs steht und würdiger ist; doch wir sind, wie ich Ihnen sagte, Kinder eines Zeitalters der Ungeduld, wir bersten vor Verlangen, uns zu unserer vollen Größe aufzurecken, und Sie dürfen es mir glauben: wenn wir nicht die anderen unter unsere Füße treten, werden die anderen ihrerseits über uns hinwegschreiten!*»

Seit dem frühen Tod von François Zola haben die Witwe und der Sohn Émile mit der Stadt Aix fortgesetzt Mißhelligkeiten gehabt. Nun teilt Valabrègue dem Freund als Neuestes mit, daß die Stadtbehörde den «Canal Zola» umzutaufen gedenke.

«*Sie schreiben mir, daß man dabei ist, dem Kanal, dessen Bau auf meinen Vater zurückgeht, den Namen ‹Canal Zola› abzuerkennen. Hier-*

Der vom Vater erbaute Kanal

über erbitte ich in Ihrem nächsten Brief genauen Aufschluß: schildern Sie mir bitte, wie und unter welchen Umständen man sich an diesen Namenwechsel herangetraut hat! Sie müssen begreifen, daß ich zumal in diesem Augenblick auf das schwache Renommee, das mir die Benennung eines Bauwerks verleihen kann, nichts weiter gebe: meinerseits fühle ich mich wahrhaftig imstande, wenn's sein soll, eine ganze Reihe von Bauwerken zu schaffen. Aber ich habe in diesem Zusammenhang auch einer Pflicht zu genügen, und wenn da ein Schreiben aufzusetzen wäre, werde ich's aufsetzen, und wäre es lediglich, um Verwahrung einzulegen.»

Von 1866 bis zum Krieg 1870/71

Die *Contes à Ninon* sind 1864 herausgekommen, ein Jahr darauf die *Confession de Claude*, und beide Bücher haben bei der Kritik eine nicht ungünstige Aufnahme gefunden. So eröffnet denn Zola – am 8. Januar 1866 – dem Freund Valabrègue einen bedeutsamen Entschluß: er wird der Librairie Hachette den Rücken kehren und sich künftig ganz dem literarischen Schaffen widmen. Auch sein leidenschaftlicher Hang zum Theater, der freilich noch oft enttäuscht wird, klingt in dem Brief erstmals an:

«Ende Januar scheide ich bei der Librairie aus; als Ausgleich für meine bisherige Büroarbeit übernehme ich das Redigieren verschiedener Neuerscheinungen, die mir bei Hachette anvertraut worden sind. Besonders dem Theater werde ich mich zuwenden; zwar stehen mir jetzt sämtliche Verlage offen, aber ich habe nicht eine einzige Bühne zur Verfügung, so daß ich nun in dieser Richtung zum Angriff übergehen muß – dort also, wo ansehnliche Tantiemen und weitreichender Widerhall geerntet werden. Daneben gedenke ich mehr oder weniger regelmäßig in vier bis fünf Blättern zu schreiben. Klingende Münze will ich soviel wie möglich einheimsen. Überhaupt traue ich mir etwas zu und bin munter in Trab.»

Doch gesteht er sich auch ohne Zaudern ein, daß er einer Täuschung erlegen ist: seine Begabung prädestiniert ihn keineswegs dazu, mit denen zu wetteifern, die ihren Prosastil kunstvoll ausfeilen, und so vergeudet er, wie er nachträglich einsieht, nur seine Zeit, wenn er sich vermißt, es den Musset und Gautier an Eleganz gleichzutun – die Aufgabe, die seiner harrt, ist weitaus härter! Der Realismus lockt ihn; wiewohl mit einigem Vorbehalt, hat er sich ihm bereits in der *Confession de Claude* genähert. Mit *Thérèse Raquin* tut er definitiv den befreienden Schritt, vier Jahre nach der Veröffentlichung der *Contes à Ninon*. Achtundzwanzig ist er damals.

Um den *«Schnitt mitten ins Leben»* geht es ihm seitdem: er will das Leben zur Ader lassen, so kräftig er es vermag. Er wendet Musset wie Victor Hugo den Rücken; der Romantik, für die er als Jüngling geschwärmt hat, begegnet er mit Verachtung. Seine Meister heißen nun Balzac, Stendhal, Duranty, Flaubert. Sein *«täglich Brot»* wird just jene *«Wirklichkeit»*, die ihm bis vor kurzem noch ein Greuel war. Allerdings versieht er sie gehörig mit Würze. Wie ein Oger macht er sich über den ganzen Menschen her – mit dem entsprechenden Heißhunger, der entsprechenden Hast!

Während er an *Thérèse Raquin* arbeitet, unterbreitet man ihm das

23

Angebot, er solle einen ausgedehnten Fortsetzungs-Roman über die *Geheimnisse von Marseille* schreiben. Am 19. Februar 1867 macht er Valabrègue davon Mitteilung:

«Heute sollen Sie erfahren, daß ich eine umfangreiche Arbeit für die in Marseille erscheinende Zeitung Le Messager de Provence unter der Feder habe; vom ersten März an werde ich dort einen langen Roman ‹Les Mystères de Marseille› veröffentlichen, dem die Akten der jüngsten Strafprozesse zugrunde liegen. Man hat mich mit Dokumenten förmlich überschüttet, und ich weiß noch nicht recht, wie ich aus diesem Chaos eine überschaubar geordnete Welt hervorgehen lasse. Honorar zahlt man mir wenig; doch rechne ich auf ein starkes Echo in ganz Südfrankreich. Und es ist in der Tat nicht übel, sich in einem so weiten Landstrich vernehmlich machen zu können.»

Auf Valabrègues Vorwurf, daß er da etwas übernommen habe, was seiner Begabung nicht würdig sei, entgegnet Zola:

«Ich brauche die Menge, bahne mir meinen Weg zu ihr, wie ich kann, und erprobe jedes Mittel, um sie mir gefügig zu machen. Zwei Dinge benötige ich in diesem Moment: das Ohr der Öffentlichkeit und Geld.»

Gleichwohl macht er sich, was die Qualität seines Fortsetzungsromans betrifft, nichts vor. Innerlich beteiligt ist er allein an seiner *Thérèse Raquin*, die er als *«große psychologische und physiologische Studie»* bezeichnet.

«Ein Wort unter Freunden: daß ich die ‹Mystères de Marseille› Ihnen gegenüber preisgebe, versteht sich. Ich weiß, was ich da tue.

Drei Romanvorhaben führe ich jetzt nebeneinander weiter: die ‹Mystères›, eine kürzere erzählerische Arbeit für die Zeitschrift L'Illustration und eine große psychologische Studie für die Revue du XIXᵉ Siècle. Von dieser Studie bin ich äußerst befriedigt; sie wird, glaube ich, das Beste, was ich bisher gemacht habe. Ich sorge mich jedoch, ob meine Ausdrucksweise nicht zu kraß ist und Houssaye darum im letzten Augenblick das Buch zurückzieht. Erscheinen wird es in drei Teilen; der erste ist fertig und soll im Mai herauskommen. Wie Sie sehen, komme ich rasch vom Fleck. Erst letzten Monat habe ich diesen ganzen ersten Teil von ‹Thérèse Raquin› – ein Drittel des voraussichtlichen Gesamtumfangs – zu Papier gebracht und dazu noch hundert Seiten der ‹Mystères›. Von morgens bis abends sitze ich über mein Pensum gebeugt.»

Am 29. Mai 1867 schreibt er abermals an Valabrègue über *Thérèse Raquin*:

«Ich bin wirklich recht zufrieden mit dem psychologischen und physiologischen Roman, den ich in der Revue du XIXᵉ Siècle herausbringen werde. Dieser Roman, der nun fast bis zum Ende gediehen ist, wird sicherlich mein bestes Buch. Ich habe, glaube ich, weder an Gefühl noch an Sinnlichkeit gespart. Ja, ich fürchte, der Sinnlichkeit sogar zuviel Raum gegeben zu haben und den Herrn Staatsanwalt gegen mich aufzubringen. Doch der Gedanke an ein paar Monate Gefängnis ängstigt mich wahrlich nicht.»

Nicht nur dem Freund gegenüber spricht er sich derart ungezwungen aus; Freimut ist überhaupt eine bezeichnende Eigenschaft von Zola. Schon am 11. April 1865 hat er sich genauso unumwunden wie in seiner

ÉMILE ZOLA

LES MYSTÈRES

DE

MARSEILLE

ROMAN HISTORIQUE CONTEMPORAIN

PREMIÈRE PARTIE.

MARSEILLE

IMP. NOUVELLE A. ARNAUD, RUE VACON, 21.

1867.

«Ich habe weder an Gefühl noch an Sinnlichkeit gespart . . .»

Korrespondenz mit Valabrègue in einem Brief an Alphonse Duchesne ausgelassen, dem er als Mitredakteur von M. de Villemessant damals seine Mitarbeit am *Figaro* anbot:

«Gestatten Sie mir bitte, mich Ihnen ohne besondere Aufforderung bekannt zu machen; ich habe niemanden, der mich bei Ihnen einführen könnte, und ich ziehe es auch vor, nicht durch irgendwelche Protektion Ihr Mißtrauen zu erregen.

Kürzlich habe ich einen Novellenband veröffentlicht, dem ein gewisser Erfolg beschieden ist, im Salut Public gebe ich regelmäßig eine literarische Übersicht, und Artikel liefere ich auch dem Petit Journal. Damit wissen Sie, was ich einstweilen aufzuweisen habe.

Indessen möchte ich, daß es mehr wird, und ich möchte rasch vorwärtskommen. In meiner Ungeduld habe ich an Ihre Zeitung gedacht als an ein Blatt, durch das man in kürzester Frist einen Namen gewinnt. So wende ich mich denn freimütig an Sie, indem ich Ihnen hier einige Seiten Prosa einsende und Sie in aller Unbefangenheit frage, ob dieser Beitrag Ihnen zusagt. Falls meine unbedeutende Person mißfällt, lassen Sie uns nicht weiter von der Sache reden; falls es aber nur der anliegende Artikel ist, der Ihnen nicht gefällt, könnte ich ja andere für Sie schreiben.

Ich bin jung und habe, ich sage es offen, Zutrauen zu mir. Auch ist mir bekannt, daß Sie nicht ungern jemanden erproben und neue Mitarbeiter entdecken. Versuchen Sie es mit mir, und entdecken Sie mich! Zumindest werden Sie den Rahm abschöpfen . . .»

Ein solches Auftreten und soviel Hartnäckigkeit zeitigen schließlich Früchte. Émile Zola, der soeben geheiratet hat, kann sich in einer geräumigen Wohnung einrichten. Nicht ohne Stolz unterrichtet er seinen Freund Coste davon, in einem Brief vom 26. Juli 1866:

«Ich wohne nicht mehr in der Rue de l'École-de-Médecine. Jetzt bin ich mit meiner Frau in der Rue de Vaugirard Nummer 10 zu finden, neben dem Odéon. Wir haben da eine ganze Reihe von Räumen: Eßzimmer, Schlafzimmer, Salon, Küche, Fremdenzimmer – und eine Terrasse. Ein wahres Palais, dessen Pforten wir nach unserer Rückkehr weit zu öffnen gedenken.»

Aber es wäre abwegig, aus solchen Worten zu folgern, daß Zola nun etwa auch geistig «sich eingerichtet» habe und im Begriff sei, auf seinen ersten Lorbeeren einzuschlafen:

«In Summa bin ich von dem zurückgelegten Weg recht befriedigt. Doch Geduld ist mir fremd, und ich beabsichtige, nun doch schneller zu marschieren.»

Indessen sieht sich Zola, so ungeduldig er auch ist, für einige Zeit genötigt, auf der Stelle zu treten. Obwohl das Erscheinen seiner *Thérèse Raquin* die Aufmerksamkeit der Kritik auf ihn gelenkt hat, übt das große Publikum, das er mit solcher Beharrlichkeit zu gewinnen sucht, vorderhand Zurückhaltung. Und auch als im folgenden Jahr (1868) seine *Madeleine Férat* veröffentlicht wird, bringt ihn dies neue Buch als Romancier kaum einen Schritt weiter.

Bei der Arbeit an den *Mystères de Marseille* hat er sich sein handwerkliches Können angeeignet und eine bestimmte Methode entwickelt. Aus der Masse der Dokumente, die man ihm unterbreitete, hat er einzelne

Entwurf zu einem Brief an die Stadtbehörde von Aix, in dem Zola sich dafür bedankt, daß man einen Boulevard dieser Stadt mit dem Namen seines Vaters – François Zola – benennen will

Geschichten herauspräpariert und sie zu einem zentralen Thema in Bezug gesetzt. Nicht anders verfährt er bei der Romanserie der *Rougon-Macquart*, wo er ebenfalls vor jedem neuen Band alle möglichen Notizen und Aufschlüsse über das eine oder andere Milieu zusammenträgt, das er zu schildern hat. Noch während er die einzelnen Fortsetzungen seiner

UN MARIAGE D'AMOUR

Les cadavres restèrent toute la nuit sur le carreau de la salle à manger, tordus, vautrés, éclairés de lueurs jaunâtres par les clartés de la lampe que l'abat-jour jetait sur eux. Et pendant plus de douze heures, jusqu'au lendemain vers midi, Mme Raquin, roide et muette, les contempla à ses pieds, ne pouvant rassasier ses yeux, les écrasant de regards lourds.

EMILE ZOLA.

Die letzte Seite von «Thérèse Raquin». Der Vorabdruck erschien unter dem Titel «Eine Liebesheirat»

Mystères de Marseille für den Druck redigierte, muß Zola bewußt auf jene stilistischen Bemühungen Verzicht geleistet haben, die ohnehin nie seine Sache waren; schon damals muß ihm aufgegangen sein, daß er die Vollkommenheit des Details der zügigen Gesamtwirkung, den für eine größere Leserschaft ausschlaggebenden Effekten zu opfern habe. Aber wenn es für ihn seitdem auch keine technischen Probleme mehr gibt: das mächtige Räderwerk, das er sich geschaffen hat, läuft einstweilen im Zeitlupentempo.

Die Naturgeschichte
der Familie Rougon-Macquart

Ohne Verknüpfung von einem Roman zum folgenden überzugehen, für jede neue Erzählung wieder ganz neue Aufwendungen zu investieren – dergleichen wäre unmöglich das, was gerade einem Zola zusagen würde. Bei ihm vollzieht sich die entscheidende Wendung, als sei er anfänglich nicht allzu entschlossen gewesen, sie wichtig zu nehmen.

Dennoch lockt ihn das Beispiel, das Balzac gegeben hat; ihn bewundert Zola jetzt unter den Romanciers am meisten. Er möchte eine eigene *Comédie Humaine* aus dem Boden stampfen, nur ist er mit sich noch nicht einig, wie er es anfangen soll. Das große Muster steht ihm zwar vor Augen, aber dem Bann, der davon ausstrahlt, entzieht er sich fürs erste. Zola wartet auf die besondere Gelegenheit, sich jenes Modells legitim zu bemächtigen, es sich zu eigen zu nehmen. Er wagt nicht einfach, die Hand danach auszustrecken – weil er wohl befürchtet, man werde ihn sklavischer Nachahmerei zeihen. Da kommt ihm die ersehnte Erleuchtung von der Wissenschaft, von der sich Zola ja bereits Jahre zuvor in seiner Studienzeit angezogen fühlte. Er, der Romanschriftsteller, beginnt von einer Synthese zu träumen, durch die aus einem literarischen Werk ein wissenschaftliches würde – einer Synthese, die jene beiden Neigungen in ihm miteinander versöhnen und ihm erlauben könnte, der zwiefachen Berufung zu gehorchen, die er in sich spürt.

Die Offenbarung, nach der ihn verlangt, wird ihm zuteil, als er sich in Claude Bernards *Einführung in das Studium der experimentellen Medizin* vertieft.

Zola kennt bereits Darwins Evolutionstheorie, den Traktat des Dr. Lucas über die biologische Vererbung, die *Philosophie der Kunst* von Taine; doch die definitive Richtung erhält sein Schaffen durch die Schrift von Claude Bernard. Fortan zielt Zola darauf ab, in den Roman wissenschaftliche «Strenge» einzuführen, und verbietet sich jede Abweichung von den Ergebnissen der Forscher. Die Literatur der zweiten Hälfte des 19. Jahrhunderts soll die des «experimentellen Romans», Émile Zola will ihr Claude Bernard werden.

Mit der «Anarchie», sagt er sich unbefangen, muß Schluß gemacht werden. Bislang sind die Romanschriftsteller nach Gutdünken dem gefolgt, was sie Inspiration nannten, ohne sich um anderes als die stilistische Qualität ihres jeweiligen Buches zu kümmern. Diese Willkür muß aufhören! Derartige Romanautoren werden künftig bloß als «Unterhalter» gelten. Ein paar sind zwar zweifellos darüber hinausgelangt, doch eben nicht mit Absicht. Balzac, Duranty, Flaubert, die Brüder Goncourt und, in gewissem Grade, Stendhal sind so gut wie gar nicht «betroffen». Aber in diesem Zusammenhang sind sie Ausnahmen, Glücksfälle. Auf sie berufen darf man sich nicht! Überhaupt steht, solange die sichere Methode fehlt, das Schlimmste zu befürchten: der Literatur droht Zusammenhanglosigkeit! Die bisherige Falschmünzerei darf nicht fortgesetzt werden; der Forscher in seinem Laboratorium, der Romancier an seinem Schreibtisch werden künftig dasselbe Ziel zu verfolgen haben: die Erschließung der Wirklichkeit! Was Claude Bernard für den menschlichen Leib erwiesen hat, gedenkt Émile Zola für die Leidenschaften, für die sozialen Umwelten zu leisten; er wird dartun, daß der Mensch keineswegs autonom, eine geheimnisumwitterte Individuation, das Produkt von Zufällen ist, sondern das Resultat des Zusammenwirkens ganz verschiedener Phänomene – weshalb es genügt, diese Phänomene zu studieren, um den Menschen zu begreifen und ein exaktes Bild von ihm zu entwerfen. Womit denn das Reich des «experimentellen Romans» angebrochen wäre . . .

Dreißig Jahre alt ist Zola, als er seinen Plan der *«Natur- und Sozialgeschichte einer Familie unter dem Zweiten Kaiserreich»* konzipiert. Man schreibt das Jahr 1870, das Fieber des wissenschaftlichen «Fortschritts» hat die ganze Welt ergriffen, oder doch beinahe. Kein Wunder, dessen sich die Wissenschaft nicht vermäße! Der Mensch schlechthin erfährt eine unerhörte Rangerhöhung; man schreitet vorwärts, ohne noch Grenzen zu respektieren. Durch das Mikroskop starrend, sucht man dem Werden der Zukunft auf die Spur zu kommen. Alles und jedes ist ein für allemal auf Formeln gebracht; die experimentelle Medizin, die Milieutheorie, die Evolution, die Vererbung, der historische Materialismus haben dem Menschen ein derart engmaschiges Netz übergeworfen, daß man sich am Ende gar nicht mehr vorzustellen vermag, wie er ihm jemals entschlüpfen sollte.

Die einem Zola angeborene Überzeugtheit von sich selbst hat gleichsam doppeltes Gewicht: mit ihr verbindet sich die Selbstgewißheit einer nicht minder ungewöhnlichen Epoche. Ohne Zweifel hat kaum je ein Mensch in stärkerem Grade den festen Glauben gehegt, zur rechten Stunde geboren und der legitime Sohn seiner Zeit zu sein. Eben der ist Zola bis zur äußersten Konsequenz, und so teilt er denn bedingungslos das Vertrauen seiner Epoche zu einer Wissenschaft, die jedes Problem zu lösen imstande ist. Der Romancier des «experimentellen Romans», folgert Zola, braucht lediglich die Schandflecke der Gesellschaft aufzuzeigen, um die Politiker zu befähigen, alle einschlägigen Heilmittel zu verordnen und anzuwenden.

Claude Bernard allerdings hatte sich von vornherein gegen eine derartige Generalisierung verwahrt, als sei ihm die Nutzanwendung, zu der seine theoretischen Darlegungen verleiten sollten, bereits bei ihrer Niederschrift bewußt gewesen; eindeutig hatte er den Unterschied hervorgehoben, der seiner Meinung nach zwischen den Werken der Wissenschaft und denen der Phantasie, zwischen der objektiven Welt und jenem literarischen Universum bestand, das sich in erster Linie auf Subjektivität gründet. Aber hieran kehrte sich Zola nicht.

Wir heute indessen: wir sollten nicht voreilig lächeln! Sahen wir nicht vor rund fünfundzwanzig Jahren bei Zolas nachgeborenen Kollegen den gleichen blinden Enthusiasmus am Werk, als sie sich die Psychoanalyse entdeckten? Zolas Arglosigkeit war von derselben Art, wenn es auch einen Unterschied macht, daß ihn seinerzeit der Drang zur Systematik dazu verführte, die Theorie auf die Spitze zu treiben. Das eigentliche Wunder aber besteht darin, daß Ideen, die uns heute so primitiv und, in mehr als einer Hinsicht, belächelnswert vorkommen, es einem Zola haben ermöglichen können, Meisterwerke zu schaffen. Ein Beweis mehr: daß die Einbildung fruchtbarer sein kann als die Realität.

Ganz im Bann seiner «Entdeckung», überschaut Zola nun mit einem einzigen Blick jene Folge von Romanen, die seinen Ruhm ausmachen. Ein Jahr lang besucht er fleißig die Bibliotheken; der Ertrag dieser Studien ist, nach seinen Worten, ein «*starker philosophischer Extrakt*», den er sich wie ein Elixier einverleibt. Zola entwirft den Stammbaum der *Rougon-Macquart,* dessen einzelne Zweige jeweils einen zu schreibenden Roman darstellen. Daß er sich da an sein Lebenswerk wagt, ist ihm bewußt.

Doch es genügt nicht zu planen; es gilt, die Feder anzusetzen. Und ein Unterfangen, das einen so langen Atem erheischt, bedarf der gesicherten Grundlage. An wen soll er sich wenden? Der Verleger Lacroix hat Bankrott gemacht, Zola geht daher zu Charpentier und unterbreitet dem sein kühnes Projekt. Zwei Tage Bedenkzeit verlangt der neue Verleger, dann willigt er ein. Wieder einmal tut das Selbstvertrauen des jungen Autors seine Wirkung; für ihn gibt es keine Hürde, die sich nicht nehmen ließe. Es ist keine Kleinigkeit, wozu sich Charpentier vertraglich verpflichtet: 500 Francs pro Monat wird er seinem neuen Autor zahlen, und das auf Jahre hinaus. Noch ist Zola nicht so weit, daß sein Name das große Publikum anzöge, und nichts rechtfertigt eigentlich die Annahme, das Echo, das ihm zuteil wird, werde sich so bald fortpflanzen. Aber Charpentier baut auf seinen Spürsinn und liebt wohl auch das Risiko.

Gleich nachdem er sich materiell gesichert hat, stürzt sich Zola in die Arbeit; der Elan, mit dem er es tut, läßt sich um so leichter vorstellen, als er schon früher den Willen verraten hat, sich «*durch Berge hindurchzufressen*». Zum erstenmal in seinem Leben kennt er nur noch die eine Sorge: produktiv zu sein. Eine strenge Zeiteinteilung hält er für geboten: Tag für Tag wird er sich um acht Uhr erheben, anschließend, wenn das Wetter es erlaubt, eine Stunde an die Luft gehen und dann, von neun bis ein Uhr mittags, jedesmal die gleiche Anzahl neuer Seiten zu Papier bringen.

Das Romanschreiben innerhalb festliegender Tagesstunden, ohne Rücksicht auf Laune und Stimmung, kann nur allzu leicht zu einer unabsehbaren Beeinträchtigung der Qualität führen; heißt es dabei doch, auf das kritische Gewissen verzichten und blind darauf vertrauen, daß die tägliche Produktion sich in ihrer Güte gleich bleibe. Eine so typisch westliche Kunstauffassung steht in diametralem Gegensatz zu der jenes chinesischen Malers aus dem 15. Jahrhundert, der in eine Ecke seines Rollbildes schrieb: «Zehn Jahre habe ich an diese Landschaft gewandt, aber es waren auch allein die Stunden des Glücks, die ich ihr gewidmet habe.»

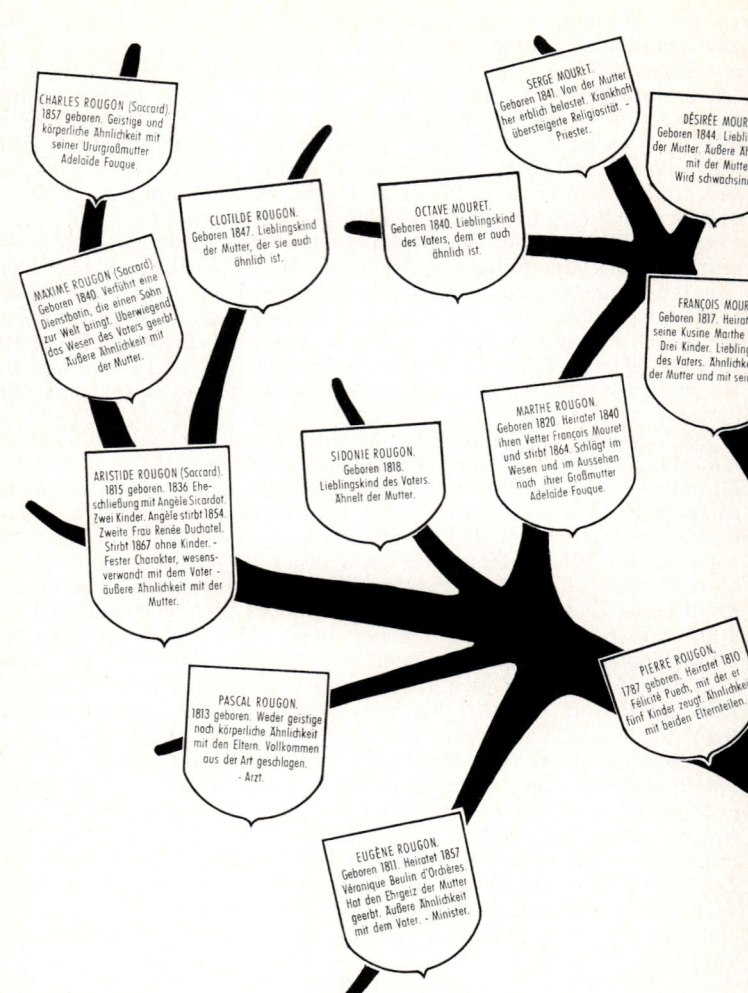

*Stammbaum der Familie
Rougon-Macquart*

JEANNE GRANDJEAN.
Geboren 1842. Hat äußere Ähnlichkeit mit ihrer Urgroßmutter Adelaïde Fouque.

HÉLÈNE MOURET.
1824 geboren. 1841 Eheschließung mit Grandjean. Eine Tochter. Hélène stirbt 1850. Äußere Ähnlichkeit mit dem Vater.

SILVÈRE MOURET.
Geboren 1834, gestorben 1857. Lieblingskind der Mutter. Keine Ähnlichkeit mit der Familie.

PAULINE QUENU.
Geboren 1852. Gleicht sowohl dem Vater als auch der Mutter. Führt ein ordentliches, moralisches Leben.

LISA MACQUART.
Geboren 1827. Heiratet 1852 Quenu und bringt ein Jahr später eine Tochter zur Welt. Lieblingskind der Mutter. Äußere Ähnlichkeit mit der Mutter. – Metzgerin.

CLAUDE LANTIER.
Geboren 1842. Ähnelt im Aussehen und im Wesen vorwiegend der Mutter. Krankhaft übersteigerte Sensibilität. – Maler.

URSULE MACQUART.
..91 geboren. Heiratet 1810 ..en Hutmacher Mouret. ..Kinder. Stirbt 1840 an ..odsucht. Ähnelt im Wesen ..n Aussehen vorwiegend der Mutter.

ANTOINE MACQUART.
Geboren 1789. Seit 1809 Soldat. Rückkehr nach 1815. Heiratet 1826 Joséphine Gavaudan. Drei Kinder. 1851 Tod seiner Frau. Ähnelt im Wesen und im Aussehen vorwiegend dem Vater. Neigung zur Trunksucht wie der Vater.

GERVAISE MACQUART.
Geboren 1828. Hat zwei Kinder von ihrem Geliebten Lantier, mit dem sie in Paris zusammenlebt und der sie später verläßt. Heiratet dann den Arbeiter Coupeau. Eine Tochter. 1869 stirbt sie an Hunger und Alkoholvergiftung. Wäscherin.

ÉTIENNE LANTIER.
Geboren 1846. Lieblingskind der Mutter. Gleicht in der Jugend mehr der Mutter, später dem Vater. Kriminelle Veranlagung. Trunkenbold und Mörder.

ADELAÏDE FOUQUE.
..8 in Plassans geboren. .. Eheschließung mit dem ..tner Rougon. 1787 bringt ..e einen Sohn zur Welt. ..1788 stirbt ihr Mann. .. nimmt sich einen Geliebten: ..acquart. 1789 kommt ihr .. zweiter Sohn zur Welt und 1791 ihre Tochter. Geistige Umnachtung im Alter.

ANTOINE MACQUART.
ANNA COUPEAU.
Geboren 1852. Gleicht im Wesen dem Vater, im Aussehen der Mutter. Neigt zu Trunksucht und Hysterie. Lasterhaft.

JEAN MACQUART.
1831 geboren. Lieblingskind der Mutter. Äußere Ähnlichkeit mit dem Vater. – Soldat.

Indessen hat die Plumpheit seiner Arbeitsweise für Zola nichts Abschreckendes; mit derselben Geste schiebt er das am besten Gelungene und das am ärgsten Mißratene von sich, pausenlos reiht sich die Produktion eines neuen Vormittags an die des Vortages, und die guten Seiten schultern gleichsam die mittelmäßigen, beide gleichermaßen dazu bestimmt, ihn weiterzubringen.

Ihre einzige Störung erfährt seine Arbeit durch den Krieg 1870/71. Auf die Literatur ist kein Verlaß mehr. Zola flüchtet nach Bordeaux, und um ein Haar wäre ihm eine Präfektenstelle zugefallen. Die von den Republikanern gebildete Regierung der Nationalen Verteidigung nominierte ihn zum Subpräfekten von Castelsarrasin, doch Gambetta unterfertigte die Ernennungsurkunde nicht. Am 29. September 1870 schreibt Zola an Valabrègue:

«Man hat mir eine Präfektur versprochen, sobald ein Wechsel erfolgt. Wer weiß, was ich da noch aufgehalst bekomme.»

Er hat wahrhaftig Besseres zu tun und zögert nicht, nach Paris zurückzukehren. Allerdings ist die Heiterkeit, mit der er sich erneut der «Wissenschaft» ergibt, begreiflicherweise gedämpft. Bei jedem seiner Romane überwiegen, während der Arbeit daran, die Stunden der Mühsal die der Freude. Zola fühlt sich erst beruhigt und erleichtert, wenn er die letzte Zeile hingeschrieben hat. Dann atmet er auf, entspannt sich und schickt seinen Freunden und seinem Verleger eine Siegesbotschaft. Indessen hat jede solche «Kampfpause» etwas Illusorisches; schon meldet der Roman, den es nunmehr zu schreiben gilt, seine Ansprüche an. Zu wirklichem Atemholen, zur Jagd nach neuen Dokumenten will die Zwischenzeit kaum reichen, nur zu bald nimmt ihn die Arbeit wieder in Beschlag, in Paris, in Médan oder am Meeresstrand. Und um sich den großen Entschluß, dem er sich unterworfen hat, noch nachdrücklicher einzuprägen, läßt Émile Zola in Médan über dem Kaminsims – so, daß vom Schreibtisch sein Blick darauf fällt – in goldenen Lettern die Inschrift anbringen: «Nulla dies sine linea». Das Gelöbnis «Kein Tag ohne neue Zeile» wird von ihm getreulich befolgt.

In seiner Ansprache an die Studenten, die er kurz vor seinem Ableben gehalten hat, nennt Zola die Arbeit die einzige Rechtfertigung unseres Daseins; in ihr habe er sein wahres Glück gefunden. Er schreibt und schreibt – wie ein Fluß, der unaufhörlich schwillt und alles, was sich ihm entgegenstellt, überschwemmt. Er besitzt nicht das Genie eines Victor Hugo, er gebietet über keine derart erlesene Sprache. Jede Seite der *Misérables* ist von einer Poesie überglänzt, die alles übersteigert und bewirkt, daß noch das nebensächlichste Detail wie ein Juwel schimmert. Émile Zola ist, im Vergleich zu jenem, eine karge Natur, sein Handwerkszeug grob, sprachliche Inkorrektheiten durchziehen seine Bücher in Fülle; doch behauptet er sich auf seine Weise dennoch, seine Kraft macht alle Mängel wett, die Reichweite seines Blickes läßt seine Unvollkommenheiten vergessen. Er besitzt die Kardinaltugend des Romanciers: Stärke!

Zwei Riesen sind ihm vorangeschritten: Hugo und Balzac werfen breite Schatten auf die französische Literatur des 19. Jahrhunderts. Die *Comédie Humaine* entrollt das Panorama einer Gesellschaft, die sich, für

Karikatur aus dem Jahre 1878

die Dauer eines Menschenalters, nicht nennenswert hat verändern können. Noch behaupten Rastignac und Rubempré, Vautrin und Père Goriot ihren Platz in den Salons, dem Handelsstand, den niederen Schichten. Balzac hat sie und ihresgleichen lückenlos erforscht und gesichtet; es hat den Anschein, als habe er seinen Nachfolgern bloß die Möglichkeit belassen, in simple Wiederholungen zu verfallen. Zwar brauchte Zola, um Neues auszusagen, die Welt nur mit anderen Augen anzusehen – doch gerade seine eigene Betrachtungsweise ist derjenigen Balzacs ausgesprochen ähnlich. Auch der Autor von *Thérèse Raquin* geht ja wie ein Untersuchungsrichter vor, auch er brennt ja darauf, eine Bestandsaufnahme zu machen, welche die Gesellschaft in ihrer Gänze erfaßt. Oder vielmehr: diese Bestandsaufnahme ist für ihn zwingende Notwendigkeit, denn statt in die Breite in die Tiefe zu gehen – wie ein Dostojevskij das so mühelos vermag – ist ihm versagt. Überdies kann er sich mit dem Schöpfer der *Comédie Humaine* in der Kenntnis des Menschenherzens und seiner Stürme ebensowenig messen. Gleichwohl versucht er sich auf diesem Felde, doch tut er es mit der Zaghaftigkeit dessen, dem ein allzu hohes Vorbild vor Augen steht.

Andererseits sind knapp ein Jahrzehnt vor dem ersten Band der *Rougon-Macquart* Victor Hugos *Misérables* erschienen. Und auch diese Romanschöpfung türmt sich als ein riesiges Bauwerk vor Zola auf – mit seinen nutzlosen Barrikaden, seinen Heerhaufen von Aufrührern, mit Valjeans Eindringen ins Kanalisationsnetz, einer Schilderung von wahrhaft epischer Gewalt, mit zahllosen Pariser Straßenbildern und mit Figuren, die unter dem kühnen Zugriff einer nie erlahmenden Schöpferkraft wie unter dem Meißel eines Bildhauers erstehen und in einem genialen Umschmelzungsprozeß an Symbolwert gewinnen, was ihnen an Nuancen versagt wird.

Inmitten jener beiden Riesen also, von denen sein Bewußtsein sich nie befreit, muß Émile Zola sich seinen Weg bahnen. Ganz und gar Neues zu vollbringen, seinerseits die Literatur zu revolutionieren, sich emporzuschwingen auf die künstlerische Ebene seiner erlauchten Vorgänger: dieses Ziel ist es denn auch, das Zola mit vollem Bewußtsein ansteuert, als er sich an die Romanreihe der *Rougon-Macquart* macht.

Die zwei ersten Bände gelangen 1871 an die Öffentlichkeit: *La Fortune des Rougon* und *La Curée*. Mit der Veröffentlichung des zweiten hebt auch schon der Kampf an. In großer Zahl gehen dem Staatsanwalt Strafanzeigen zu.

Noch während der Roman in Fortsetzungen in der Zeitung *La Cloche* läuft, macht Zola dem Leiter des Blattes den Vorschlag, die Veröffentlichung zu stoppen. Freilich weiß er sich auch zu rechtfertigen:

‹‹*La Curée*› *ist kein Roman, der für sich allein steht, sondern Teil eines größeren Ganzen; das Buch ist nur eine Tonfolge aus der riesigen Symphonie, die ich zu komponieren gedenke. Was ich zu schreiben vorhabe, ist die ‹Natur- und Sozialgeschichte einer Familie unter dem Zweiten Kaiserreich›. Die erste, soeben in Buchform erschienene Folge ‹Das Glück der Rougon› schildert den Staatsstreich, Frankreichs brutale Vergewaltigung. Die weiteren Folgen werden Sittenbilder aus allen Schichten bringen und die Politik des kaiserlichen Regimes schildern, seine Finanzgebarung, seine Gerichte, seine Kasernen, seine Kirchen, seine korrupten öffentlichen Einrichtungen. Im übrigen lege ich Wert auf die Feststellung, daß der erste Teil meiner Romanreihe noch unter dem Kaiserreich in der Zeitschrift ‹Le Siècle› veröffentlicht wurde und ich damals schwerlich damit zu rechnen brauchte, eines Tages durch einen Staatsanwalt der Republik in meinem Schaffen behindert zu werden. Drei Jahre lang habe ich Dokumente zusammengetragen, und was darin überwog, was ich fortgesetzt vor mir sah, waren Schmutzereien, wahre Unglaublichkeiten von Schande und Wahnsinn, geraubter Mammon und verkaufte Frauen. Gescheffeltes Gold und nacktes*

*Fleisch, rauschende Millionen und immer schamlosere, lärmvollere Aus-
schweifungen – dieser Grundakkord scholl mir so durchdringend und
beharrlich entgegen, daß ich mich entschloß, ihn wiederzugeben. So schrieb
ich ‹La Curée›. Hätte ich denn schweigen sollen? Durfte ich dieses Über-
handnehmen geiler Völlerei, das für das Zweite Kaiserreich den Verdacht
einer höchst üblen Herkunft nahelegt, etwa im Dunkel belassen? Mag die
Chronik, die zu schreiben ich im Begriff bin, immerhin davon verfinstert
werden . . .»*

Ungeachtet solcher Darlegungen schließt sich der bewußte Zeitungs-
Direktor, Louis Ulbach, indessen dem Urteil seiner Leser an; auch er
selber, erklärt er, finde Zolas Roman obszön. Unzählige Male wird Zola
diesen Vorwurf noch zu hören bekommen! Schließlich wird er darüber
bloß noch die Achseln zucken, doch zunächst ist er äußerst aufgebracht
und macht – in einem Brief vom 9. September 1872 – aus seiner Entrüstung kein Hehl:

*«Oh, mein lieber Ulbach, es kostet mich die ärgste Beherrschung, bei
meiner Erwiderung auf den Brief, den Sie an Guérin geschrieben haben
und den Guérin mir zugeschickt hat, nicht meinem ungeschmälerten Zorn
als Künstler freien Lauf zu lassen! ‹Obszön› – immer das gleiche Wort! Nun
sehe ich es bei Ihnen genauso aus der Feder fließen, wie ich es aus dem
Munde von Monsieur Proudhomme vernommen habe. Entschuldigen Sie
bitte meine Offenheit, aber ich rede in Ihnen den Berufskollegen an und
nicht den Redakteur. Welch ein Glück, daß der von Ihnen gebrauchte
Ausdruck mir nicht mehr nahegeht, seitdem ich ihn von den Lippen der
Staatsanwälte vernahm. Nein, verletzt haben Sie mich nicht, obwohl ‹obszön› eine gräßliche Grobheit ist. Damit die Nachwelt von diesem Zwist
zwischen uns nichts erfährt, werde ich Ihren Brief gleich verbrennen. Ich
weiß ja, Sie werden das Wort ‹obszön› zurücknehmen, sowie die Damen-
welt es Ihnen nicht länger – wider mich – in den Kopf setzt.»*

Die Beschuldigung, er huldige dem Obszönen, klingt ihm immer wieder entgegen. In seinem Essay *De la Moralité dans la littérature* verteidigt
sich Zola, Jahre später, dagegen wie folgt:

*«In der Literatur ist für mich allein die Frage nach dem Können entschei-
dend. Ich weiß nicht, was man unter einem moralischen Schriftsteller und
was man unter einem unmoralischen versteht; doch weiß ich genau zu
unterscheiden, ob ein Autor etwas kann oder nicht. Und sobald ein Autor
beweist, daß er Talent hat, gibt es meiner Meinung nach nichts, was ihm
nicht erlaubt wäre. Die Literaturgeschichte beweist es schlüssig. Wir in
Frankreich haben einen Rabelais so wenig etwas verwehrt, wie man in
England einem Shakespeare etwas verwehrt hat. Eine vollendet geschriebene Seite hat in sich selbst ihre Moral, die in ihrer Schönheit, ihrer intensiven
Lebendigkeit und ihrer Ausdruckskraft besteht. Es wäre schlechthin unsinnig, sie den Bedingnissen des Tages, etwa einem im Schwange befindlichen
Tugendbegriff zuliebe umzumodeln. Für mich gibt es obszöne Bücher nur
in dem Sinne, daß sie schlecht durchdacht und schlecht geschrieben sind.»*

Und weiter meint Zola:

*«Wie ich schon sagte, sind unsere Bücher zu düster und zumal zu
unerbittlich, um das Publikum da zu kitzeln, wo es gekitzelt sein möchte,
und ihm ein angenehmer Zeitvertreib zu sein. Unsere Bücher erregen*

Empörung, sie verführen nicht zur Laszivität. Wenn etliche auch einen guten Absatz finden, lassen sie doch das Großteil der Käufer unbefriedigt und lösen Entrüstung aus. Auch würden Debütanten, die sich aus reinem Vorbedacht an das Ausmalen menschlicher Unanständigkeit wagten, sehr bald entdecken, wie schändlich sie sich verrechnet haben. Zunächst einmal würde ihnen aufgehen, daß man ehrlich sein muß; man muß die Wahrheit um ihrer selbst willen lieben und über ein beträchtliches Talent verfügen, will man das Risiko eingehen, sie in hüllenloser Nacktheit abzubilden, ohne ins Niedrige und Verabscheuenswerte abzugleiten. Sodann würden jene Debütanten rasch dahinterkommen, daß handfeste Heuchelei sie viel eher zum Erfolg führt als erkünstelte Brutalität. Heuchelei wird nun einmal gehätschelt und reich gelohnt, während die Brutalität stets die unabsehbare Menge derer gegen sich hat, denen Freimut ein Greuel ist. Wurzelt die brutale Kühnheit, schlechthin alles auszusprechen, nicht im Temperament des betreffenden Schriftstellers, pflegt sich das flugs herauszustellen, die Spekulation wird als solche durchschaut, und im selben Moment fällt der spekulierende Schriftsteller einer gerechten Verachtung anheim.»

Von 1871 bis 1876 bringt Émile Zola sechs Bände heraus: *La Fortune des Rougon, La Curée, Le Ventre de Paris, La Conquête de Plassans, La Faute de l'Abbé Mouret* und *Son Excellence Eugène Rougon.* Die Arbeitskraft des Sechsunddreißigjährigen, die ehrgeizige Weite des Wurfes werden als erstaunlich empfunden; die Kritik nimmt seine Romane mit sichtlichem Interesse auf; man diskutiert über diese Bücher, wiewohl die Theoreme ihres Verfassers eher zum Lächeln herausfordern – aber der Erfolg läßt auf sich warten. Victor Hugo kann die Attacken, die der Wortführer des Naturalismus gegen ihn reitet, mit Verachtung quittieren, er beherrscht auch weiterhin das Feld; sein Vorrang wird einstweilen von niemandem in Zweifel gezogen.

Was seine Freunde betrifft, bleibt Zola jenem Ideal der Kameradschaft treu, dem er sich in der Jugend verschrieben hat. Unter den Mitlebenden hat er sich als seinen «Meister» Gustave Flaubert erkoren; freundschaftlich verbunden ist er mit Edmond de Goncourt und Alphonse Daudet. Hin und wieder speist man mittags gemeinsam in einem Restaurant. Émile Zola liebt gutes Essen, doch redet er dabei wenig, und seine Bemerkungen sind ziemlich nichtssagend – es sei denn, daß er bei einem Thema, das ihm am Herzen liegt, plötzlich Feuer fängt, oder man sich bei ihm nach dem Buch erkundigt, das er unter der Feder hat. Seine Ansichten über den «experimentellen Roman» und die Rolle, die den Gesetzen der Vererbung im Roman zukommt, werden von den Freunden nicht sonderlich ernst genommen; heimlich lachen sie sich ins Fäustchen. Zolas Naivität belustigt und entwaffnet sie zugleich. Dieser so aktive Berufsgenosse, der bis ins ferne Rußland hinein die Blätter mit seinen Artikeln füllt und dessen polemische Beredsamkeit, dessen moralischer Mut nicht den mindesten Zweifel dulden, verkörpert indessen für sie auch eine Autorität, der gegenüber Behutsamkeit geboten ist.

Ein Satz, den sie besonders gern von ihm hören und auf den ihn der Spötter Daudet gar nicht oft genug bringen kann, lautet: *«Ich gehöre zu den Keuschen.»* Ein Bekenntnis, das in Zolas Mund durch den ihm angeborenen leichten Sprachfehler einen drolligen Akzent bekommt.

Doch beeinträchtigen solche Neckereien durchaus nicht die Wertschätzung, die Zola bei diesen Freunden genießt; die Ausweitung seines Schaffens macht sie in steigendem Grade betroffen.

Seinerseits benutzt der Autor der *Rougon-Macquart* die gemeinsamen Mahlzeiten, um über so manches Milieu, in dem er sich mangelhaft auskennt, Erkundigungen einzuziehen. Noch hat er sich in den tonangebenden Kreisen nicht selbst umgeschaut; das gehobene Bürgertum, die Aristokratie sind ihm fremd; daher bemüht er sich, seine Kenntnisse durch vertrauliche Auskünfte Flauberts aufzufüllen, der zum kaiserlichen Hof Zutritt gehabt hat, und durch all das, was Edmond de Goncourt und Daudet ihm mitteilen. Wobei Zola sich unstreitig von dem Wissen leiten läßt, daß Balzac ebenso verfuhr.

Vor allem aber fühlen sich die vier unbedingt solidarisch; denn so oder so rechnen sie miteinander, wenn auch in unterschiedlicher Hinsicht, zur literarischen Schule des Naturalismus. Als Parole hat dieses Wort inzwischen der Maler Courbet in Umlauf gebracht, und nun wendet das Publikum es auf Romanschriftsteller von derart gegensätzlichem Charakter an wie Flaubert und Edmond de Goncourt, Daudet und Zola; sie bilden eine Gruppe, die man je nachdem haßt, fürchtet oder beneidet. Jeder der vier aber ist sich über die Vorteile im klaren, die ihm aus solcher Gemeinsamkeit erwachsen. Zolas eindrucksvolle Persönlichkeit, seine passionierte Bereitschaft zu Kampf und Polemik haben entscheidend dabei geholfen, daß diese literarische «Mannschaft» sich konstituiert hat.

Die ‹Totschläger›-Kneipe des Père Colombe

Erstmals am 14. August 1875 läßt Zola seinen Verleger Charpentier wissen, daß er an einem neuen Roman schreibt, dessen Titel noch nicht feststeht – es ist der Roman *L'Assommoir*. Während er in Saint-Aubin am Fenster sitzt und auf das Meer hinausschaut, empfindet er im voraus die Bedeutsamkeit dieses kommenden Buches, das dann in der Tat seinen Ruhm begründet.

Zola an Charpentier:

«Es wird höchste Zeit, daß ich Ihnen, lieber Freund, eine Nachricht zukommen lasse. Nicht, daß ich mich unterdessen dem Müßiggang ergeben hätte! Ich bin eifrig bei der Arbeit und wundere mich über die Gelassenheit, mit der ich an meinem improvisierten Schreibtisch ausharre, den ich mir dicht unters Fenster gerückt habe. Unmittelbar vor mir habe ich das weite Meer. Und die Boote lenken mich allerdings zuweilen ab. Ganze Viertelstunden lang kann ich mit meinen Augen den Segeln folgen, und unwillkürlich entsinkt meiner Hand die Feder. Trotzdem schreibe ich Tag für Tag meinen Artikel für Marseille, fasse ich eine ausgedehnte Studie über die Brüder Goncourt ab, die in Rußland zum Druck gelangen soll – und gleichzeitig entwerfe ich den nächsten meiner Romane, diesen Roman über das Volk von Paris, von dem ich mir ungewöhnlich viel verspreche.»

Im Herbst 1876 wird der Roman *L'Assommoir* dann «unterm Strich» vor-abgedruckt, und da schon nimmt Zola Gelegenheit, in Albert Millaud alle jene Kritiker anzusprechen, die später immer aufs neue anläßlich dieses Buches wider ihn aufstehen. Von ihnen allen fühlt Zola sich zur selben Entgegnung herausgefordert:

«Sie schimpfen mich einen ‹demokratischen und sozialistisch angehauchten Schriftsteller› und wundern sich, daß ich eine bestimmte Kategorie von Arbeitern in den düsteren Farben der Wahrheit schildere.

Zunächst muß ich mich gegen das Etikett verwahren, das Sie mir auf den Rücken kleben. Ich hege, in aller Kürze gesagt, lediglich die Absicht, ein Romanschriftsteller zu sein, ohne jedes Beiwort; falls Sie unbedingt darauf aus sind, mich einzuordnen, mögen Sie sagen, daß ich ein Romanschriftsteller des Naturalismus bin, denn dies kann mich nicht kränken. Meine politischen Ansichten tun nichts zur Sache; und der Journalist, der ich sein könnte, hat nichts zu schaffen mit dem Romanautor, der ich bin. Meine Romane wollen erst einmal gelesen sein, ohne Voreingenommenheit gelesen sein, man muß sie erst verstehen und in ihrem inneren Zusammenhang erfassen, ehe man endgültige, groteske und gehässige Urteile über sie fällt, die dann als starre Formeln über mich und mein Schaffen von Mund zu Mund gehen. Ach, wenn Sie doch begreifen wollten, wie herzlich meine

Freunde über das alberne Märchen lachen, mit dem man die Menge jedesmal füttert, sowie in einer Zeitungsspalte von mir die Rede ist! Wenn Sie nur wüßten, in welchem Grade dieser ‹Blutsäufer›, dieser ‹in Grausamkeiten schwelgende Romanschreiber› ein biederer Bürger, ein Mann der Studierstube und der Kunst ist, der in seinem Erdenwinkel gelassen seinen Überzeugungen lebt! Indessen bin ich durchaus nicht gewillt, auch nur eins der über mich umlaufenden Lügenmärchen zu berichtigen; ich widme mich meiner Arbeit und überlasse es der Zeit und dem gesunden Sinn des Publikums, hinter dem Wust der über mich verbreiteten Dummheiten mein wahres Gesicht zu entdecken.

Was meine Darstellung einer bestimmten Kategorie von Arbeitern betrifft, so zeichnet sich darin genau das ab, was ich habe geben wollen: ein Bild ohne Übertreibungen zum Düsteren oder zum Gefälligen hin. Ich schildere, was ich sehe, ich protokolliere es einfach und stelle den Moralisten anheim, daraus die Lehren zu ziehen. Ich habe die schwärenden Wunden bei denen bloßgelegt, die ‹oben› leben, und ich gebe mich keinesfalls dazu her, die schwärenden Wunden bei denen, die ‹unten› sind, zuzudecken. Mein Schaffen dient nicht der Parteinahme und der Propaganda; es dient der Wahrheit.»

Bereits das Jahr 1877 – in dem Zolas *L'Assommoir* erstmals in Buchform herauskommt – entscheidet über den Erfolg des Romans. Das Aufsehen, das der Band erregt, macht Zola zum berühmtesten Romancier Frankreichs; ein paar Wochen genügen jetzt, um seinem Namen Popularität zu verschaffen. Zum erstenmal seit einem halben Jahrhundert rückt Victor Hugo auf den zweiten Platz; ein Autor, der erst 37 Jahre zählt, triumphiert über den doppelt so alten greisen Dichter. Das nachhaltige Echo, das zehn Jahre zuvor Hugos *Misérables* ausgelöst haben, ist endgültig verhallt.

Indem er die Figuren eines Romans als erster aus der Arbeiterschaft nahm, bereitete Zola seinen damaligen Lesern eine nicht geringe Überraschung. War doch das Proletariat, das infolge der Inbetriebnahme technisch immer weiter vervollkommneter Maschinen fortgesetzt anwuchs, bislang ohne Profil, ohne Stimme geblieben; zwar schossen unaufhaltsam neue Industriestädte aus dem Boden, zwar wurde von dem unabsehbaren Aufgebot der Fabriken und Industriewerke das Handwerk beiseite gedrängt, aber die Schriftsteller richteten ihr Augenmerk nicht etwa auf diese umwälzende Entwicklung, sondern beschäftigen sich fast ausnahmslos mit Schlafzimmer-Konflikten, Auseinandersetzungen um Geld und Gut, Dramen des Ehrgeizes und Verbrechen aus Leidenschaft.

Zola hingegen sieht, als vorerst Einziger, was im Werden ist. Er ist ganz Kind seiner Zeit, ist es mitunter bis zur Naivität, und doch erhebt er sich auch wieder viel kräftiger als jeder andere über seine Umwelt: ein einzelner, der über seine Epoche hinausblickt! Jene Welt des Elends, die von kommenden Stürmen widerhallt, jener apokalyptische Aspekt der Industrialisierung – sie fordern seine leidenschaftliche Anteilnahme heraus. In zwei Bänden erhebt Zola Anklage gegen eine der schrecklichen Geißeln des Arbeiterdaseins jener Tage – den Alkoholismus. Und auch als Romancier erweist er nun das volle Maß seiner Kraft. Die Echtheit des Kolorits, die Intensität der Atmosphäre sind Bewunderung wert; die

Zolas Vorstudien zum «Roman expérimental»

Faszination ist unentrinnbar; die Elendsschilderung erreicht die ätzende Schärfe des Scheidewassers; nur der eine diabolische Lichtbringer erhellt allein die Düsternis – der Destillateur.

Gervaises fortschreitende Erniedrigung, das ärmliche Stadtviertel, in dem sie lebt, der Blick auf Paris von der Höhe des Montmartre und die vor den Schanktischen herumtorkelnden Säufer, die gräßliche Ermattung, die sie, ausgenommen den Schmied, zuletzt überwältigt – ein wahres Höllengemälde ersteht, das unstreitig etwas Grandioses hat.

Zolas *L'Assommoir* ist der Prototyp, das unvergleichliche Grundmuster des «Roman noir». Der Horizont ist verhängt, die Straßen sind verrufen, zumal bei Nacht; niemals, oder doch so gut wie nie, dringt das Sonnenlicht herab; nirgends ein Lichtstrahl, selbst nicht einer der Art, wie sie auf Kupferstichen Rembrandts das Dunkel aufreißen; nein, was sollte auch solch ein Strahl auf dem Asphalt, inmitten von soviel beklemmender Häßlichkeit . . .

Gleichwohl erwächst aus solcher Häufung des Scheußlichen eine gänzlich unerwartete künstlerische Schönheit: die bezwingende Gewalt der Pinselführung schlägt den Leser wie eine Halluzination in Bann. Erstaunt gewahrt man, daß hier jemand nicht nur über die Kühnheit verfügt, ein Buch solchen Schlages in Angriff zu nehmen und das Unterfangen mit absoluter Folgerichtigkeit zu Ende zu führen, sondern wahrhaftig auch die spezifischen Farben entdeckt hat, die ein derartiges «Gemälde tragen».

Freilich braucht man in diesem Zusammenhang nur an das glühende Interesse zu erinnern, das Zola der Malerei entgegenbrachte, und an die nachträglich bestätigte Treffsicherheit seines Urteils: mit der einen Ausnahme seines Jugendfreundes Cézanne, dessen malerische Intentionen Zola paradoxerweise nie begriffen hat. Indessen ist dieser Ausnahmefall des Nicht-Begreifen-Könnens keineswegs derart verwunderlich, wie es zunächst den Anschein hat; denn es dürfte kaum je zwei schöpferische Naturen gegeben haben, deren innere Distanz größer gewesen wäre. Für Cézanne ist die Wirklichkeit lediglich Reflex einer weit umfassenderen Wahrheit, von der nur das Abbild für uns greifbar ist, und mag er als Maler auch alles daransetzen, die Wirklichkeit so, wie sie ist, darzustellen – sein wahres Ziel reicht darüber hinaus. Cézanne glaubt an eine transzendente Wahrheit jenseits der Natur, während es für seinen Freund Zola nur die eine gibt, die er durch Beobachtung auszuforschen vermag. Sosehr beide darin übereinstimmen mögen, daß es ihnen um die Darstellung der ‹Realität› zu tun ist – der Sinn, den sie, jeder für sich, in diese Aufgabe hineinlegen, ist absolut verschieden. Weshalb es nichts Befremdliches hat, daß die Unvereinbarkeit ihres Wollens zuletzt zum persönlichen Bruch führte. Eine entsprechende innere Unstimmigkeit sollte später auch den Erzähler Joris-Karl Huysmans (der schließlich Benediktiner wurde) von Zola trennen.

Nimmt man die Verkennung Cézannes aus, gehören jedoch die meisten Maler, die Zola seinerzeit als einer der ersten – und mit dem vollen Einsatz seiner Persönlichkeit – verteidigt hat, zu denen, die wir auch heute noch zu den bedeutendsten Meistern jener Epoche rechnen.

Den Stil, in dem sie malten, erkennt man auf jeder Seite von *L'Assommoir* wieder. Zola schreibt, als male auch er; man könnte ihn geradezu einen «verhinderten Maler» nennen.

Balzac weit überbietend, hat Zola mit *L'Assommoir* die Romanliteratur in nicht mehr zu steigernder Intensität mit allen Schattierungen von Schwarz angereichert, und seine Nachfolger mühen sich vergeblich, noch krassere Wirkungen zustande zu bringen: die Höllenfinsternis, die Zola gemalt hat, ist schlechterdings nicht zu überbieten. Seit Dantes *Inferno* und gewissen Shakespeare-Dramen hat sich kein Autor so tief mit dem Entsetzen eingelassen, das Menschenschicksale einflößen können.

In *L'Assommoir* rührt das unmenschliche Elend weit eher von der Schlaffheit her als von den Verhältnissen, unter denen diejenigen leben, die ihr erliegen; jede dieser Elendsgestalten schleppt in einem verstohlenen Winkel ihres Selbst einen Unglückskeim mit sich, der die schauerlichste Lebenskraft entfaltet. Der Kern des Übels liegt im Menschsein an sich; die Umstände verschlagen nicht viel; daß man sich nicht wehrt, genügt schon, damit man in tiefste Tiefen hinabgerissen wird. Das Geschwätz vorm Schanktisch am blauen Montag, der Werkzeugkasten, der von der Schulter gleitet und zu Boden gesetzt wird, die Stunde, welche der Leichtsinn vertut, das Gefühl, mit dem man sich auf Dinge einläßt, die nie wiedergutzumachen sind, die Lust am eigenen Untergang – dies alles hat Zola bis in die kleinste Nuance unheimlich genau getroffen.

Zeigte sich in einer einzigen Ecke des Elendsgemäldes ein Lichtstrahl, würde er bewirken, daß wir das Werk eines christlichen Erzählers vor uns hätten; aber die göttliche Gnade ist aus Zolas Werk noch unnachsichtiger verbannt als aus dem von Balzac. Der Mensch ist verlassen und einsam; ohne Zuflucht und Hoffnung – und ohne den Begriff der Sünde – irrt er durch das Dunkel; er ruft nicht einmal nach Hilfe, sondern quält sich, auf das Animalische reduziert, mit gesenktem Kopf durch das Dasein wie ein Tier, das unwissend dem Tod entgegentaumelt. Und da Zola der Sicht auf das Metaphysische nicht fähig ist, vermag er, wenn man ihm vorwirft, er gebe vom Menschen ein allzu trostloses Bild, seiner Höllenvision nur das Paroli zu bieten, indem er gegen die Elendsquartiere wettert.

Am heftigsten entrüsteten sich über *L'Assommoir* die Arbeiter, während man in den bürgerlichen Kreisen von dem Roman geradezu entzückt war. Die Arbeiter lehnten es ab, sich in einer Schilderung wiedererkennen zu sollen, die sie gleichermaßen herabsetzend und unzutreffend dünkte; im bürgerlichen Lager stürzte man sich auf das Buch, weil man es als willkommene Ermunterung auffaßte, um ihrer Unmoral willen die, deren Heraufkunft zu fürchten man sich anschickte, zu verachten.

In der Tat schwächt Zola das Laster nirgends ab, viel eher streicht er es heraus, weil er eben nichts von einem Demagogen hat – was die Betroffenen von seinem Vorgehen halten, läßt ihn gleichgültig.

An einem Zahltag hat sich die Frau des Bauklempners Coupeau, die Wäscherin Gervaise, gegen Abend aufgemacht, um ihrem Mann vor dem Eingang zum «Totschläger» aufzulauern. Im Regen stehend, späht sie durch das Schaufenster in das von den Gaslampen taghell erleuchtete Lokal, in dem es hoch hergeht. Wütend darüber, daß Coupeau, statt mit ihr, wie er versprochen hat, den Zirkus zu besuchen, eifrig prostend seinen Kameraden Gesellschaft leistet, tritt sie nach einer Weile ein und steuert durch den Qualm der vielen Tabakspfeifen auf den Tisch ihres Mannes zu. Obwohl sie seit Stunden nichts gegessen hat, läßt sie sich nach einigem Hin und Her zum Mittrinken nötigen, wohl wissend, daß sie kaum noch «für zwei Sous Energie» im Leibe hat. Nicht weit von ihrem Platz arbeitet auf dem mit Glas überdachten Hof Père Colombes riesige Destilliermaschine.

«– *Na, das nenne ich: ganze Arbeit leisten! rief Coupeau und kehrte das Glas um, aus dem seine Frau ihren Likör getrunken hatte. Das hast du ja prachtvoll ausgeschleckt. Schaut mal, ihr Tratschmäuler, nicht einen Tropfen hat sie drin gelassen!*

– Madame nimmt noch eine Anisette? erkundigte sich Salzschnauze, der berühmte ‹*Saufaus, der noch nie 'nen Brand gehabt hat*›.

Nein, von dieser Sorte hatte sie genug! Doch zugleich verriet Gervaises ablehnende Antwort ihre Unschlüssigkeit. Die Anisette verdarb ihr den Geschmack. Sie hätte lieber etwas Herzhaftes zu sich genommen, was ihrem Magen aufhalf. Verstohlen blickte sie sich nach der Schnapsmaschine um, der sie halb den Rücken kehrte. Der höllische Kessel, dessen runder Bauch sie an eine übergroße kupferne Teekanne denken ließ, jagte ihr, während sie die unförmige Schneppe mit ihren hin und her laufenden Windungen betrachtete, eine Gänsehaut über den Rücken, zugleich aber erregte dieser Schauder in ihr ein lüsternes Begehren. Wahrhaftig, man hätte vom metallenen Geschlinge einer Riesengans, vom Gedärm einer Hexe reden können, die das flüssige Feuer Tropfen für Tropfen ihren Eingeweiden entpreßte! Ein wunderhübscher Giftquell, diese Teufelsmaschine, die in den tiefsten Keller versteckt gehört hätte, so grausig und schamlos, wie sie ihre Verrichtungen zeigte! Und dennoch hatte sie keineswegs etwas Abstoßendes; Gervaise hätte ihre Nase hineinstecken mögen, um den Duft einzuziehen und den ätzenden Sud zu kosten – selbst auf die Gefahr, daß sie hinterher von ihrer verbrannten Zunge die Haut abpellen müßte wie die Schale von einer Apfelsine.

– Was trinkt ihr da eigentlich? fragte sie, anscheinend ganz uninteressiert, während ihr aus den Gläsern der anderen der leuchtende Goldglanz entgegenfunkelte.

– Das, altes Mädchen, erwiderte Coupeau, ist Père Colombes Kampferschnaps . . . Du stellst dich doch nicht etwa dümmer, als du bist? Wir werden dich gleich mal davon kosten lassen!

Als dann auch für Gervaise ein Glas dieses ‹*Vitriols*› *gebracht worden war und der erste Schluck ihr so heftig die Kehle verbrannte, daß sie kaum Atem holen konnte, klatschte sich der Bauklempner feixend auf die Schenkel und versetzte:*

– Na, wie denn? Der pustet den Rachen ordentlich durch, was? Aber du mußt ihn auf einen Zug kippen! Jede Runde davon bewirkt garantiert, daß den Ärzten wieder ein Sechs-Francs-Stück durch die Lappen geht . . .

Schon beim zweiten Glas Kampferschnaps spürte Gervaise den Hunger nicht mehr, der sie zuvor so gequält hatte. Auf einmal fühlte sie sich mit Coupeau ausgesöhnt, grollte sie ihm nicht mehr wegen seines gebrochenen Versprechens. Den Zirkusbesuch konnten sie ein andermal nachholen; so übermäßig amüsant waren diese Gaukler wohl gar nicht, die auf ihren Pferden dauernd im Kreis galoppierten. Vom Regen draußen war hier drinnen beim Père Colombe jedenfalls nichts zu merken, und wenn der Zwei-Wochen-Lohn sich auch in lauter Schnaps auflöste, rann er nun doch wenigstens auch ihr durch den Leib, wenn sie dieses durchsichtige Zeug in sich hineingoß, das wie flüssiges Gold schimmerte. Oh, ihr war ganz danach zumute, auf alle Sorgen zu pfeifen! Ohnehin bot ihr das Leben nicht viele Freuden; da war es schon ein Trost, beim Verputzen des Geldes mit

Halbpart zu machen. Warum sollte sie, da sie sich so wohl fühlte, nicht unbekümmert auf ihrem Stuhl sitzen bleiben? Ihretwegen konnten sie ruhig eine Haubitze abfeuern, sie würde sich gar nicht vom Fleck rühren, wo sie es doch so gemütlich hatte! Sie schmorte in wohliger Hitze, das Leibchen begann ihr am Rücken zu kleben, die Gleichgültigkeit, die von ihr Besitz nahm, machte ihr die Glieder schwer. Sie kam sich ungemein spaßig vor, stützte die Ellbogen auf die Tischplatte, stierte hierhin und dorthin und amüsierte sich prächtig über zwei Gäste am Nebentisch, einen fetten ‹Mastochsen› und einen schmächtigen Knirps, die einander in einem fort umarmten und ins Gesicht küßten, so betrunken waren sie. Nicht lange, und Gervaise lächelte rundum dem ganzen ‹Totschläger› zu: dem Vollmondgesicht von Père Colombe, das wahrhaftig einer prallen Schweinsblase ähnlich sah, all den lärmenden, Pfeife schmauchenden, ungeniert ausspuckenden Gästen und sogar den grellen Gasflammen, deren flackernder Schein ihr auch aus den Spiegeln und von den Likörflaschen entgegenglänzte. Der Alkoholdunst machte ihr nichts mehr aus, im Gegenteil, er stach ihr äußerst wohltuend in die Nase; Gervaise schloß halb die Augen, während ihr Atem, ohne daß sie eine Beklemmung empfand, zunehmend kürzer ging, und ergab sich zeitweise einem behaglichen Halbschlummer, der sie übermannte. Als sie dann auch das dritte Glas ‹Vitriol› im Bauch hatte, ließ sie das Kinn auf ihre Hände sinken und gewahrte bloß noch Coupeau und seine Kameraden; und bis auf Nasenlänge an die vier Männer heranrückend, deren vergifteter Atem ihr heiß über die Backen strich, vertiefte sie sich selbstvergessen in den Anblick der verschmutzten Bärte, als zähle sie jedes Barthaar einzeln. Die vier waren nunmehr stockbetrunken. Die Pfeife zwischen den Zähnen, sabberte Mes-Bottes wie ein Ochse, den man vor den Kopf gehauen hat, stumpfsinnig vor sich hin. Bibi mit dem Spitznamen ‹Roastbeef› beschrieb brabbelnd, wie er auf einen Zug eine Literflasche leere: er raube ihr einfach einen so gewaltigen Kuß, daß er gleich ihren Hintern zu sehen kriege . . . Unterdessen war Salzschnauze, der ‹Saufaus›, der nie ‹'nen Brand hat›, zum Schanktisch gewankt, um das Roulette zu holen, das ihm und Coupeau nun dazu diente, die Bezahlung der Zeche auszuhandeln.»

Hier ein weiterer Ausschnitt aus dem Roman *L'Assommoir:* Gervaise im Stadium letzter Verkommenheit! Ihr Mann, der bereits mehrere Aufenthalte im Trinkerasyl hinter sich hat, ist auf eine Saufreise gegangen. Verlassen, wie sie ist, und halbtot auch vor Hunger, macht Gervaise den Versuch, aus ihrem Körper Kapital zu schlagen. Die Kneipe des Père Colombe ähnelt an diesem Abend einer festlich illuminierten Kathedrale; wie «Sänger am Chorpult», schreibt Zola, zelebrieren die Trunkenbolde an ihren Tischen den «heiligen Zahltag».

«*Wie festgebannt an ihren Platz stand Gervaise draußen vor dem ‹Totschläger› und sann über ihre Lage nach. Hätte sie noch zwei Sous besessen, wäre sie zu Père Colombe hineingegangen und hätte sie vertrunken. Ein Schluck Schnaps hätte wahrscheinlich ihren Hunger sofort vertrieben. Oh, wie oft sie doch schon zum Schnapsglas ihre Zuflucht genommen hatte! Und sie war es trotz aller Folgen zufrieden. Während sie von ihrem Standplatz aus die ununterbrochen laufende Destilliermaschine beobachtete,* empfand sie freilich dumpf, daß ihr ganzes Elend von diesem Hexenkessel herrührte, und es dünkte sie ebenso plötzlich verlockend, sich in diesem ‹Lebenswasser› zu ertränken und mit sich ein Ende zu machen, sowie sie nur das Geld dazu hätte. Ein Schauder schüttelte sie, den sie bis unters Haar spürte; es war vollständig Nacht geworden. Dies war die Stunde, die sie sich zunutze machen mußte! Jetzt kam es für sie darauf an, Mut zu haben und sich von ihrer anziehendsten Seite zu zeigen, wenn sie mitten im allgemeinen Freudentrubel nicht elend verrecken wollte . . . Das Loch in ihrem Magen ließ sich nicht dadurch stopfen, daß sie tatenlos dabei zuschaute, wie die anderen sich den Bauch volluden! Sie verlangsamte ihren Schritt und sah sich um. Unter den Bäumen war der Schatten noch dichter geworden. Nur spärlich kamen Leute vorüber, die es zumeist eilig hatten und mit hastigen Schritten den Boulevard überquerten. Auch standen auf dem breiten, menschenleeren Trottoir, an dessen Unwirtlichkeit der Amüsierbetrieb der angrenzenden Straßen jäh verebbte, bereits verschiedene andere Frauen lauernd herum. Die längste Zeit harrten sie in regloser Ergebenheit, wie verkümmerte Platanen dem Regen trotzend, am selben Fleck aus; setzten sie sich, ihr abgewetztes Schuhwerk über das feucht schimmernde Pflaster schleifend, schließlich in Bewegung, beschränkten sie sich auf ganze zehn Schritte, um dann erneut stehenzubleiben, als wären sie angewachsen. Eine war darunter, deren Leib unförmig aufgetrieben war, während ihre Beine und Arme den Gliedmaßen eines Insekts glichen; ihre überquellenden Rundungen hatte die Frau in verschlissene schwarze Seide gesteckt, das Haar bedeckte ein gelber Schal. Eine andere, sie war auffallend groß und dürr, hatte sich eine Dienstbotenschürze vorgebunden. Ein Paar weitere hatten sich, um ihr Alter zu vertuschen, übertrieben geschminkt; und dann gab es jüngere, die derart verkommen ausschauten und vor Schmutz starrten, daß nicht einmal ein Lumpensammler sie hätte mitgehen heißen. Doch Gervaise wußte sich nur den Rat, diese Frauen zum Vorbild zu nehmen und sich zu bewegen wie sie. Eine Erregung, wie Gervaise sie einst als junges Mädchen empfunden hatte, schnürte ihr die Kehle ab; sie hatte kein Gefühl dafür, ob sie sich eigentlich schäme; was sie da tat, war wie ein garstiger Traum. Eine Viertelstunde wankte und wich sie nicht. Männer schritten vorbei, nahmen von ihr aber nicht Notiz. Daraufhin änderte sie ihr Verhalten und näherte sich zaghaft einem Mann, der, die Hände in den Taschen, pfeifend an ihr vorüberschlenderte. Und mit halb erstickter Stimme sagte sie zu ihm:

– Einen Augenblick, Monsieur! So hören Sie doch . . .

Aber der Mann musterte sie bloß flüchtig aus den Augenwinkeln und entfernte sich, indem er noch lauter pfiff.

Gervaise verdoppelte ihre Anstrengungen. Blindlings ergab sie sich einer verwegenen Jagd, während ihr leerer Magen nach einer Mahlzeit gierte, die immer unerreichbarer zu werden schien. Sie lief auf und ab und wußte bald nicht mehr, wie spät es war und wohin sie gelangte. Um sich herum gewahrte sie dunkle, stumme Frauengestalten, die unter den Bäumen promenierten und sich in jeder Richtung auf nur wenige Schritte beschränkte wie Tiere in einem Käfig. Gleich Gespenstern geisterten sie aus dem Schatten hervor; traf sie der Lichtschein einer Gasflamme, gleißte maskenhaft bleich das geschminkte Gesicht auf; und wenn dann, ehe es erneut verschwamm, die weiße Kante ihres Unterrockes noch einmal aufgeblitzt war, umfing sie wieder der Schatten, der lockende Reiz des weithin das Trottoir deckenden Dunkels. Zuweilen ließ sich von einer dieser Frauen ein Mann anhalten, ulkte sie spöttisch an und entfernte sich, belustigt auflachend. Doch gab es auch Männer, die einer weiblichen Gestalt, merklich verlegen, mit zehn Schritten Abstand so unauffällig wie möglich nachstiegen. Mitunter erhob sich derbes Gemurmel, wurden mit unterdrückter Stimme Streitigkeiten ausgetragen, oder wütendes Feilschen zerriß die nächtliche Stille. Wohin Gervaise sich auch wandte, allenthalben fand sie wie Schildwachen diese Frauen aufgereiht, als seien die ganzen äußeren Boulevards mit ihnen bepflanzt. Alle zwanzig Schritte erblickte Gervaise eine andere. Ein Ende dieser ‹Postenkette› war nicht abzusehen; ganz Paris wurde zur Stunde wohl auf diese Art ‹bewacht›. Gervaise entdeckte es mit Widerwillen; unablässig wechselte sie ihren Platz; von der Chaussée de Clignancourt kommend, näherte sie sich der langen Rue de la Chapelle.

– Einen Augenblick, Monsieur! So hören Sie doch . . .

Aber die Männer gingen achtlos an ihr vorüber. Gervaise ließ die Schlachthäuser hinter sich, wo selbst der Abfall noch durchdringend nach Blut roch. Sie warf einen flüchtigen Blick auf das frühere ‹Hôtel Boncœur›, das verödet zu ihr herüberzuschielen schien. Als sie an der Fassade des ‹Hôpital de Lariboisière› entlangschritt, zählte sie mechanisch die erleuchteten Fenster, und der bleiche Lichtschein in all den Zimmern erregte in ihr die Vorstellung, bei lauter Sterbenden werde dort Wache gehalten. Sie überschritt die Eisenbahnbrücke an der Gare du Nord, die von den schnaubend ein- und ausfahrenden Zügen in schwingende Bewegungen versetzt zu werden schien, während die Luft unter den grellen Pfiffen der Lokomotiven erzitterte.

Wie gräßlich traurig die Nacht alles machte! Gervaise kehrte um und ließ ihre Augen abermals an all den Häusern entlangschweifen, die an diesem Ende der mit Bäumen gesäumten Straße einander so ähnlich sehen; zehn- oder wohl zwanzigmal wandelte sie auf demselben Stück des Boulevard hin und her, ohne sich zu verschnaufen oder gar für eine flüchtige Minute sich auf einer der Bänke niederzulassen. Nein, da war niemand, der sie hätte haben wollen! Diese Mißachtung schien die Schande noch schlimmer, noch bitterer zu machen. Noch einmal ging sie bis zu dem Krankenhaus und den Schlachthäusern zurück. Und ein letzter Gang brachte sie von den blutbespritzten Höfen, in denen man dem Töten frönte, wieder zu den fahl beleuchteten Krankenzimmern, in denen der Tod die Menschen in Betttüchern erstarren ließ, die alle Welt benutzte. Jetzt sah es so aus, als würde auch Gervaises Dasein dort enden.

– Einen Augenblick, Monsieur! So hören Sie doch . . .

Plötzlich gewahrte sie auf dem Pflaster ihre Silhouette. Sowie Gervaise in den Lichtkreis einer Gaslampe gelangte, verdichtete sich der schwankende Schatten und nahm feste Umrisse an – eine riesige, gedrungene, groteske Spukgestalt, an der alles rundlich war. Bauch, Hals und Hüften zeichneten sich vor Gervaises Blick nur höchst ungefähr ab, insoweit sie nicht übergangslos ineinanderflossen. Gervaise hinkte so stark, daß ihr Schatten bei jedem ihrer Schritte auf dem Pflaster einen Purzelbaum zu schießen schien: wie ein richtiger Clown! Und sobald sie die Gaslaterne im Rücken hatte, *schwoll der Schatten-Clown zu enormer Größe an und füllte mit seinen Verrenkungen, bei denen er mit der Nase fortwährend an Bäume und Häuser stieß, in ganzer Breite den Boulevard. Du liebe Zeit, was war sie doch komisch und abstoßend! Nie zuvor hatte sie so gut begriffen, wie tief sie herabgesunken war. Mit einemmal konnte sie sich gar nicht mehr satt sehen an ihrem Schatten und die einzelnen Gaslaternen gar nicht rasch genug hinter sich bringen, um von neuem zu beobachten, wie ihre Silhouette Kobolz schoß. Oh, es war wirklich eine prächtige Schlampe, die ihr da zur Seite ging! Was für eine lustige Person! Die mußte doch die Männer geradezu anlocken – gleich diesen Augenblick! Und Gervaise dämpfte ihre Stimme und wagte nur noch, wenn sie schon deren Rücken vor sich hatte, den Vorbeigehenden stammelnd nachzurufen:*

– Einen Augenblick, Monsieur! So hören Sie doch . . .»

Unmittelbar danach, so wäre der Ausschnitt aus *L'Assommoir* zu ergänzen, setzt winterliches Schneetreiben ein. Der einzige Mann, der, als Gervaise ihn anspricht, tatsächlich stehenbleibt, ist ein Bettler, der sie seinerseits um eine Gabe angeht. Entsetzt erkennt Gervaise in ihm den greisen, verkommenen Père Bru, der mit ihr und Coupeau im selben Haus wohnt. Fünfzig Jahre hat Père Bru, wie Zola erzählt, seine Arbeitskraft zu Markte getragen; nun ist er verbraucht und derart gebrechlich, daß er sich sein Brot nicht mehr zu verdienen vermag. Gervaise aber – ist sie nicht einst eine der flottesten, gesuchtesten Wäscherinnen gewesen? Doch jetzt ist auch sie, während ihre leichtlebige Tochter Nana sich vermutlich von einem ihrer Kavaliere gerade wieder Austern auftischen läßt, um nichts besser dran als Père Bru – und er und Gervaise könnten sich getrost die Hände reichen! Indessen wenden sie sich bei ihrem nächtlichen Zusammentreffen voneinander ab, um wortlos ihrer Wege zu gehen . . .

Kurz darauf widerfährt Nanas Mutter eine weit ärgere Beschämung: Der Schmied Goujet, der Gervaise noch immer liebt, den sie aber schon früher, weil sie sich seiner unwürdig fühlt, zurückgewiesen hat, nimmt sich ihrer an. Selbstlos sorgt er dafür, daß Gervaise nicht von Durst und Hunger gequält in ihre Behausung heimzukehren braucht.

Zum sechsten Stockwerk hinaufsteigend, kommt Gervaise dann bei ihrer Rückkehr auch an der Wohnung vorüber, wo sie am voraufgegangenen Nachmittag das halbwüchsige, von einem entmenschten Vater im Rausch nach und nach zu Tode geprügelte Arbeitermädchen Lalie hat sterben sehen . . .

Coupeau stirbt schon bald in einer Anstalt am Delirium tremens. Wegen ihrer Mittellosigkeit ist Gervaise froh, das elende Loch unterm Treppenaufgang beziehen zu dürfen, in dem Père Bru seine letzten Tage verdämmert hat und auf einer Strohschütte einsam Hungers gestorben ist. Gervaises Ende ähnelt dem seinen fast haargenau. Sie verblödet regelrecht. Elend, Schmutz, Auszehrung machen sie binnen kurzem zur Beute des Todes.

Unter Zolas damaligen Berufskollegen erregte es weiter keine Verwunderung, daß ausgerechnet Joris-Karl Huysmans, der hernach so ganz andere Wege ging, das Buch am nachdrücklichsten pries:

«Ja, schreit und tobt nur, und errötet, wenn ihr's noch könnt! Nennt

Zolas *L'Assommoir* pöbelhaft und, Lumpenpack, das ihr seid, sagt ruhig: solche starken Worte brächten euch aus der Fassung – was tut's? – wo die Künstler, die literarisch Gebildeten in Begeisterung schwimmen . . .

. . . und dann diese unvergleichlichen Passagen, die man dereinst, wenn niemand mehr Zolas Ruhm in Zweifel zieht, zu den schönsten, den glänzendsten unserer Literatur zählen wird: das Sterben der blutjungen Lalie und Gervaises nächtliches Umherirren! Kann es im Ernst jemanden geben, der das unschätzbare Talent dieses Mannes zu leugnen wagt, seine bannende Persönlichkeit, seine Blickweite, seine Kraft, die doch so einmalig sind in dieser Zeit rachitischer Schwäche und Knochenerweichung . . .?» (L'Actualité de Bruxelles, 1876.)

Bemerkenswerter mag man allerdings wohl die folgenden Zeilen finden, die Mallarmé an Zola gerichtet hat:

«Da hätten wir also ein wirklich bedeutendes Werk, so recht würdig einer Epoche, in der die Wirklichkeit die gemeinverständliche Erscheinungsform des Schönen wird! Diejenigen, die Sie beschuldigen, Sie hätten nicht fürs Volk geschrieben, täuschen sich genauso wie andererseits jene, die einem entschwundenen Ideal nachtrauern, Sie aber haben ein neues aufgezeigt, das wahrhaft modern ist – womit bereits alles gesagt wäre. Ich denke an den düsteren Ausgang des Buches, an Ihr bewundernswürdiges Bemühen in sprachlicher Beziehung, dank dessen so viele an sich oft ziemlich ungereimte Ausdrücke im Munde Ihrer armen Teufel das Gewicht höchst gelungener literarischer Formulierungen gewinnen, weil sie uns ja veranlassen, je nachdem zu lächeln oder fast Tränen zu vergießen – uns literarisch Gebildete! Dies hat für mich etwas im höchsten Maße Aufregendes; liegt es, frage ich mich jedesmal von neuem, an meiner Natur, oder ist da womöglich Ihrerseits noch Diffizileres im Spiel, worin ich mich nicht auskenne? Der Teil Ihres Romans freilich, den ich gegenwärtig bevorzuge, ist sein Anfang. Die so erstaunlich ungeheuchelte Einfachheit, mit der Sie Coupeau bei seiner Arbeit oder die Arbeitsstätte seiner Frau beschreiben, versetzt mich in eine Art Verzauberung, deren es gar nicht einmal bedürfte, um mich das triste Ende der beiden vergessen zu lassen; der Literatur haben Sie etwas ganz und gar Neues geschenkt mit diesen so ausgewogenen Seiten, die sich wie einzelne Lebenstage vor einem aufblättern.» (Sté hane Mallarmé: Brief vom Montag, 3. Februar 1877.)

Zum erstenmal, darf man füglich meinen, hat in *L'Assommoir* ein Schriftsteller von Rang mit der Welt der Arbeiter Kontakt bekommen, und der starke Widerhall seines Buches löste dann weitere Romane aus, die das Augenmerk auf das Proletariat lenkten. Charpentier aber nimmt den Erfolg von *L'Assommoir* zum Anlaß, um die Honorarzahlungen, die der Vertrag vorsah, der Zola an ihn band, angemessen zu modifizieren. Schon machen die großen Zeitungen einander die künftigen Werke streitig; für einen Vorabdruck «unterm Strich» bekommt Zola 20000 bis 30000 Francs geboten. Bald sieht er sich in der Lage, in Médan ein Haus zu erwerben, wovon er Flaubert mit den folgenden Zeilen in Kenntnis setzt:

«*Neuerdings habe ich mir ein Haus gekauft, eine Art Kaninchenbau, zwischen Poissy und Triel, in einem reizvollen Winkel am Ufer der Seine;*

9000 Francs, diesen Preis verrate ich Ihnen, damit Ihr Respekt nicht ins Ungemessene steigt. Jedenfalls hat mir nun die Literatur diese bescheidene ländliche Zuflucht beschert, deren Vorzüge vor allem darin bestehen, daß sie weitab von jeder Eisenbahnstation liegt und noch kein Mitbürger sich in der Nachbarschaft angesiedelt hat. Hier bin ich allein, bin ich gänzlich für mich; seit einem Monat habe ich nicht in ein einziges fremdes Menschenantlitz geschaut.»

Zolas Einnahmen sollten von da an nie mehr ins Stocken geraten. Auch ist wohl nie eine Wohnstatt enger mit der literarischen Geltung eines Autors verbunden gewesen; beide wuchsen gemeinschaftlich. Es lag Zola jedoch weniger daran, Seitenflügel aufzuführen; statt ihrer ließ er Türme errichten. So wurde zuerst, um 1880 herum, der Turm «Nana» erbaut, und um das Jahr 1885 kam der Turm «Germinal» an die Reihe. Aus weiter Ferne ließ sich demnach der jeweilige Erfolg von Zolas Büchern abschätzen, indem man den Blick auf seine Behausung richtete. Ganz buchstäblich verwandelten sich seine Romane in Médan in Stein.

Nicht anders ging es mit der Möblierung des Gebäudes, das sich mit einem wahren Bric-à-brac zusammengekaufter Gegenstände füllte; zufälligen Funden bei den Antiquitätenhändlern, die ohne viel Rücksicht auf Fragen des Geschmacks erworben wurden. Entzückt von dem japanischen Hausrat, mit dem Edmond de Goncourt sich umgeben hatte, suchte Émile Zola ihm in dieser Hinsicht in den einschlägigen Läden den Rang abzulaufen; die Ausbeute war nicht eben hervorragend. Allerdings konnte Zola derlei Nebeninteressen nur wenig Zeit widmen; der Stammbaum der *Rougon-Macquart* rief nach seinem Heger. Kein anderer Stoff bot so viele unbegrenzte Möglichkeiten wie eine derartige Familie – der Romancier hatte ihr lediglich neue Abkömmlinge zuzugesellen.

Das Haus in Médan

Paris in der Vogelperspektive

Kaum ist *L'Assommoir* veröffentlicht, geht Zola gleich neu an die Arbeit, um freilich diesmal einen völlig anders gearteten Roman zu verfassen: *Une Page d'Amour*. Der Kontrast zwischen diesem Buch und seinem Vorgänger amüsiert ihn. Aus L'Estaque schreibt er im September 1877 an Théodore Duret:

«Was mir jetzt weitere Kraft zur Arbeit gibt, ist der Gedanke, wie sehr das Publikum über die Milde verdutzt sein wird, die ich neuerdings walten lasse. Es macht mir unbeschreibliches Vergnügen, die Mitwelt an der Nase herumzuführen.»

Nicht viel anders spricht er sich Joris-Karl Huysmans gegenüber aus:

«Soeben habe ich den ersten Abschnitt meines neuen Romans abgeschlossen, der insgesamt fünf derartige Teile umfassen soll. Etwas Kinderbouillon, etwas Einfaltsgemüse; diese Suppe wird sich ganz ohne Beschwer schlürfen lassen, meine ich. Die Leser von ‹L'Assommoir› sollen durch mein Biedermanns-Buch gehörig verblüfft werden. Ich bin jedesmal entzückt, wenn ich wieder eine hübsche leichte Romanseite von so viel Naivität fertig habe, daß sie von einem Sechzehnjährigen geschrieben sein könnte. Allerdings möchte ich's nicht gerade verschwören, daß mich ein gewisser Morgenrock zuweilen nicht auch an heiklere Dinge denken läßt. Aber das ist dann eine Ausnahme! Ich lade meine Leser zu einer Familienfeier, mit Leuten, die das Herz auf dem rechten Fleck haben. Der erste Teil bringt zu guter Letzt eine Beschreibung in der Vogelperspektive: Paris ist anfänglich ganz in Nebel getaucht, nach und nach gerät es in den hellen Schein der Frühlingssonne – eine der besten Passagen, die ich je geschrieben zu haben glaube. Daher auch mein friedfertiges Gemüt und der lyrische Ton, den ich, wie Sie merken, anschlage . . .»

Solche Schilderungen «in der Vogelperspektive», mit denen Zola unumwunden «zufrieden» ist, stehen nicht nur im Schlußkapitel des ersten Teils von *Une Page d'Amour*, sondern kehren auch in den anderen vier Hauptabschnitten des Romans, jeweils zum Ende hin, wieder. Auch sie erweisen in ihrer fast symmetrischen Anordnung das Buch als ein Meisterstück in kompositorischer, um nicht zu sagen: architektonischer Hinsicht. So zwanglos wie konsequent ergeben sie sich zumeist aus dem Umstand, daß die Romanheldin in einem der höchstgelegenen Häuser der Vorstadt Passy wohnt und der überwältigende Ausblick auf das «wogende Meer der Dächer» sie zur Rückschau auf ihr früheres Leben anregt und ihr so zu klärender Selbstbesinnung verhilft. Aus Marseille ist diese Hélène Grandjean, geborene Mouret, eine Witwe, die eben die

Faksimiles aus einem Exemplar der «Soirées de Médan»,
das sie sechs Verfasser Madame Zola widmeten

Radierung von Duboutin

Dreißig überschritten hat, mit ihrer elfjährigen Tochter Jeanne nach Paris übersiedelt, wo sie alsbald in den Strudel einer «Amour passion» gerät. Von der kränklichen Tochter eifersüchtig geliebt, verschuldet Hélène durch Achtlosigkeit und Egoismus Jeannes Tod. Nachdem sie sich daraufhin von ihrem Pariser Geliebten getrennt hat, kehrt sie nach Marseille zurück und geht dort resigniert eine zweite Ehe ein. Ihr letzter Aufenthalt an der Seine ist es, der sich in den folgenden Impressionen eines Pariser Dezembertages spiegelt, als deren perspektivischen Blickpunkt man sich den Friedhof von Passy zu denken hat. Dort nämlich besucht Hélène das Grab ihrer Tochter . . .

«*Die Bläue des Himmels mutete völlig durchsichtig an und derart blaß, daß sich eigentlich nur von einem bläulichen Widerschein zur grellen Sonne reden ließ. Das tief am Horizont stehende Tagesgestirn funkelte wie eine Lampe, ganz aus Silber. Aber die Wärme, die sie bei ihrem Brennen entwickelte, teilte sich, vom Flimmern des Schnees aufgesogen, der eisigen Luft überhaupt nicht mit. Unterhalb der Sonne waren die Dächer – die Ziegel des Proviantamtes wie die Schieferplatten der Häuser am diesseitigen Seine-Quai – weithin mit weißen, dunkel eingesäumten Tüchern überspannt. Jenseits des Flusses dehnte sich das Viereck des Champ-de-Mars wie eine Steppe, auf der sich einzelne Wagen als bewegliche dunkle Punkte abzeichneten, bei denen man an dahinfahrende russische Schlitten und auch an deren Schellengeklingel denken mochte; die Ulmen am Quai d'Orsay, die sich in der Entfernung weit kleiner ausnahmen, als sie in Wahrheit waren, reihten sich wie lauter Blumen aus feinstem Kristall hintereinander, und ihre Spitzen stachen wie Nadeln in die Luft. Mitten in dem reglosen Meer aus Eis wälzte die Seine ihre erdfahlen Fluten zwischen den Uferböschungen wie zwischen weißen Hermelinpelzen einher; der Fluß führte seit dem Vortag Treibeis, und von den Pfeilern des Pont des Invalides war deutlich das Aufbrechen der Eisschollen zu vernehmen, wenn sie sich unter die Brückenbogen zwängten. Hinter dem Pont des Invalides staffelten die anderen Brücken ihr lichtes Filigran, dessen Maßwerk immer zarter wurde, bis an das glitzernde Gefels der Cité, über dem die Türme von Notre-Dame ihre verschneiten Zinnen emporreckten. Zur Linken durchbrachen andere Gipfel das Gleichmaß der Stadtviertel. Die Kirche Saint-Augustin, die Oper, die Tour Saint-Jacques erhoben sich über die Niederung wie Berghäupter, die ewiger Schnee krönt; und weiter vorn im Blickfeld formierten die Pavillons der Tuilerien und des Louvre, durch die neu errichteten Trakte miteinander verbunden, den Doppelgrat einer ebenso von jungfräulichem Schnee bedeckten Bergkette. Zur Rechten gesellten sich ihnen die weißen Firste des Hôtel des Invalides und der Türme von Saint-Sulpice, des Panthéon – in solcher Entfernung projizierte das letztere ein mit bläulichem Marmor umkleidetes Traumschloß gegen den azurnen Himmel. Nirgends stieg zu ihm eine Stimme auf. Entlegene Straßen verrieten ihre Fluchten lediglich dadurch, daß da, wo sie verlaufen mußten, graue Spalten klafften; manche Kreuzungen schienen nur noch vorhanden, weil bei ihnen die Erde sich aufgetan hatte. Andere Häuserfronten waren gänzlich ausgewischt. Lediglich die Fassaden der gegenüberliegenden Straßenzeile erspähte man, dank der tausend winzigen Striche ihrer Fenster. Im Hintergrund schließlich verschwammen die Schneefelder und verloren sich in der flirrenden Ferne wie in einen See, dessen blauende Fläche mit dem Blau des Himmels zusammenrann. In unabsehbarer Weite und Helle leuchtete Paris, vom zähen Frost bezwungen, in silbernem Sonnenglanz.»*

Von vornherein hatte sich Zola gesagt, sein neuer Roman werde den Sensationshunger seines Publikums nicht befriedigen; und in der Tat war das Echo entsprechend matt. Unmittelbar nach *L'Assommoir*, mit der Jahreszahl 1878 auf dem Titelblatt, veröffentlicht, bereitete der zum Teil in der Umgebung von Marseille geschriebene Roman *Une Page d'Amour* den meisten Lesern eine arge Enttäuschung. Man war auf den Geschmack gekommen und verlangte nun vom Schöpfer des «experimentellen Romans», daß er weiter kräftige Kost verabreiche.

Aber Zola, der zuweilen noch der Sehnsucht nachgab, mit Alfred de Musset zu wetteifern, hatte mit *Une Page d'Amour* nun einmal zeigen wollen, daß seine Palette auch zum Ausmalen zarter Gefühle die Farben liefere. Ein Ehrgeiz, der ihn ein allerdings im Konventionellen beharrendes Buch kostete und einen beträchtlichen Schwund der gewohnten Auflagenhöhe.

Edmond de Goncourt begegnete ihm damals: er traf einen Zola, der plötzlich aus allen Wolken gefallen war. Die Augen unter dem Pincenez blickten matt und trüb, Zola stöhnte und machte aus seiner Bitterkeit kein Hehl – dieser Band der *Rougon-Macquart*-Reihe war ein Fehlschlag! Erfolg aber war etwas, was Zola brauchte, und Erfolg durfte nicht auf sich warten lassen, er mußte durchschlagend sein. Kaum daß die letzte Zeile niedergeschrieben war, die Fahnenabzüge korrigiert waren, pflegte sich Zola wieder in den Reklame-Chef von früher zu verwandeln. Mit leidenschaftlicher Spannung verfolgte er die Absatzkurve des jeweiligen neuen Bandes. An ihr las er gleichsam seine Temperatur ab. Kletterte die Kurve in die Höhe, fühlte er sich frisch und tatenlustig, die Welt dünkte ihn voller Verheißung, der «experimentelle Roman» war die jüngste Errungenschaft wissenschaftlicher Erkenntnis; stockte dagegen der Absatz seines Buches, nahm er das einige Tage seufzend zur Kenntnis, dann dachte er darüber nach, wie die Scharte auszuwetzen sei, und sann auf neue Mittel, seine Leser wieder in die Hand zu bekommen. Verlangten sie nach dem Skandal, sollten sie ihn haben – Zola kannte nicht jene Bedenken, wie sie mitunter nach einem Bucherfolg einen Autor heimsuchen und ihn davor zurückschrecken lassen, mit seinen nachfolgenden Werken den Erwartungen seiner Leser nicht zu entsprechen.

Zolas goldene Regel, die Mahnung, die er an seine Freunde und Schüler richtet, heißt: «Frisch, regen wir uns!» Nichts bringt ihn ärger auf als ein junger Autor, der ihm seine Besorgnisse wegen des Romans klagt, den er gerade angefangen hat. Sein eigenes Selbstvertrauen ist am stärksten, wenn ein Erfolg bereits hinter ihm liegt. «Entfernen Sie sich von allem Früheren!» lautet sein bezeichnender Ratschlag. Wenn er es mit der anonymen Menge, mit Polemik und Kampf zu tun hat, ist er in seinem Element. Zola ist ein Mann der Tat. Die beiden Türme seines Hauses in Médan sind nicht aus Elfenbein, sondern aus ganz anderem Material; in ihre Fenster dringt die Welt. Wenn er von seiner Festung Ausschau hält, reicht sein Blick weit in die Runde; das Antlitz über der Turmbrüstung, beobachtet er, durch sein Pincenez spähend, was rings um ihn vorgeht.

Nana und *Pot-Bouille*

Damals, so zwischen 1877 und 1880, hatten verschiedene Schriftsteller – sie waren allesamt ein paar Jahre jünger als er – es sich zur Gewohnheit gemacht, Émile Zola draußen in Médan regelmäßig zu besuchen. Die Treuesten der Gruppe waren Huysmans, Guy de Maupassant, Henry Céard, Léon Hennique und Paul Alexis. Ausnahmslos beriefen sie sich auf die Grundsätze der «Naturalisten». Schließlich ging aus den Zusammenkünften ein gemeinsames Buch hervor: ein 1880 erscheinender Band mit dem Titel *Les Soirées de Médan*, der von jedem der Sechs eine Novelle enthielt. Die von Zola hieß *L'Attaque du Moulin*; Maupassants Beitrag, die Novelle *Boule de Suif*, machte den eben Dreißigjährigen über Nacht berühmt.

Nachdem *Une Page d'Amour* ihm, wie gesagt, eine Schlappe eingetragen hat, rüstet Zola zum Gegenschlag. Jetzt gedenkt er das Leben einer Kokotte zu schildern. Da er unglücklicherweise, wie er gern betont, «zu den Keuschen gehört», kennt er sich allerdings in dem einschlägigen Milieu nicht aus. Abermals muß er an die größere Erfahrung seiner Freunde appellieren: Edmond de Goncourt, Alphonse Daudet, Céard und andere greifen ihm mit mancherlei Rat unter die Arme und führen ihn auch bei gewissen Boudoir-Löwinnen ein. Zola schreibt an Céard:

«Tausend Dank für Ihre Notizen! Sie sind hervorragend, und ich werde sie sämtlich verwenden; zumal die Schilderung des Diners ist äußerst eindrucksvoll. Ich wünschte, ich verfügte über hundert Seiten voll solcher Notizen. Ich würde ein prächtiges Buch daraus machen. Wenn Sie weitere Beobachtungen notieren sollten, Sie selbst oder Ihre Freunde, schicken Sie mir bitte auch diesen Packen! Ich bin ganz versessen auf erspähte Details.

Zur Zeit lege ich mir meinen Plan für ‹Nana› im einzelnen zurecht, und die Einfälle, die mir dabei gekommen sind, stimmen mich sehr zufrieden. Drei Tage habe ich daran gewandt, mir die verschiedenen Namen auszudenken, von denen ich manche für äußerst gelungen halte; wobei ich nicht verschweigen darf, daß ich für den Roman bereits sechzig Figuren beisammen habe. Erst in vierzehn Tagen werde ich mich an die Niederschrift machen können, so viele Einzelheiten sind noch aufeinander abzustimmen.»

Am 9. August 1878 teilt er Flaubert mit:

«Eben bin ich mit dem Plan für ‹Nana› zu Ende gekommen der mich allerhand Mühe gekostet hat, denn der zu bewältigende Stoff ist ungemein komplex, und so werde ich mich mit rund hundert Figuren zu befassen haben. Jedenfalls bin ich froh, mich nun an diesen Grundriß halten zu

können. Andererseits verhehle ich mir nicht, daß da etwas ganz Tolles herauskommen wird. Es geht mir darum, alles gehörig beim Namen zu nennen, und es gibt Vorfälle in meinem Roman, die ein Affront für jede Prüderie sind. Mit der väterlichen und frugal-bürgerlichen Art, in der ich die guten ‹Töchter der Freude› zu behandeln gedenke, werden Sie, denke ich, einverstanden sein. – Ich spüre in diesem Augenblick, wie meine Feder in jenes leichte Zittern gerät, das mir noch immer die glückliche Geburt eines wohlgeratenen Buches angekündigt hat. – Ich rechne damit, um den zwanzigsten herum mit der Niederschrift anzufangen, sowie ich den Artikel für meine Leser im fernen Rußland abgeschlossen habe.»

Zola erlag durchaus keinem Irrtum, wenn er mit sich so zufrieden war. Wiewohl weniger weiträumig als *L'Assommoir* oder hernach *Germinal* ist *Nana* einer der besten Romane der *Rougon-Macquart*-Serie.

Lassen wir Flaubert sprechen! In einem Brief an den Verleger Charpentier beurteilte er *Nana* mit den Worten: «Welche Lektüre! Wirklich, ein tolles Buch! Der gute Zola ist ein Mann von Genie, man sollte es zugeben!»

Später schrieb Flaubert an den Autor:

«. . . Sollte ich alle ungewöhnlichen und starken Passagen Ihres Romans anführen, würde ich zu jeder Seite einen Kommentar liefern müssen! Die Charaktere sind Wunder an Lebenswahrheit. Die Worte, die ganz ‹Natur› sind, wuchern nur so; endlich das Sterben dieser Nana – michelangelesk!

Werter Freund, Ihr Buch ist enorm!

. . . Gerade weil Sie es verstanden haben, mit den derben Ausdrücken sparsam umzugehen (man kann es also!), haben Sie erreicht, daß die Table d'hôte der Tribaden ‹jedes schamhafte Gemüt empört› – ich glaube es durchaus. Sei's denn! Wenn schon! Ein Ärgernis für die Einfältigen. Auf jeden Fall etwas ganz Neues und famos beschrieben.

Der Ausdruck, mit dem ‹Mignon› Ihre Nana bedenkt – wie dergleichen sitzt! Überhaupt entzückt mich an diesem Kerl sein ganzer Habitus.

Ihre Nana wird zur mythischen Gestalt werden, ohne dabei an Fleisch und Blut zu verlieren.»

Einmal mehr tritt Zola mit den Meistern der Malerei in Wettstreit. Wie Rubens kommt er sich vor, wie Courbet, Renoir. Er malt Nana als üppige Blondine, mit einem rötlichen Schimmer im Haar; ihr Leib strahlt siegesgewisse Sinnlichkeit aus; ihre Brüste lassen an eine junge Amazone denken; allenfalls ihre Unterwäsche läßt zu wünschen übrig: in Zeiten der Geldverlegenheit, wie sie in einem Roman des Naturalismus selbstverständlich nicht ausbleiben. In jeder erdenklichen Situation wird uns Nana vorgeführt; etwa in ihrer engen, brutheißen Künstlergarderobe als herausfordernde Kokotte, die vor den Augen Seiner Königlichen Hoheit höchst unvollständig bekleidet unter ihren Bewunderern herumspaziert, sich im knappen Höschen, aus dem vorwitzig ein Hemdzipfel lugt, über ihren Toilettentisch beugt und freigebig ihren Busen enthüllt, während sie sich für ihre Rolle als Liebesgöttin schminkt; dann wieder auf der Bühne, wo Nana nach ihrem großen Auftritt sich im dünnen Trikot verneigt, aufreizend mit den Hüften schlenkert und, rückwärts abgehend, nach allen Seiten Grüße austeilt. In wohlbedachter Steigerung zeigt Zola sie

uns danach im Evakostüm, wie sie sich am Kaminfeuer wärmt, ihren Körper in einem Stehspiegel bewundert und mit beiden Händen ihre Brüste umspannt . . .

«Ein nie versagendes Vergnügen fand Nana darin, sowie sie ihr Kleid abgelegt hatte, vor den an ihrem Kleiderschrank angebrachten Spiegel zu treten, in dem sie sich von Kopf bis Fuß betrachten konnte. Eins nach dem anderen ließ sie die einzelnen Wäschestücke zu Boden gleiten; schließlich

fiel auch das Hemd, und dann versank sie, völlig nackt, in den Anblick ihres Leibes und wandte sich so bald nicht wieder davon ab. Sie frönte da einer regelrechten Leidenschaft für ihren Körper, einem unerschöpflichen Entzücken über ihre seidenweiche Haut und den wendigen Schwung ihrer Hüften; und über dem Ernst und dem Eifer, mit denen sie diesem Zeitvertreib oblag, vergaß sie alles übrige – so völlig ging sie im Wohlgefallen an sich selber auf. Oft traf ihr Friseur sie so an, ohne daß sie sich gestört fühlte, ja auch nur den Kopf nach ihm wandte. Muffat jedoch wurde regelmäßig böse, und diese Reaktion überraschte sie stets wieder aufs neue. Was hatte er bloß? Sie tat es doch nicht für andere, sondern allein sich selbst zuliebe!

An diesem Abend nun wollte sie sich noch gründlicher besehen als sonst, und so zündete sie die sechs Kerzen auf den Armleuchtern an. Bereits im Begriff, ihr Hemd herunterzustreifen, hielt sie jedoch inne, weil ihr im letzten Moment die Frage wieder in den Sinn kam, die ihr schon den ganzen Abend auf den Lippen schwebte.

– Hast du den Artikel im ‹Figaro› gelesen? . . . Nein? . . . Die Zeitung liegt auf dem Tisch.

Sie erinnerte sich: Daguenet hatte beim Lesen des Artikels gelacht, und darum war sie von Zweifeln geplagt. Falls dieser Fauchery sie heruntergeputzt hatte, wollte sie sich an ihm rächen.

– Man behauptet, das da bezieht sich auf mich, begann sie abermals, in einem Ton, der unbeteiligt klingen sollte. Na, Liebling? Was meinst du denn dazu?

Nach diesen Worten ließ sie das Hemd fallen und stand, während sie darauf wartete, daß Muffat mit dem Lesen zu Ende käme, splitternackt da. Muffat las langsam. Der Aufsatz von Fauchery hatte die Überschrift ‹Die goldene Fliege› und enthielt die Lebensgeschichte einer jungen Person mit lauter Trinkern als Vorfahren, seit vier oder fünf Generationen; die lange Vererbung von Schlamperei und Trunksucht hatte das Blut verdorben und bei der jungen Person zu einer nervösen Überreizung des sexuellen Empfindens geführt. In einer Vorstadt aufgewachsen, machte sie derzeit das Pariser Pflaster unsicher; und da sie groß und schön war – ihre üppige Erscheinung gemahnte an eine mitten auf dem Mist emporgeschossene Blume –, hatte es für sie keine Schwierigkeiten, die Armen und Verkommenen zu rächen, deren Erbe sie in sich trug. Mit ihr kam die Fäulnis, die man in den unteren Schichten ruhig gären ließ, nach oben und infizierte die Aristokratie. Ganz ohne ihr Zutun entwickelte sich die junge Dirne zu einer Naturgewalt, einem Ferment der Zerstörung; zwischen ihren schneeweißen Schenkeln verdarb und zerrüttete sie Paris, ließ sie seine Kraft gerinnen, wie gewisse Frauen allmonatlich ein Gerinnen der Milch bewirken. Am Schluß des Artikels wurde die junge Person mit einer Fliege verglichen, die, wenn sie aufflog aus dem Kot, so golden schimmerte wie die Sonne – einer Fliege, die von dem Aas am Wege, das niemand wegräumte, die Keime des Todes aufsammelte und summend und tanzend, und wie ein blitzender Edelstein schillernd, die Männer vergiftete, einfach indem sie sich auf ihnen niederließ, und in die Paläste gelangte, weil man nicht die Fenster vor ihr schloß.

Muffat hob den Kopf von der Zeitung und blickte mit starren Augen auf das Feuer im Kamin.

– Na, was sagst du? fragte Nana.

Aber er antwortete ihr nicht. Erst schien er den Artikel abermals durchlesen zu wollen. Ein Kälteschauer rieselte ihm vom Kopf über die Schultern. Der Artikel war ohne jede Sorgfalt abgefaßt, er bestand größtenteils aus Allerweltsphrasen, ungelenken Übertreibungen, mißverständlichen Anspielungen. Trotzdem hatte der Inhalt dem Grafen tiefen Eindruck gemacht und jäh in ihm aufgerührt, was er sich seit Monaten nicht mehr eingestehen mochte.

Nach einer Weile richtete er sich im Sessel auf und sah zu Nana hinüber. Sie war völlig hingenommen vom Entzücken über sich selbst. Gerade verrenkte sie den Hals, um im Spiegel angespannt ein kleines braunes Muttermal zu begutachten, das sich oberhalb ihrer rechten Hüfte befand; sie betastete es mit der Fingerkuppe, ließ es dann deutlicher im Spiegel hervortreten, indem sie sich noch mehr verbog, und fand es offenbar ungemein drollig und hübsch, weil es an dieser aparten Stelle saß. Anschließend studierte sie andere Körperpartien mit nicht geringerem Wohlgefallen, völlig im Bann einer lasterhaften Neugier, der sie sich bereits als Kind ergeben hatte. Nichtsdestoweniger überraschte ihr eigener Anblick sie immer noch; ihre Züge zeigten jetzt das Erstaunen und die versonnene Begehrlichkeit eines jungen Mädchens, das sich erst eben seiner Anziehungskraft bewußt ist. Langsam breitete sie die Arme auseinander, damit im Spiegel ihr Leib, der Leib einer fleischigen Venus, noch mehr zur Geltung kam; sie wand und drehte sich in der Taille, musterte Rückenpartie und Vorderansicht und begutachtete ausgiebig den Ansatz ihres Busens und ihre runden, sich stark verjüngenden Schenkel. Zuletzt gefiel sie sich in einem seltsamen Spiel: mit weit geöffneten Knien begann sie sich zu wiegen, abwechselnd nach rechts und links, und oberhalb der Lenden den Oberkörper zu rollen, wobei sie ihren Nabel hin und her schnellen ließ, als vollführe sie einen Bauchtanz.

Muffat vermochte sie nicht aus den Augen zu lassen. Sie jagte ihm Furcht ein. Die Zeitung war ihm aus den Händen geglitten. In diesem Moment hellsichtiger Klarheit empfand er eine tiefe Selbstverachtung. Was gab es noch zu beschönigen? In den drei Monaten, die er sie nun intim kannte, hatte Nana sein Leben verpfuscht; schon fühlte er, daß ihm Schmutz und Unflat, wie er sie nie für möglich gehalten hatte, bis ins Blut, bis ins Mark gedrungen waren. Die Fäulnis, deren Beute er war, würde noch in dieser Stunde über ihm zusammenschlagen. Flüchtig bedachte er, wieviel Unglück er durch sein Unterliegen heraufbeschwor, ermaß er die Zersetzung, die dieses Gift bewirkte, sah er handgreiflich vor sich, wie seine Familie zerrüttet wurde und einer der Eckpfeiler der guten Gesellschaft aus den Fugen ging und einstürzte. Da er nicht fähig war, die Augen von Nana abzuwenden, starrte er sie an wie ein Besessener, während er zugleich die elendsten Anstrengungen machte, sich angesichts ihrer schamlosen Schaustellung mit Ekel vollzusaugen.

Nana tanzte nicht mehr. Den einen Arm hatte sie unter ihren Nacken gelegt und die frei schwebende Hand mit der anderen gefaßt, den Kopf drückte sie nach hinten, die Ellbogen weit nach außen. Das Bild, das der Spiegel leicht verkürzt reflektierte, verriet ihrem Betrachter, daß sie die Augen halb geschlossen hielt und den Mund aufgerissen hatte, während über ihrem Gesicht ein verliebtes Lächeln lag; ihr Chignon hatte sich gelöst,

61

das goldblonde Haar flutete ihr wie eine Löwenmähne über den Rücken. Immer stärker sich aufreckend, zwischen Rippen und Hüften jede einzelne Muskelfaser spannend, wies sie dem Blick die strotzenden Lenden und den straffen Busen einer Kriegerin, mit starken Muskelgeflechten unter dem Seidengrund der Haut. Eine feine, kaum gewellte Linie verlief von dem einen Ellbogen bis hinab zum Fuß. Muffats Augen glitten an dieser zarten Markierung entlang und verfingen sich in den schwellenden Fluten hellen Fleisches, das in goldenen Glanz gebadet war, und seinen betörenden

Émile Zola. Gemälde von Édouard Manet

Nana. Gemälde von Manet. Es ist möglich, daß beide, der Dichter und der Maler, dieselbe Frau dargestellt haben. Sicher aber ist, daß Manets Modell die Schauspielerin Henriette Hauser war.

Rundungen, über die der Schein der Kerzen, mattschimmernd wie Seide, seine Reflexe breitete. Muffat dachte an das Grauen, das er früher vor allem Weiblichen verspürt hatte, an das geile Monstrum, vor dem die Bibel warnte, und seinen Tiergeruch. Nanas ganzer Leib war wie mit feinen Härchen überzogen; der blonde, rötliche Flaum auf ihrer Haut war so weich wie Samt – während ihr Gesäß und ihre Schenkel an eine Stute gemahnten und auch angesichts der kreuz und quer mit scharfen Fältelungen überzogenen Fleischwülste, zwischen denen sinnverwirrende Schatten den Sitz des Geschlechts verschleierten, das Tierhafte sich aufdrängte. So also schaute es aus, das goldene Tier, das sich seiner selbst so wenig bewußt war wie eine Naturgewalt, und dessen Geruch allein schon genügte, um die Welt mit Fäulnis zu infizieren! Unverwandt starrte Muffat, dem Wahnsinn

nahe und wie geblendet, auf Nana, derart außer sich, daß ihm, als er
endlich, um sie nicht länger leibhaft vor sich zu sehen, fest die Lider schloß,
aus dem Dunkel von neuem das goldene Tier entgegenwuchs, noch größer,
noch schrecklicher und in noch viel schamloserer Haltung. Fortan, deuchte
ihn, würde es nie mehr von ihm weichen; unweigerlich würde er es vor
Augen haben, seine Krallen im eigenen Fleisch spüren.

Nana indessen kauerte sich nun zusammen, als wolle sie in sich hinein-
schlüpfen. Ein Schauer lüsterner Verliebtheit schien ihr durch die Glieder
gefahren zu sein. Mit feucht schimmernden Augen machte sie sich klein,
wie um intensiver sich selber zu fühlen. Dann löste sie die Verschränkung
ihrer Hände und ließ sie über die Achseln bis zu den Brüsten niedergleiten,
die sie mit festem Griff umspannte. Und allmählich wieder zu voller Größe
sich aufrichtend, zerfloß sie gleichsam in einer Liebkosung ihres ganzen
Körpers und rieb sich erst ihre rechte und dann ihre linke Wange, indem sie
lüstern mit sich selber kokettierte, an ihrer Schulter. Ihr gieriger Mund
verströmte kitzelnd seinen Gluthauch über ihren Körper. Sie spitzte die
Lippen und drückte dicht bei den Achselhöhlen lange Küsse auf ihre Haut,
wobei sie der anderen Nana, die sich im Spiegel auf die gleiche Art liebko-
ste, durchtrieben zulächelte.

Bei Muffat löste dieses Schauspiel einen Seufzer des Unwillens aus, der
in ein Stöhnen überging. Die Hemmungslosigkeit, mit der Nana ihre äffi-
sche Selbstliebe befriedigte, versetzte ihn in maßlose Empörung. Plötzlich
übermannten ihn seine Gefühle, als risse ein Sturm ihn mit sich fort. In
einem Anfall von Brutalität packte er Nana mit beiden Armen um den Leib
und schleuderte sie auf den Teppich.»

Klammert man aus dem Werk von Zola die Vererbungstheorie aus, und
das läßt sich ohne wesentliche Beeinträchtigung tun, dann erweist sich,
daß er in genau der gleichen Weise verfährt wie Balzac. Beim einen wie
beim anderen ist das unermüdliche Weiterschlagen des Weberschiffchens
die Ursache dafür, daß Figuren aus einem abgeschlossenen Buch in ein
nachfolgendes hinübergenommen werden – dieselbe Methode, den
Schußfaden durch die Kettfäden zu treiben. Über den jeweiligen Roman
hinaus zeigt die einmal geschürzte Fabel die Tendenz, mit ihren Verflech-
tungen das erzählerische Gesamtwerk zu überwuchern – aber sie drängt
dazu, um ganz aufrichtig zu sein, aus rein äußerlichen, gar nicht im Kern
der Sache liegenden Gründen: es ist da weit mehr eine gewisse Bequem-
lichkeit des Autors im Spiele als unbedingte Notwendigkeit.

Daß Nana die Tochter von Gervaise ist, nehmen wir zur Kenntnis, weil
Zola es uns mitteilt; doch läßt sich nicht weiter absehen, was durch diese
Verknüpfung denn nun eigentlich für den Roman *Nana* im ganzen oder
zumindest für seine Titelfigur gewonnen wird. Beiläufig werden wir wohl
ab und zu daran erinnert, daß wir dasselbe weibliche Wesen vor uns
haben, das wir unter dem Namen Nana aus *L'Assommoir* kennen; aber
angesichts der turbulenten Vorgänge in einem ganz anderen Milieu, mit
denen wir nunmehr befaßt werden, wirken diese Anspielungen derart
weit hergeholt, daß sie uns kaum berühren. Nicht ein einziges Mal trifft
Nana beispielsweise eine ihrer ehemaligen Kameradinnen aus jener Blu-
menbindewerkstatt wieder, in der sie einst als Lehrmädchen und dann

auch noch als bezahlte Kraft arbeitete; überhaupt tritt in dem nach ihr benannten Band niemand auf, den sie schon zu Gervaises Lebzeiten gekannt hat – ausgenommen ihre Tante, Madame Lerat, die sich nun ihre «zweite Mutter» nennt und Nana als ihr «liebes Töchterchen» anredet. Auch sie kennt freilich den Vater des kleinen Jungen nicht, den Nana, ohne daß wir die näheren Umstände erführen, in der Zwischenzeit geboren hat, und den Madame Lerat, die sich dafür von Nana reichlich bezahlen läßt, für sie aufzieht . . . Wie gesagt: es widerfährt Nana bei keiner Gelegenheit, daß sie mit einem Menschen ihrer näheren Umgebung, aus dem Stadtviertel, in dem sie Kindheit und Jugend verlebte, wieder in Berührung kommt – selbst dann nicht, wenn sie sich zu Zeiten in jenem Viertel von neuem herumtreibt! Nichts sonst könnte die sorglose Unbefangenheit von Zolas erzählerischem Vorgehen nachdrücklicher bezeugen; denn ein derartiger – man muß schon sagen: totaler – Bruch mit der Vergangenheit mutet schlechterdings unbegreiflich an.

Nanas Lebenslauf anlangend ist allerdings, nachdem sie einmal als die «blonde Venus» des Théâtre des Variétés das Interesse von Tout-Paris auf sich gezogen hat, absolut folgerichtig verfahren; Zola wird nicht müde, sie uns stets wieder als die Beute ihres Leichtsinns, ihrer Hemmungslosigkeit, ihres schamlosen Erpichtseins auf jede amouröse Gelegenheit vorzuführen. So gibt sie zwar ihren Galan Daguenet auf, als sie sich von dem Bankier Steiner, der sie eine Zeitlang aushält, ein Landgut hat schenken lassen und sich obendrein den Grafen Muffat gefügig gemacht hat. Aber nichtsdestoweniger empfängt sie Daguenet zu einer heißen letzten Schäferstunde: unmittelbar nachdem er dank ihrer Vermittlung mit der Tochter des Grafen getraut worden ist, die nicht ahnt, was da – zwischen dem Ringwechsel am Altar und dem Antritt der Hochzeitsreise – hinter ihrem Rücken geschieht . . . Indessen wäre Nana nicht sie selbst, ließe sie es bei solchen Frivolitäten bewenden. Als ihr der Graf und der Bankier unvermutet zur gleichen Stunde lästig fallen, reißt

Zola mit seinem Hund Pinpin

sie vor beiden wutentbrannt ihre Schlafzimmertür auf: ungeniert rekelt sich dort ihr neuer Liebhaber Fontan zwischen den Kissen! Ein Auftritt, der natürlich Konsequenzen hat. Mit dem Bankier wie mit dem Grafen kommt es zum Bruch – im ungelegensten Augenblick. Denn nun kann sich Nana, durch ihren sinnlosen Aufwand in die Enge getrieben, nur noch vor ihren Gläubigern retten, indem sie die Wohnung am Boulevard Haussmann Hals über Kopf im Stich läßt. Mit ihrem Schauspieler-Kollegen Fontan taucht sie in einer dürftigen, engen Behausung auf dem Montmartre unter. Neue Geldsorgen, Zwist, Versöhnung, Streit, Schläge; Fontan betrügt sie. Gemeinsam mit ihrer Freundin Satin, einer Dirne, streicht Nana stundenlang durch die Straßen. Zufallsbekanntschaften, Absteigequartiere, wilde Flucht vor der Sittenpolizei. Eines Tages wird Nana von Satin regelrecht versetzt: an der Table d'hôte eines seltsamen Lokals, wo sich die Weiblichkeit, aus der die Stammkundschaft besteht, ganz offen gegenseitig auf den Mund küßt . . .

Vor den Tribaden zurückschreckend, von Fontan brutal vor die Tür gesetzt, versucht Nana, ohne viel Erfolg, erneut beim Théâtre des Variétés anzukommen, wo inzwischen Rose Mignon, Nanas Rivalin aus den Tagen der «Blonden Venus», bei dem Theaterdirektor Bordenave ihre alte Position als Primadonna zurückerobert hat. Mit Wissen und Willen ihres Mannes hat sich Rose Mignon auch nach Nanas Flucht den Grafen Muffat gekapert. Er befreit sich jedoch sogleich von dieser Fessel, als ihm jetzt, während der Probe zu einem von Fauchery verfaßten Stück, in einer der Künstlergarderoben Nana wieder gegenübertritt. Nach einer raschen Aussöhnung treffen sie ein Abkommen: Nana will ihm künftig die Treue halten, und der Graf richtet ihr beim Parc Monceau ein Haus ein. Dienerschaft, Kutschpferde, ein Wagen werden ihr gestellt; und das Regiment über ihren neuen Hofstaat übernimmt ihre alte Zofe, Köchin und Haushälterin Zoé, die sich im Laufe der Jahre ein Vermögen zusammenspart, dank der Freigebigkeit von Nanas unzähligen Verehrern . . . Auf dem Theater vermag Nana nicht mehr zu reüssieren. Muffat nötigt auf ihr Drängen hin Bordenave, dem er aus seinen Finanznöten heraushilft, ihr abermals eine Hauptrolle anzuvertrauen, aber der Durchfall ist komplett. Eine Herzogin auf den Brettern – diese Aufgabe ist für Nana weitaus zu schwer! Hingegen glückt es ihr, fern der Bühne sich einigermaßen glaubhaft als große Dame aufzuführen, zumal im Bois de Boulogne in ihrer Kutsche. Einen der lebenswertesten Tage ihres ruhelosen Daseins beschert ihr eins der Rennen um den Grand Prix auf der Bahn von Longchamp . . . Muffat, beständig von seinem schlechten Gewissen geplagt, kann ihren Ansprüchen nicht genügen. Immer sorgloser betrügt sie ihn. Mehrmals wird sie von ihm in flagranti ertappt, doch verzeiht er ihr, um den Schein zu wahren. Der junge Mann, der den ersten dieser Zwischenfälle veranlaßt, will Nana davon abbringen, nicht auch noch seinen Bruder zu betören – verzweifelt stößt er sich ihre Schere ins Herz, als sie ihm, dessen Bruder um Nanas willen zum Dieb wird, lachend den Laufpaß gibt . . . Von da an erlebt Muffat fast regelmäßig eine böse Überraschung, wenn er Nana aufsucht, ohne sich vorher anzukündigen. Zuletzt stöbert er in ihrem Bett gar den greisen Marquis de Chouard auf, seinen eigenen Schwiegervater, mit dem sich Nana aus momentaner Geldverlegenheit eingelassen hat, wiewohl nicht ohne Ekel.

Selbst für den schwachen Muffat ist dieser Streich zuviel – Nana muß ihr altes, unstetes Leben wieder aufnehmen, während sich Zoé als Inhaberin eines Freudenhauses etabliert. Bei Bordenave darf Nana noch einmal in einer stummen Rolle ihre stadtbekannte Figur zur Schau stellen. Dann verschwindet sie aus Paris. Man munkelt, sie sei nach Ägypten gereist. Erst im Hochsommer 1870 kehrt sie zurück; aus Rußland, wie man sagt, und mit ansehnlichem Gepäck. Um ihren Sohn wiederzusehen, eilt sie zu Madame Lerat; der kleine Louiset hat die Blattern und stirbt bereits den Tag darauf. Nana hat sich angesteckt. In dem Hotel, in dem sie sich eingenistet hat, wird sie drei Tage lang aufopfernd von Rose Mignon gepflegt, die ungeachtet der alten Nebenbuhlerschaft zu ihr geeilt ist. Auch Nana erliegt der Seuche. Auf einer Bank gegenüber dem Hotel sitzt Muffat; er erfährt Nanas Tod vom Hotelportier. Ein Fackelzug bewegt sich durch die Straßen. Paris brodelt in einem patriotischen Rausch: die Kriegserklärung ist ergangen. «Nach Berlin! Nach Berlin!» ruft die Menge.

Jenen Kommentar zu Nanas Sterben, auf den Flaubert am Schluß seines vorstehend zitierten Briefes über den Roman anspielt, liefert Rose Mignons Mann, ein ehemaliger Theaterkapellmeister, der eher wie ein Berufsringer aussieht und seit Tag und Jahr nur noch das Geld verwaltet, das seine Frau ihren Kavalieren abnimmt. Nach außen markieren die beiden Mignons bürgerliche Wohlanständigkeit, sie entwickeln sich zu richtigen Spießern und sind glücklich dabei, viel glücklicher, als Nana es gewesen ist. *«Schade, daß da oben soviel Vergnügen und Lust futsch geht!»* meint Mignon, während er vor dem Hotel darauf wartet, daß Rose endlich Nanas Sterbezimmer verläßt; und Zola fügt hinzu: Mignon sehe es eben nicht gern, wenn etwas verdirbt, etwas Nützliches, Bekömmliches . . .

Kaum war *Nana* erschienen, wuchs der Erfolg des Buches ins Grenzenlose; wozu die Wahl des Sujets ebensoviel beitrug wie der Umstand, daß man allgemein hinter den erdichteten Romanfiguren bestimmte lebende Modelle zu entdecken glaubte. Ein Skandal lag in der Luft, und dieses Faktum begünstigte nicht unwesentlich den Siegeszug des Romans. Es verdoppelte auch die Schärfe der gegen Zola gerichteten Angriffe. Diejenigen, die mit ihrem Beifall für *L'Assommoir* nicht zurückgehalten hatten, weil sie in diesem Buch die wunden Punkte im Dasein der Arbeiter aufgezeigt bekamen, empfingen den Roman um Nana, der die Anfälligkeit der «Rechtdenkenden» so kraß enthüllte, wie ein mißfälliges Theaterstück mit Zischen und Pfeifen.

Zola vernimmt das gereizte Grollen mit Entzücken und antwortet auf den Vorwurf der Obszönität mit Argumenten, die man bei ihm nun schon gewohnt ist: er ist ein braver Bürger, der sich weder dem Laster noch der Leidenschaft in die Arme wirft; er malt lediglich das Leben ab und zeigt, was er sieht und weiß; er könnte leicht hundert – der Wirklichkeit entnommene – Beispiele nachweisen für alles das, was er in seinen Büchern bringt; im übrigen weiß ohnehin jedermann Bescheid, einschließlich derer, die am lautesten schreien. Mit welchem Recht will man ihm verbieten,

Zola mit seinen Kindern Dénise und Jacques . . .

freimütig zu erörtern, was doch existiert? Zwischen jenen Schriftstellern, als deren Paradepferd mit gutem Grund die Erotik gilt, weil sie lediglich bezwecken, den fragwürdigsten Instinkten, der Labilität ihrer Leser zu schmeicheln – zwischen diesen Belletristen und sich selbst zieht er allerdings einen dicken Trennungsstrich: denn er, der sich ja allein von der Wahrheit inspirieren läßt, verfolgt nur die eine Absicht, «*die Sittlichkeit zu heben*».

Wollte man aus den Verkaufsziffern von *Nana* einen entsprechenden Schluß ziehen, müßte die Zahl derer, die sich damals von Zola sittlich läutern lassen wollten, Legion gewesen sein . . .

Tatsächlich ist der einzige Probierstein für Zola die Wirklichkeit. Nur sie kann in seinen Augen einen Schriftsteller rechtfertigen. Gibt es das wirklich, was ihr erzählt? Habt ihr's erlebt, beobachtet, habt ihr wenigstens glaubwürdige Zeugen, die es mitangesehen haben? Wenn ja, kann euch keine Moral der Welt verbieten, daraus das Sujet eurer Bücher zu machen, mag die Sache, mag das Detail noch so anstößig scheinen. Wie es für den diagnostischen Blick des Arztes keine die Scham verletzenden Krankheiten gibt, so gibt es für den Romancier keine Süchte und Triebe, von denen zu reden er sich versagen müßte; er hat das Recht – oder vielmehr: die Pflicht! – darüber zu schreiben. Es ist dieser Standpunkt, der Zola veranlaßt, zum Tagebuch eines Homoerotikers ein Vorwort zu verfassen, wiewohl das Buch anonym herauskommt. Es ist der gleiche Standpunkt, von dem aus er in härtesten Ausdrücken den Marquis de Sade verdammt, wobei er unwillkürlich fast Wort für Wort die Kritiken wiederholt, die ihm selbst zuteil werden. In den Schriften von de Sade wie in denen von Le Maudit, einem angeblichen Abbé X, erblickt Zola monströse Phantastereien, Karikaturen der Wirklichkeit, Ausgeburten von Narren.

Noch ist das höllische Gezänk um *Nana* nicht abgeklungen, als Zola sich neuerlich daran macht, nach Dokumenten zu jagen. Es geht um den zehnten Band der *Rougon-Macquart*-Serie: den Roman *Pot-Bouille*.

Am 6. Juni 1881 schreibt Zola an Huysmans:

«Ich bedanke mich für Ihre trefflichen Ermittlungen, möchte Sie aber gleich noch weiter belästigen, indem ich die Sache genauer umschreibe.

Mein Architekt, ein nur mittelmäßiger Vertreter seines Berufes, wohnt in Paris, in der Rue de Choiseul möchte ich sagen, und gehört jedenfalls dem Sprengel von Saint-Roche an. Könnte ich ihn nun auch Ausbesserungsarbeiten in der Kirche Saint-Roche übernehmen lassen, falls ich den Kirchenbaumeister der Diözese von Évreux aus ihm gemacht hätte? Sehr wahrscheinlich würde ihm doch dadurch eine zu gewichtige Stellung eingeräumt, im Vergleich zu der, die ihm als schlichtem Pariser Bürger zukäme. Bitte erkundigen Sie sich, ob es keinen Ausweg aus dem Dilemma gibt, ob man in Paris Architekten bei den einzelnen Kirchspielen hat und wie man sie honoriert und beschäftigt etc. Falls ich es aber für mein Buch bei der Diözese von Évreux belassen muß, suchen Sie bitte möglichst genaue Einzelheiten zu ermitteln über die zu erledigenden Gänge, die erforderlichen Abmachungen mit der Geistlichkeit etc. Indessen wäre es mir tausend-

. . . und deren Mutter Jeanne Rozerot in Verneuil, 1900

mal lieber, ich bekäme es nur mit den örtlichen Verhältnissen in Paris zu tun.»

Pot-Bouille ist ein ungemein langatmiges Buch, und es hat überdies den Nachteil, daß man gerade das von vornherein merkt. Der eine seiner Grundmängel liegt darin, daß es sich wie eine Art Karikatur des Naturalismus ausnimmt − so peinlich folgt der Roman dem methodischen Grundmuster der «naturalistischen Schule». Trotz gewisser recht wirkungsvoller Seiten − insbesondere wäre an die zu denken, auf denen wir miterleben, wie Berthe mitten in der Nacht mit ihrem Liebhaber überrascht wird − ist der Gesamteindruck monoton.

Die Romanfiguren wohnen allesamt im selben Haus zur Miete, und das Hin und Her der vielen Liebeshändel usw. gelangt nie zu einem richtigen Abschluß. Vielleicht ist dem Buch am meisten abträglich, daß es im Grunde ein ganzes Dutzend Romane enthält und auch die entsprechende Vielzahl von Personen auftreten läßt; nicht eine darf sich, nach dem Willen des Verfassers, aus der Mittelmäßigkeit erheben, und so kommt man beim Lesen erst gar nicht dazu, an der Existenz dieser kleinen Bürgersleute Anteil zu nehmen.

Allerdings läßt Zola auch seine eigene Existenz in einem der Winkel seines Roman-Mietshauses sichtbar werden; einer seiner Figuren legt er die Bemerkung in den Mund, seine *«von Schmutz strotzenden Romane»* würden ihm *«mit Gold aufgewogen»*. Vermutlich haben die Bewohner einer Pariser Mietskaserne, in der er eine Zeitlang gehaust hat, ihm als Modelle gedient, und er hat sie nach Naturalisten-Manier einfach aufgereiht, ohne sie unter einem rein künstlerischen Gesichtspunkt umzugruppieren.

Trotz aller naheliegenden Einwände wurde *Pot-Bouille* von André Gide sehr geschätzt, der in seinem Tagebuch notierte:

«Eben habe ich ‹Pot-Bouille› nochmals gelesen, und zwar mit Bewunderung. Oh, parbleu: in den Mängeln, die Zola anhaften, kenne ich mich sehr wohl aus; aber sie sind doch, wie diejenigen Balzacs und so vieler anderer, von seinen Qualitäten nicht zu trennen; und die Gewalt, die Stärke seiner Beschreibungen verträgt sich nun einmal nicht mit Delikatesse und Subtilität. Gerade die Übertreibung ist bei ‹Pot-Bouille› das, was mir daran gefällt, und ebenso die Standhaftigkeit im Ausharren beim Unsauberen. Das Rendezvous von Octave und Berthe in der Kammer des Dienstmädchens und die gemeine, von einer Sturzflut zotiger Domestikenphrasen begleitete Trivialität ihrer elenden Liebe, die heimliche Niederkunft von Adèle, die familiären Auftritte und die Kontroversen zwischen Madame Josserand und ihren Töchtern (sie kehren, wie beinahe alle wirkungsvollen Passagen des Buches, etwas häufig wieder) verraten die Hand eines Meisters und lassen sich nicht vergessen. Die Charaktere sind von exzessiver Einfachheit, doch sie haben nichts von Marionetten, und der Ton ihrer eigenartigen Gespräche ist mit einer Genauigkeit getroffen, wie man sie etwa bei Balzac nur höchst selten findet. Ich halte die gegenwärtige Ablehnung Zolas für eine ungeheuerliche Ungerechtigkeit, die unseren literarischen Kritikern von heute keinesfalls Ehre macht. Es gibt keinen französischen Romancier, der mehr Persönlichkeit, der repräsentativer wäre.»

Im Kaufhaus
‹Au Bonheur des Dames›

Nach *Pot-Bouille* erscheinen im Laufe der nächsten beiden Jahre zwei weitere Romane der *Rougon-Macquart*-Reihe: *Au Bonheur des Dames* (1883) und *La Joie de vivre* (1884). Auch sie zählen zu den mittleren Leistungen des Verfassers, doch verdient der erstere Aufmerksamkeit der sozialen Probleme halber, die Zola darin aufzeigt.

Er hat Fourier, Guesde, Proudhon und Marx studiert. Der Sozialismus zieht ihn mehr und mehr an, und die sozialistische Doktrin geht ihm um so eher ein, als sie, ganz wie seinerseits er, darauf abzielt, den Einzelnen in die Masse einzugliedern und die Geltung des Individuums zu dämpfen – davon zu schweigen, daß auch der Sozialismus den Glauben an ein unaufhörliches Vorwärtsschreiten hegt, zumal in Wissenschaft und Technik.

Obwohl sich Zola lange dagegen verwahrt hat, als Romancier der Parteigänger einer politischen Richtung zu sein, sollten seine ganze Persönlichkeit und seine Konzeption eines Weltbildes ihn in fast fatalem Grade dazu bringen, sich mit dem Sozialismus einzulassen. Es geschah das allerdings nicht ohne lebhaftes Für und Wider, wie es beispielsweise Zolas polemische Auseinandersetzung mit Proudhon bezeugt.

Der Kampf des Großkapitals gegen die Einzelhändler ist der Leitgedanke, aus dem *Au Bonheuer des Dames* hervorgegangen ist und der darum auch die Achse bildet, um die sich der ganze Roman dreht. Allerdings ist Zola noch so stark an sein Künstlertum gebunden, daß die ökonomische Thematik nicht das Übergewicht erlangt und die eigentliche Erzählung nicht unter ihr zu leiden hat – wie es dann später der Fall ist, wenn in den Werken der letzten Lebensjahre vor dem Romanschriftsteller der Prophet den Vortritt erhält. Einstweilen genügt es Zola immer noch, unverstellt die Wahrheit zu schildern. Sichtbar zu machen, was er erblickt und wie es ihm vor Augen liegt, dabei auf nichts und niemanden feige Rücksicht zu nehmen: so lautet das Gebot, dem er sich unterwirft.

Atheist, aber um so gläubiger auf die Wissenschaft bauend, erfaßte Zola, der Jahre hindurch der Armut ausgesetzt war und vor der Beschreibung jammervollen Elends sich niemals drückte, als erster Romancier das Lebensschicksal des modernen Menschen in seiner Prägung durch die wirtschaftlichen Zwangsläufigkeiten. In *Au Bonheur des Dames* ist die Anonymität der heutigen gesellschaftlichen Struktur schon ganz nahe; im feenhaften Glanz seiner unzähligen Lampen ragt siegesgewiß das große Moden-Kaufhaus empor, während ringsum in ihren dunklen und kaum noch frequentierten Läden die mittelständischen Einzelhändler derselben Branche der Verzweiflung überantwortet sind.

Die wahre Hauptfigur des Romans ist denn auch dieses stolze, vor keiner Konkurrenz mehr zu schlagende Kaufhaus – geleitet von einem wagemutigen und vom Glück begünstigten Sohn der Provence, Octave Mouret, einem entfernten Verwandten jener Hélène Mouret, deren Schicksal in *Une Page d'Amour* sich entfächert. Auch in *Au Bonheur des Dames* fehlt die Liebesgeschichte nicht, nur bildet sie hier keineswegs das Kernstück. Octave Mouret hat als einfacher Verkäufer begonnen. Das Kaufhaus hat er von seiner Frau geerbt, die bei der Erweiterung der Geschäftsräume in eine Baugrube gestürzt und an den Folgen dieses Unfalls gestorben ist. Auch die Freundschaft, die ihn dann mit Henriette Desforges, der vermögenden Witwe eines Börsenspekulanten, verbindet, ist in erster Linie von seinem Ehrgeiz eingegeben. Sein Ziel ist ein noch großzügigerer Ausbau des Unternehmens; zu welchem Behuf er sich von Henriette mit Baron Hartmann, dem Direktor des Crédit Immobilier, zusammenbringen läßt. Als er auch diese zweite Etappe seines märchenhaften Aufstiegs durchlaufen hat, sieht er sich endlich in der Lage, seinem Herzen zu folgen. Er heiratet Denise, eine in seinem Kaufhaus angestellte Verkäuferin, die mit zwei unmündigen Brüdern nach dem Tod ihrer Eltern aus der Normandie in die Hauptstadt übersiedelt: in der Annahme, sie werde im Geschäfte ihres Onkels unterkommen, der indessen gerade zu den Opfern des Mouretschen Kaufhauses gehört, so daß Denise ganz gegen ihre Absicht nun dort ihr Brot suchen muß.

Zola nimmt jede Gelegenheit wahr, die verschiedenen Aspekte des Kaufhaus-Betriebes zu zeigen, in seiner typischen Erzählmanier, die noch ganz romanhaft ist. Aus den folgenden Schilderungen ersteht der erste Tag des großen Winterverkaufs in seinem dramatischen Verlauf. Als Glücksritter im neuen Stil des Industrie-Zeitalters hat sich Mouret auf ein kühnes Spiel eingelassen: das gesamte Betriebskapital hat er in Saison-Ware angelegt. Als ihn sein erster Mitarbeiter Bourdoncle im Laufe des Vormittags sorgenvoll darauf anspricht, daß der erwartete Ansturm der Kundinnen offenbar ausbleibe, kaschiert Mouret seine eigenen Befürchtungen, indem er Bourdoncle grob anfährt und ihm unwirsch den Rücken kehrt. Das Kaufhaus umfaßt derzeit neunzehn Abteilungen und beschäftigt 403 Angestellte.

«*Ganz allein pflanzte sich Mouret nun kerzengerade an der Balustrade der großen Halle auf. Von dort konnte er die Abteilungen des Zwischenstocks und gleichzeitig auch das ganze Erdgeschoß überwachen. Sein erhöhter Platz ließ ihn eine Leere erkennen, die ihm an die Nieren ging. Eine einzige alte Dame wühlte in der Spitzenabteilung sämtliche Kartons durch, ohne sich zu einem Kauf zu entschließen, und in der Wäscheabteilung trafen währenddessen drei verdächtig ausschauende Frauenzimmer viel zu umständlich ihre Wahl unter den Kragen für achtzehn Sous. Unten, in den von der Decke des Zwischenstocks überdachten Galerien, die das von der Straße hereindringende Licht erhellte, sah er zwar die Kundschaft allmählich zahlreicher werden. Aber die Leute sickerten nur langsam herein und wandelten in dünner, immer wieder abreißender Schlange die Ladentische entlang, ohne davor stehenzubleiben; lediglich um die Kurzwaren und die Strümpfe drängelten sich schlicht gekleidete Frauen; hingegen verlangte*</p>

niemand Weißwaren oder Sachen aus Wolle. Deren Verkäufer standen, in ihren einheitlichen grünen Monturen mit den blinkenden Kupferknöpfen, untätig herum, auf Kunden wartend, nach denen ihnen förmlich die Hände zuckten. Dann und wann schritt, kenntlich an seiner gemessenen, durch eine weiße Krawatte betonten Haltung, einer der Inspektoren zwischen ihnen hindurch. Viel schmerzhafter noch krampfte sich Mourets Herz jedoch bei der Friedhofsruhe zusammen, die über der Mitte der Halle lag: das hohe Milchglasdach dämpfte die schräg einfallenden Lichtstrahlen in einem Grade, daß sie wie feiner weißer Staub über der Seidenabteilung schwebten, die in Schlummer gesunken und vom feierlichen Schweigen eines Kirchenraumes erfüllt schien. Der vereinzelte Schritt eines Angestellten, ein paar geflüsterte Worte, das Rascheln eines den Boden schleifenden Frauenrockes waren das einzige, was an Mourets Ohr drang, soweit solche leichten Geräusche nicht in der von der Dampfheizung aufsteigenden Hitze erstickten. Doch dann – dann hörte man plötzlich, wie verschiedene Wagen vorfuhren: deutlich war zu vernehmen, wie die Pferde zum Stehen gebracht und kurz darauf schwungvoll die Schläge zugeknallt wurden. Der Lärm draußen nahm zu; vor den Schaufenstern drängten sich Neugierige; immer mehr Droschken langten auf der Place Gaillon an; eine Menge Kundschaft nahte. Als Mouret indessen gewahrte, daß seine Kassierer wie zuvor sich beschäftigungslos hinter ihren Schaltern rekelten, und er konstatierte, daß die Packtische mit ihren Bindfadenkästen und blauen Papierrollen noch immer leer lagen, glaubte er – obwohl seine Befürchtungen ihn heftig gegen sich selber aufbrachten – auf einmal zu spüren, wie die weitverzweigte Maschinerie, die er dirigierte, sich dem Stillstand näherte und unter seinen Füßen gleichsam einfror.»

Nach und nach faßt Mouret nichtsdestoweniger neuen Mut. Scharen von Käuferinnen machen sich im *Bonheur des Dames* allmählich den Platz streitig. Einmal mehr ist eine verwegene Spekulation geglückt.

«Es war nun bereits geraume Zeit her, daß Mouret, in der Höhe des Zwischenstocks, an der Balustrade der Halle gestanden hatte. Jetzt erschien er unvermittelt oben auf der ins Erdgeschoß führenden Treppe und kontrollierte von da aus, was im Kaufhaus vorging. Sein Gesicht hatte die Blässe verloren, sein Selbstvertrauen kehrte zurück und ließ seine Haltung zusehends straffer werden, während er unentwegt beobachtete, wie die Menge das Geschäftslokal mehr und mehr füllte. Da war er endlich, der erwartete Zustrom; der Andrang, den der Nachmittag bringen sollte und an dem Mouret in seiner Verwirrung vorübergehend gezweifelt hatte. Sämtliche Verkäufer waren wieder auf ihren Posten, denn eben hatte ein letztes Anschlagen der Glocke auch für die dritte Schicht die Mittagspause beendet. Der verheerende Mißerfolg des Vormittags, der zweifellos mit einem gegen neun Uhr herniedergegangenen Regenguß zusammenhing, konnte noch wettgemacht werden, hatte doch der Himmel sein frühmorgendliches Blau und sein strahlendes Siegerlächeln inzwischen wiedergewonnen . . . Wirklich, in den Abteilungen des Zwischenstocks wurde es lebendig: Mouret mußte zur Seite treten, um den Damen nicht im Wege zu sein, die gruppenweise zur Wäsche-Abteilung und zur Konfektion hinaufstrebten, und währenddessen registrierte er mit aufmerksamem Ohr die stattlichen Rechnungsbeträge, die hinter ihm in der Abteilung für Shawls und Spitzen

zu vernehmen waren. Der Anblick aber, den die Galerien im Erdgeschoß boten, ließ sein Herz noch viel höher schlagen: bei den Kurzwaren herrschte das ärgste Gedränge, auch die Verkaufstische für Weißwaren und Wollsachen waren dicht umlagert, und der Zustrom der Käuferinnen riß nicht mehr ab; fast alle trugen modische Hüte, und nur vereinzelt tauchte da und dort die schmucklose Haube einer Hausfrau auf, die sich beim Einholen verspätet hatte. An den Seidentischen der in gedämpftes Licht getauchten großen Halle zogen die Damen ihre Handschuhe aus, um die ‹Paris-Bonheur›-Seide zwischen den Fingern auf ihre Geschmeidigkeit zu prüfen, wobei sie halblaut ihre Meinung austauschten. Auch überhörte Mouret keineswegs die verheißungsvollen Geräusche, die von der Straße hereindrangen: es waren ja seine Kundinnen, die da angefahren kamen; knallend schlossen sich, wenn sie ausstiegen, die Wagenschläge, und das Hallen der vielen Schritte, das Geraune und Gesumme der vielen Stimmen schwoll zu immer lauterem Brausen an. Die große Maschinerie, die Mouret unter seinen Füßen vibrieren fühlte, begann sich warmzulaufen und auf volle Touren zu kommen: zunächst bei den Kassen, wo immer vernehmlicher die Münzen klapperten; dann bei den Packtischen, wo das Bedienungspersonal die gekauften Artikel diensteifrig in große Bogen einschlug; schließlich auch im Souterrain, wo sich die Versandabteilung mit all den herabgelangenden Paketen füllte und die steigende Geschäftigkeit ein unterirdisches Beben erzeugte, das sich dem ganzen Haus mitteilte.

Es war keine einfache Sache mehr, auf die Treppe zu gelangen. Kopf an Kopf schoben einander die Leute durch die Galerien, um dann in die Halle zu strömen wie ein Fluß, der in einen größeren mündet. Eine richtige Handelsschlacht entwickelte sich; die Verkäufer ließen die Horde der Kundinnen, in aller Eile um jede einzelne ringend, nicht aus den Fängen. Die Stunde des schlimmsten nachmittäglichen Gewühls war auf einmal da, in der die immer stärker sich erhitzende Maschinerie den Kaufhausbesuchern ihre eigene Gangart aufzwang und ihnen das Geld aus der Tasche zog. Besonders bei der Seide brach eine Art Käuferwahnsinn aus; der Verkaufsschlager ‹Paris-Bonheur› ballte ein derart unentwirrbares Menschenknäuel zusammen, daß Hutin minutenlang sich nicht vom Fleck zu rühren vermochte; und Henriette, der das Getümmel ebenfalls schier den Atem benahm, sah, als sie die Augen hob, Mouret auf seinen Beobachtungsposten oben auf der Treppe zurückkehren, wo er seinen Sieg am schönsten genießen konnte. Henriette lächelte ihm zu; sie hoffte, er werde zu ihr hinuntersteigen und sie aus der fürchterlichen Enge befreien. Aber Mouret nahm überhaupt nicht wahr, wie eingekeilt sie unter der Menge stand; er hatte Vallagnose, seinen alten Freund, bei sich und war ganz damit beschäftigt, ihm mit triumphierender Miene die Stätte seines Erfolges vorzuführen. Das Tosen im Innern des Kaufhauses übertönte jetzt alle Laute, die hätten von draußen hereindringen können; weder das Heranrollen der Droschken noch das Zuknallen der Wagentüren erreichte mehr das Ohr; unabhängig von all dem Verkaufsgebrodel teilte sich den Sinnen allenfalls die enorme Ausdehnung von Paris mit, das unaufhörlich weitere Scharen von Käuferinnen mobilisierte. In der von keinem frischen Hauch belebten Luft, die dadurch noch stickiger wurde, daß der betäubende Dunst der Dampfheizung sie mit den von den Stoffen aufsteigenden Gerüchen sättigte, reicherte

*sich der Lärm immer konzentrierter an: das hallende Hin- und Herstapfen,
die hundertfältige Wiederholung des die Verkaufstische umschwirrenden
Frage- und Antwortspiels, das Scheppern der Münzen auf dem Kupferbe-
lag der Zahlbretter an den von gezückten Portemonnaies belagerten Kassen, das Rollen der Fahrstuhlkörbe, in denen pausenlos die Einkaufspakete
in das aufnahmebereite Souterrain hinabglitten. In dem aufwirbelnden
Staub begannen die einzelnen Umrisse ineinander zu fließen, die Grenzen
zwischen den verschiedenen Abteilungen verschwammen; die Kurzwaren-
abteilung im Parterre ertrank förmlich im Gewimmel; noch weiter hinten,
bei den Weißwaren, blitzte ein verspäteter Sonnenstrahl, durch das der
Rue-Neuve-Saint-Augustin zugekehrte Schaufenster hereinschlüpfend,
wie ein Goldpfeil inmitten eines Schneefeldes auf; stand man jedoch bei den
Handschuhen und den Wollsachen, verwehrte einem eine lebende Mauer
aus Kopfbedeckungen und Frisuren jede Sicht auf die sonstigen Bereiche
des Kaufhauses.»*

Dann erreicht der Verkaufstrubel sein Ende. Das Kaufhaus «Au Bonheur des Dames» leert sich. Stolz überblickt Mouret, dieser Napoleon im
Reich der Textilien, die Gefilde, auf denen er soeben einen neuen Sieg
errungen hat.

*«Das Innere des Kaufhauses erhellten die bei Eintritt der Dämmerung
entzündeten Gaslampen, die nachträglich die stürmischen Kämpfe während der Verkaufsstunden erst ins rechte Licht setzten – die Lokalität glich
einer Walstatt, über der noch die Hitze des voraufgegangenen Stoffgemet-
zels brütete. Zum Umfallen müde ließen sich die Verkäufer mitten in der
Verwüstung nieder, der ihre Schubfächer und Ladentische zum Opfer
gefallen waren, als ob ein Orkan über sie hinweggebraust wäre. Kaum daß
die Verkaufsgalerien zu ebener Erde überhaupt zu passieren waren, in so
wilder Unordnung standen die Stühle herum; zur Handschuh-Abteilung
mußte man sich über die zahllosen Kartons einen Weg bahnen, die Mignot
um sich aufgetürmt hatte; an die Wollstoffe kam man schlechterdings nicht
mehr heran, Liénard war auf einem Meer von übereinander gerutschten
Stoffballen in Schlaf gesunken, und die noch aufrechten, aber doch mindestens zur Hälfte eingerissenen Stapel gemahnten an Häuser, deren Trümmer ein aus den Ufern getretener Fluß überspült; weiter hinten hatten lauter
Weißwaren den Boden in eine Art Schneefeld verwandelt, auf dem Barrikaden von Servietten jedes Fortkommen behinderten und man sich zwischen förmlichen Schneewehen aus duftigen Taschentüchern hindurchzu-
winden hatte . . . Was die Seidenabteilung betraf, so hatte sich ein solches
Massenaufgebot von Kundinnen darüber hergemacht, daß auch nicht ein
einziges Fach noch einen Rest Ware barg: hier, in der nun kahlen Halle
konnte man sich nach Belieben ergehen; das gesamte Lager von ‹Paris-
Bonheur›-Seide war ungeachtet seines phantastischen Umfangs aufgemes-
sen und von dannen gefegt, als hätte ein Schwarm gefräßiger Heuschrecken
sich daran gütlich getan. Mitten zwischen ihren verödeten Tischen blätter-
ten Hutin und sein Kollege Favier ihre Verkaufsblocks durch und über-
schlugen, noch immer atemlos von dem Trubel, die ihnen zustehenden
Prozente. Favier kam auf fünfzehn Francs. Hutin hatte bloß dreizehn
herausgeschlagen, war also für diesmal unterlegen und beklagte sein Miß-
geschick voller Wut. Beiden war die Geldgier von den Augen abzulesen,*

Pariserinnen beim Einkauf

und um sie herum schwirrten überall entsprechende Ziffern durch das Kaufhaus, an allen Verkaufsständen herrschte das gleiche Fieber, geschürt vom brutalen Frohlocken über die reiche Beute solch eines blutigen Jagdtages. – Nun, Bourdoncle, rief Mouret seinem Mitarbeiter zu, zittern Sie immer noch um unsere Seide?

Mouret war auf seinen Lieblingsplatz oben auf der zum Zwischengeschoß führenden Treppe zurückgekehrt, und die untrüglichen Beweise für die unter den Stoffen angerichtete Metzelei, die sich seinem Blick darboten, entlockten ihm ein Lächeln des Triumphs. Seine Besorgnis vom Vormittag, dieser Anfall unverzeihlicher Entmutigung, von dem er niemandem etwas zu verraten gedachte, ließ ihn jetzt nach einer um so handfesteren Bekräftigung seines Sieges verlangen. Er hatte die Schlacht ja endgültig gewonnen, die kleinen Geschäftsleute des Viertels waren nun ruiniert, der Baron Hartmann mit seinen Millionen und seinen Grundstücken würde ihm nicht länger widerstehen. Während er verfolgte, wie die einzelnen Kassierer, über ihre Listen gebeugt, die langen Zahlenkolonnen addierten, während er das metallische Geklingel der Münzen vernahm, wenn die Kassierer sie aus ihren Händen in die kupfernen Geldschalen fallen ließen, sah er im Geist das ‹Bonheur des Dames› abermals größer werden, die Halle wuchs noch mehr in die Breite, und die Galerien dehnten sich bis zur Rue du Dix-Décembre aus.

– Nun sind Sie doch wohl überzeugt, fuhr er, zu Bourdoncle gewandt, fort, daß unser Haus viel zu klein ist, nicht wahr? Wir hätten leicht doppelt soviel umsetzen können . . .

Bourdoncle pflichtete ihm unterwürfig bei und war im übrigen heilfroh, daß er mit seinem Zweifel am Erfolg nicht recht behalten hatte. Doch stimmte das, was sich alsbald vor ihnen abspielte, ihn und Mouret wieder ganz ernst. Wie allabendlich nach Geschäftsschluß hatte inzwischen der Hauptkassierer Lhomme sich angeschickt, die Tageseinnahmen der Abteilungskassen zusammenzuzählen; sobald er mit der Addition fertig war, pflegte er das Blatt, auf dem die Endsumme stand, auszuhängen, indem er es auf einen bestimmten Haken spießte; anschließend schaffte er dann das gesamte vereinnahmte Geld ins Kontor hinauf, teils in eine Mappe gepackt, teils in Beuteln, je nachdem es Banknoten oder Münzen waren. Heute überwogen die Gold- und Silberstücke, und der Hauptkassierer vermochte, mit drei ungewöhnlich dicken Beuteln beladen, nur mühsam die Treppe zu erklimmen. Da ihm der rechte Arm am Ellbogen amputiert war, preßte er mit dem linken zwei der Beutel gegen seine Brust; den dritten hatte er sich, damit er ihm nicht entglitte, unter das Kinn geklemmt. Schon von weitem war sein keuchender Atem zu hören, während er zusammengekrümmt und gleichwohl mit stolzer Siegermiene an den respektvoll beiseite tretenden Verkäufern vorüberschritt.

– Wieviel, Lhomme? erkundigte sich Mouret.

Der Hauptkassierer erwiderte: – Achtzigtausendsiebenhundertzweiundvierzig Francs und zehn Centimes!

Es war nicht von schlechten Eltern, das Lächeln, das sich im ‹Bonheur des Dames› breitmachte. Die Zahl ging rasch von Mund zu Mund. Nie zuvor hatte ein Pariser Moden-Kaufhaus eine so hohe Tageseinnahme erzielt.»

«Ein schwarzes Heer
von Rächern»
(*Germinal*)

In welchem Maße Zola dazu prädestiniert war, an die neue Heilsbotschaft des Sozialismus zu glauben, bezeugt am eindringlichsten sein Roman *Germinal*; denn hier tritt Zola unmittelbar mit dem Industrieproletariat in Kontakt, legt er das Arbeiterdasein bis ins letzte bloß. Nicht nur, daß er bei seinen Vorstudien die gewohnte Sorgfalt übt; in diesem Fall dünkt ihn die frühzeitige Beschaffung dokumentarischer Unterlagen, wie er sie Romanen dieses Schlages zugrunde legt, nicht ausreichend, und so begibt er sich in ein typisches Bergbaugebiet, um dort monatelang zu leben. Er logiert in Bergmannswohnungen, trinkt mit den Grubenarbeitern Bier und Genever in ihren Estaminets, fährt in einen Schacht ein, beobachtet die Modelle seiner künftigen Romanfiguren bei ihrer Arbeit, wohnt der Gedingeverteilung bei und entdeckt, daß die Bergleute, die von der Zechengesellschaft gegeneinander ausgespielt werden, den Taglohn für die geförderte Lore Kohle Centime um Centime von sich aus herabsetzen, weil sie fürchten, andernfalls ihre Arbeit zu verlieren.

Bald ist er über alles unterrichtet, was sich in den primitiven, von den Bergwerksbesitzern an die Arbeiter vermieteten Gruppenhäusern abzuspielen pflegt, deren Zwischenwände so dünn sind, daß aus der Nachbarwohnung auch das kleinste Geräusch herüberdringt. Er informiert sich über die durch die Arbeit im Schacht hervorgerufenen Krankheiten, über die Staffelung der Löhne und die Abbaumethoden; er lernt, wie man Stollen abstützt und Loren über gefährliche Gleise schiebt; er sieht die Häuer kauernd oder liegend die Hacken schwingen, während vom Flöz der Kohlenstaub aufwirbelt und von den Wänden das Grubenwasser herunterläuft. Zum erstenmal wird er aus nächster Nähe Zeuge, wie Menschen sich elendiglich abschinden.

Von da aus nun inauguriert Zola Neues, indem er Reportage und Roman miteinander verquickt und einen ganzen Berufsstand zum Helden seines Buches macht. Über die im Vordergrund agierende Figurengruppe hinaus ist ja in der Tat die anonyme Menge der Bergleute der wahre Heros von *Germinal*: sie ist es, die jede Buchseite mit Leben speist und dem Buch seine Stärke, seine Größe gibt. Im modernsten Roman des Tages tritt mit ihr der Chor der antiken Tragödie wieder in Erscheinung, und zwischen zwei Buchdeckeln gewinnt er hier die Bedeutung zurück, die er bei Aischylos hatte.

Man hat wohl noch längst nicht gebührend hervorgehoben, wie sehr Zolas Darstellungsmittel, der Vorrang des Visuellen und seine ganze Art, in Bildern zu komponieren, ihn einem Regisseur ähnlich machen und bei den meisten seiner Romane bewirken, daß sie wie Filme ablaufen. In *Germinal* bedient sich Zola sozusagen der dreidimensionalen Breitwand.

Nur daß Zola nirgends idealisiert, vielmehr die Tatsachen sprechen läßt. Mit den Bergleuten konfrontiert er die Ingenieure, einen der Aktionäre, den Besitzer einer kleinen Grube – und ihnen allen läßt er dieselbe Gerechtigkeit widerfahren. *Germinal* hat nichts von einem Tendenzroman, wodurch die Überzeugungskraft des Buches ungemein gewinnt; um die Gewissen aufzurütteln, genügte es vollauf, daß Zola seiner Mitwelt vor Augen führte, welchen unmenschlichen Arbeitsbedingungen die Proletarier in den damaligen Kohlengruben ausgeliefert waren. Die Offenheit, mit der Zola diese Dinge in *Germinal* zur Sprache bringt, gleicht seinem Auftreten in der Affäre Dreyfus – mit dem einzigen Unterschied, daß es statt um einen unschuldig Verurteilten um das Schicksal einer bestimmten Arbeiterschicht geht.

Von dem Tag an, da er sich entschließt, diesen Roman zu schreiben, empfindet Émile Zola, daß er es mit einem hochbedeutsamen Sujet zu tun hat; doch die komplexe Größe der neuen Aufgabe kann ihn nicht schrekken, denn längst hat seine Arbeitsmethode ihre Probe bestanden.

Er weiß recht gut, daß er sein Buch «*mit Herzblut nähren*» muß und ihn die Niederschrift Qualen kosten wird; daß er in den Vormittagsstunden am Schreibtisch, wenn er die Feder ansetzt, einen bitteren Geschmack im Mund, den Überdruß an dem darzustellenden Elend wird mühsam niederkämpfen müssen. Doch genauso ist ihm bewußt, daß allein diese Arbeit, hat er ihren schweren Beginn erst bemeistert, ihn mit Freude zu erfüllen vermag, daß sie mit keiner anderen sich wird vergleichen lassen. Und die Inspiration, die der Theoretiker in ihm verachtet und an deren Effektivität er lieber nicht glaubte: ihr kostbares Ungestüm wird ihn – in wunderbarer Wiederkehr vertrauten Erlebens – über sich hinausheben; die Kühnheit der Vision wird seine anfänglich ungeschickte Feder zu treffendem Ausdruck und kraftvollem Stil beflügeln. Bei keinem Romandichter sonst beruht wie bei Zola das Schaffen auf mannhaftem Selbstvertrauen; nichts scheint Gabe der Götter; jedes Werk ist von der ersten Seite bis zur letzten eine hart bezahlte Eroberung.

Sein Vater hat ihm ein verpflichtendes Beispiel hinterlassen: nie hat er Paläste entworfen noch je sich an «Spielzeug» verzettelt; es waren Kanäle, Bauwerke von rechtschaffener Gediegenheit, die auf seinem Reißbrett entstanden. Mehr Ingenieur als Architekt hat François Zola nur das derbste Baumaterial benutzt, doch mit einem Eifer und einer Ausdauer, die nicht zu entmutigen waren. Um sein großes Kanalprojekt zu verwirklichen, mußte er tausenderlei Hemmnisse überwinden, und er hat sie, eins nach dem andern, beiseite geräumt. Auch die Stärke des Sohnes liegt im Beharren, in der Unerschrockenheit. Émile Zola ist sich klar darüber, daß für die Bewertung des Romans, den er in Angriff genommen hat, das Ausmaß des bezwungenen Stoffes entscheidend ist; das Ganze muß bedacht werden, nicht dieser oder jener Einzelzug, der ja nur ein Detail der Gesamtplanung bildet. Mit einem einzigen Blick hat er den inneren Aufriß seines Epos erfaßt, genau wie sein Vater einst intuitiv die Trasse des durch die Landschaft von Aix führenden Kanals vor sich sah.

Die Schilderungen, in denen Zola uns die Mühsal der Bergleute demonstriert, entbehren der Weitschweifigkeit, und ihr Extrakt kehrt ständig wieder: die Feuchtigkeit, die von der Decke des Stollens herabtropft und mit auslaugender Unablässigkeit das Gesicht des Häuers trifft, und die Strapaze, eine Lore im viel zu engen Stollen verbogene Schienen entlangzukarren. Nachdrücklicher als die Schinderei, der sich der Bergmann vor Ort unterzieht, findet man in *Germinal* beschrieben, was den Autor des Romans beim Einfahren in den Schacht so arg bestürzte. Begreiflicherweise nahm er als dauernde Impression die Erinnerung an die abgründige Tiefe jener Reviere der Finsternis mit. Immer von neuem kommt Émile Zola auf sie zu sprechen, und eben weil seine eigene Reaktion auf diese für ihn unerwartete Erfahrung derart heftig gewesen ist, vergegenwärtigt er mit solcher Faszination das Hinabfahren der Förderkörbe von Sohle zu Sohle. Doch gebührt ihm nicht geringere Bewunderung, wenn er das schwarze Heer der Arbeiter während des Streiks durch die Fluten stapfen läßt; das Getrappel der vielen Holzschuhe macht weithin die Erde, es macht die Welt erzittern.

Die Barrikaden der *Misérables* bei Victor Hugo erregen den Verdacht, sie seien vom Intellekt errichtet; ihre Verteidiger sind junge Schwätzer, die philosophische Probleme diskutieren, bevor sie sich totschlagen lassen. In *Germinal* hat der Haß im Animalischen seinen Ursprung; himmelschreiende Ungerechtigkeit sitzt jenen Männern und Frauen wie ein Dorn im Fleisch und stachelt sie auf. Diese Ungerechtigkeit ist kein Abstraktum, zu Reflexionen gibt sie keine Gelegenheit: die Herde bricht aus und zertrampelt, was sich ihr unterwegs entgegenstellt; rohe, nackte Gewalt hat sich in Leibern eingenistet, die allzu lange geschunden worden sind und endlich ihrer Leiden ledig werden wollen, auf die Gefahr, daß alles in Trümmer sinkt. Victor Hugo läßt uns einer Revolte beiwohnen, Émile Zola einer Revolution.

Als er *L'Assommoir* veröffentlichte, hatte man ihm vorgeworfen, daß er die Arbeiter verleumde; anläßlich des Erscheinens von *Germinal* lebte diese Anklage wieder auf, wenn auch vermengt mit ganz anderen Anschuldigungen. Zola hat beide im Auge, wenn er am 4. April 1885 an Francis Magnard schreibt:

«*Soeben lese ich Monsieur Henry Duhamels Artikel von heute morgen. Er macht mir den Vorwurf, die unten im Schacht arbeitende junge Frauensperson sei ein Produkt meiner Phantasie, wiewohl er um die Feststellung nicht herumkommt, daß es in Frankreich dergleichen bis 1874 gegeben hat, wie es das in Belgien heute noch gibt. Nun spielt die Handlung meines Romans von 1866 bis 1869. Stand es mir da nicht frei, jene noch existierende Tatsache für die Erfordernisse meines Bergwerkdramas zu verwenden? Monsieur Duhamel stützt sich, was ich nicht verschweigen möchte, auf die Behauptung, mein Roman sei unrichtig datiert, mein Streik sei in Wirklichkeit der, dessen Ausbruch erst ein Jahr hernach in Anzin erfolgte. Indessen ist dies ein kapitaler Irrtum, man braucht mich nur aufmerksam zu lesen: ich habe für meinen Roman sämtliche Streiks verwendet und zusammengefaßt, die, gegen 1869, das Ende des Kaiserreiches mit Blut besudelt haben, besonders die von Aubin und La Ricamarie. Soll man sich doch aus den Zeitungen jener Tage darüber unterrichten! Da Monsieur Duhamel immerhin zugibt, daß 1868 noch zweihundert Frauen in die Schächte zur*

*Arbeit einfuhren, dünkt es mich mein gutes Recht, im Jahre 1866 wenig-
stens eine einzige einfahren zu lassen.*

*Eine entsprechende Antwort in puncto Löhne. Die Zeit, in der wir uns in
dem Buch befinden, ist die unmittelbar vor dem Ende des Kaiserreiches: die
Zeit der industriellen Krise. Ich kann es beschwören, daß die damaligen
Löhne genau diejenigen waren, die ich angegeben habe. Die Belege dafür
sind in meiner Hand; es wäre nur zu langwierig, sie hier aufzuführen.*

*Lieber will ich mich der berüchtigten Beschuldigung zuwenden, ich sei
mit den Arbeitern wie mit einer Horde von Trunkenbolden und Wüstlingen
umgesprungen. Monsieur Duhamel verteidigt demgegenüber die Reinlich-
keit in den Zechenwohnungen und die von den Bewohnern gewahrte
Moralität. Ich kann ihn nur auf mein Buch verweisen. Ich habe darin
ausdrücklich gesagt, daß in den Bergmannswohnungen von den Frauen für
die sprichwörtliche flämische Sauberkeit gesorgt wird, diese Regel jedoch
ihre Ausnahmen hat: soviel zum Vorwurf, ich hätte den Schmutz übertrieben!*

*Was die Promiskuität, die Immoralität anlangt, die ihren Grund in den
Daseinsbedingungen hat, habe ich geschrieben, daß auf zehn Töchter deren
sechs zu kommen pflegten, die ihre Liebhaber erst heirateten, wenn sie
bereits Mutter geworden waren; und überdies habe ich geschrieben, daß in
den Haushalten, wo man jemanden in Kost und Logis nahm, einen ‹Mie-
ter›, jeder zweite Fall dazu führte, daß aus dem riskanten Unternehmen eine
Ehe zu dritt wurde. Dies ist die lautere Wahrheit, behaupte ich nach wie vor.
Widerspreche man mir doch nicht mit sentimentalen Gefühlsgründen;
ziehe man doch gefälligst die Statistiken zu Rate, informiere man sich über
die Ursachen – dann wird man schon sehen, daß ich keine Lügen ausge-
streut habe!*

*Leider, ja, leider habe ich viel mehr abgeschwächt. Das Elend wird erst
behoben werden an dem Tag, an dem man sich entschließen wird, die
Leiden und die Schimpflichkeiten, die es zur Folge hat, zur Kenntnis zu
nehmen. Man beschuldigt mich einer zotigen Phantasie und vorbedachter
Verlogenheit im Hinblick auf jene Elenden und Armen, die meinen Augen
Tränen entpreßt haben. Aber auf jeden Anklagepunkt könnte ich mit der
Vorlage eines Dokuments antworten.»*

Wie der bekanntere «Thermidor», der Hitze-Monat, bildet der Keim-
Monat, «Germinal», ein Zubehör des 1793 von den Jakobinern einge-
führten Revolutionskalenders. Es ist die Morgenröte des Sozialismus, auf
die der Romantitel *Germinal* abzielt. Heinrich Mann hat geradezu vom
«Evangelium der künftigen Menschheit» gesprochen, das in Zolas *Germinal* allenthalben anklinge: es «wird hörbar im Erdboden selbst, aus
dieser doch so langsamen und gleichgültigen Erde ertönt es von den
Hammerschlägen der Bergarbeiter, und am Ende will es ausbrechen und
Wirklichkeit werden». Als ein unterirdisches «schwarzes Heer von Räu-
bern» werden die Bergleute in den Schlußworten des Buches apostro-
phiert, die (von Heinrich Mann übersetzt) lauten: «Menschenkeime trieben dort unten, ein schwarzes Heer von Rächern keimte langsam in den
Furchen, wuchs herauf für die Ernte des kommenden Jahrhunderts; sein
Keimtrieb war daran, die Erde zu sprengen.»

Der Romanheld Étienne Lantier (dessen Mutter Gervaise sich in

Paris als Wäscherin durchbringt – dieselbe Gervaise, deren letztes Kind Nana ist!) wird von Zola als Nachkomme einer dem Alkohol verfallenen Familie charakterisiert, in dem die Willensschwäche der Vorfahren in brennende Tatbegier umgeschlagen ist. Wenn er getrunken hat oder überhaupt in Rage gerät, neigt Étienne zu Gewalttätigkeit. Er kommt in das Steinkohlenrevier an der Scarpe – zwischen Douai und der belgischen Grenze – auf der Suche nach einer Arbeitsgelegenheit. In der Lokomotiven-Werkstatt in Lille hat er im Trunk randaliert und einen Betriebsingenieur geohrfeigt; dann ist er davongelaufen. Als man ihn in den Eisenhütten von Marchiennes nicht einstellt, sucht er, hungrig und ohne Obdach, aufs Geratewohl in einem Bergwerk anzukommen, obwohl er noch nie eingefahren ist. Man weist ihn zunächst ab, denn wie die Fabriken sind die Zechen in den Sog der Wirtschaftskrise geraten. Einzig dem Umstand, daß infolge eines plötzlichen Todesfalles in der Gedinggruppe des Häuers Maheu eine der Kohleschlepperinnen ersetzt werden muß, verdankt es Étienne, daß man ihn doch noch mit einfahren läßt und er in Montsou ein Unterkommen findet. Maheu bringt ihn bei dem Gastwirt Rasseneur unter, der freilich Étienne Logis und Kost erst dann auf Kredit gewährt, als sich herausstellt, daß beide in Lille einen gemeinsamen Bekannten haben: einen gewissen Pluchart, der eine Zeitlang Étiennes Werkmeister war und neuerdings die französische «Nordföderation» der 1864 in London gegründeten «Internationalen Arbeiterassoziation», der sogenannten «Ersten Internationale», leitet. Rasseneur ist früher Bergmann gewesen, von der Zechengesellschaft jedoch entlassen worden, weil man, wie deren Generaldirektor Hennebeau sich ausdrückt, unter der Arbeiterschaft «der sozialistischen Fäulnis steuern» wollte. Als Gastwirt zeigt er sich allerdings bemüht, sobald die Empörung mit seinen früheren Kameraden durchzugehen droht, Öl auf die Wogen zu gießen. Dauermieter bei Rasseneur und seiner Frau, die seine Leisetreterei mißbilligt, ist der Maschinist Suwarin: ein wegen eines Sprengstoffattentats aus seiner Heimat geflohener Russe, in dem Zola das Urbild eines einzelgängerischen Anarchisten zeichnet.

Wie Suwarin, Rasseneur und Étienne, der mit Pluchart alsbald Verbindung aufnimmt und von ihm mit der Gründung einer örtlichen «Sektion» der Internationale betraut wird, auf seiten der Arbeiterschaft drei deutlich geschiedene Typen verkörpern, so steht ihnen auf der Seite des Besitzes eine ähnlich gestaffelte Trias gegenüber: als höchster Angestellter des Verwaltungsrates der vereinigten Gruben der fortgesetzt von seiner Frau hintergangene Generaldirektor Hennebeau, der um seiner mißratenen Ehe willen Paris mit der «Provinz» vertauscht hat; als Prototyp der sorglos von ihren Kuxen lebenden Aktionäre der Grundbesitzer Grégoire; und als Eigentümer der einzigen, der Gesellschaft noch nicht einverleibten Zeche des Reviers ein chronisch von Geldsorgen bedrängter Verwandter der Familie Grégoire namens Deneulin, den die durch den Streik bewirkte Absatzstockung endgültig ruiniert, so daß er seine Grube, zu Hennebeaus unverhohlener Genugtuung, an das Konsortium veräußern muß, froh darüber, wenigstens als Verwalter eingesetzt zu werden.

Mit Grégoires Tochter Cécile ist Hennebeaus Neffe, der junge, im

Lithographie von Méaulle
zu Zolas Roman
«Germinal»

Haus des Generaldirektors wohnende Ingenieur Négrel, so gut wie ver-
lobt; die treibende Kraft bei dieser Verbindung ist Madame Hennebeau,
die Négrel einstweilen zu ihrem Liebhaber gemacht hat – was ihr Mann
just an dem Tage entdeckt, an dem der Bergarbeiterstreik sich zur Volks-
erhebung, zu einer örtlichen Revolution ausweitet. Kurz nach der Liqui-
dierung des Streiks wird dann Cécile, die mit ihren Eltern die Arbeiter-
siedlung der Zweihundertvierzig aufsucht, um Almosen zu verteilen, von
Maheus greisem Vater, einem Bergveteranen mit dem Spitznamen
«Bonnemort», in einem unbewachten Augenblick erdrosselt. Der Alte,
der früher stets als gutmütig gegolten hat, ist um den Verstand gekommen, als er die zum Schutz der Schächte aufgebotenen Soldaten blindlings
in die anstürmende Menge hat feuern sehen, wobei nicht nur Frauen und
Kinder den Tod finden, sondern auch sein Sohn Toussaint Maheu.
  Ausgelöst wird der Sturm auf den Voreux-Schacht, bei dem die erreg-

ten Arbeiter und Arbeiterfrauen die Soldaten mit Ziegeln bewerfen, um sie von ihren Posten zu verjagen, durch eine Maßnahme der Zechengesellschaft: sie hat, um die Förderung wieder anzukurbeln, in Belgien Streikbrecherkolonnen anwerben und sie unter militärischer Bedeckung zur Arbeitsaufnahme heranschaffen lassen. Andererseits reichen die 4000 Francs, die auf Plucharts Veranlassung von der Londoner Zentrale der «Arbeiterassoziation» geschickt werden, natürlich nicht aus, um die Streikenden wochen-, ja monatelang vor dem bittersten Hunger zu bewahren. Und in der von Étienne und Maheu eingerichteten eigenen Unterstützungskasse der ‹Sektion› Montsou, die ja erst im Gründungsstadium steckt, haben sich ohnehin keine nennenswerten Barmittel ansammeln können, zumal sich der Monatsbeitrag auf 20 Sous beschränken soll, um die Popularität dieser Einrichtung nicht zu gefährden. So bricht denn der riesige Streik zusammen, ohne daß den wirklich unerträglichen Zuständen, die ihn auslösen, ein Ende gemacht wird. Indem er die blutige Auseinandersetzung, als deren Chronist er auftritt, zurückführt auf die veralteten Förderungsmethoden, auf eine hundert Jahre lang betriebene, gleichermaßen skrupellose und unrationelle Ausschlachtung der Kohlevorkommen, liefert Émile Zola, der ebensowenig die dem Zusammenbruch des Kaiserreichs vorangehende Wirtschaftskrise außer Betracht läßt, ein erzählerisches Musterbeispiel soziologischer und sozialer Diagnostik – was ihn nicht hindert, die kräftigen Farben, mit denen er die Buntheit menschlichen Daseins zu malen pflegt, auch hier ungedämpft ins Bild zu bringen.

Gerade bei *Germinal* ist in einigermaßen gedrängter Form schwerlich ein halbwegs zureichender Eindruck von der Fülle der profilierten Charaktere zu geben. Immerhin mag wenigstens noch der Mitglieder der Häuerfamilie Maheu, der verschiedenen Nachbarn, des Verräters Chaval und des Kaufmanns Maigrat gedacht werden. Maigrat versucht, als der Hungermarsch gegen seinen Laden brandet, über das Dach kletternd sein verrammeltes Anwesen zu erreichen. Er stürzt ab – ein erpresserischer «Kater», den so manche verhärmte Mutter, so manche mißbrauchte Bergarbeitertochter mit begreiflicher Wollust das Genick brechen sieht. Wie seine «Opfer» sich über den Leichnam hermachen, ist in der berüchtigtsten (und in vielen Ausgaben retuschierten) Szene des Romans mit äußerster Kraßheit als trauriger Rachetriumph der Massenwut dargestellt – damit der Grad der Entmenschung, den hoffnungsloses Elend herbeizuführen vermag, sich dem Leser schonungslos einbrenne! Der blutigen Vergeltung entrinnt zuletzt auch Chaval nicht, der aus dem Pas-de-Calais stammende «Schläger», der den anderen bedenkenlos in den Rücken fällt, wenn sein persönlicher Vorteil es ihm nahelegt; in der Versammlung stimmt er vor den Kameraden heuchlerisch für den Streik, um dann am folgenden Tag trotzdem zur Arbeit einzufahren. Von Anfang an Étiennes geborener Widersacher, entzweit er sich mit ihm obendrein aus Eifersucht: Chaval ist der Liebhaber der jungen Cathérine Maheu, die er zwar brutal behandelt, aber doch zum Verlassen ihrer Eltern bestimmt, nachdem Étienne von den Rasseneur zur Familie Maheu umgezogen ist. Zwischen Étienne und Cathérine bildet sich eine Freundschaft heraus, die stets die Grenzen wahrt, obwohl viel anderes mitschwingt – was Chavals Argwohn zur Raserei steigert. Indessen stellt sich Cathérine gegen Étienne, um Chaval zu schützen, den seine Kameraden wegen seines Wortbruchs roh zur Rechenschaft ziehen; daß hernach Chaval, der ihr den Laufpaß gibt, die Streikenden bei den Gendarmen denunziert, kann sie nicht verhindern. Handelt Chaval aus Affekt, so ist aus Gewohnheit der Bergmann Pierron, dessen Frau ganz offen, in der Nachbarschaft der Maheu, den Obersteiger Danaert bei sich einläßt, der verstohlene Zuträger der Grubenverwaltung; um den Schein zu wahren, streikt zwar auch Pierron; aber was ihm bei den Zusammenkünften der Arbeiter zu Ohren kommt, leitet er umgehend weiter, so daß den Steigern, den Ingenieuren und dem Direktor nie die Informationen mangeln. Tür an Tür mit den Maheu und Wand an Wand wird in der Wohnung des Bergmannes Levaque eine harmonische Ehe zu dritt praktiziert; der Einlogierer Bouteloup fährt jeweils mit der zweiten Schicht ein, wenn der

Ehemann zur ersten eingeteilt ist, und umgekehrt.

Wie aus menschenunwürdigen Daseinsbedingungen, die bereits «halbe Kinder zu Werkzeugen des Erwerbes» machen, ein Nährboden des Kriminellen wird, demonstriert Zola an dem halbwüchsigen, zweitältesten Sohn der Maheu. Dieser Jeanlin wird beim Einsturz der Strecke, auf der er die gefüllten Loren zu den von Grubenpferden geschleppten Zügen zusammenkuppelt, vom niedergehenden Gestein erfaßt. Mit gebrochenen Beinen wird er gerettet; bald stellt sich heraus, daß er zeitlebens hinken und bloß zu leichteren Verrichtungen über Tage fähig sein wird. Sein Schicksal trägt ihm Mitleid ein; er wird zum Herumtreiber, und der Streik befreit ihn vollends von den Fesseln der elterlichen Autorität. Jeanlin schlägt sich als skrupelloser Dieb durch und haust in einer verfallenen, aufgegebenen Grube. Eines Nachts überrascht ihn Étienne, wie Jeanlin einen Soldaten, der einsam Wache steht, kaltblütig niedermetzelt. Entsetzt über Jeanlins Untat, befiehlt ihm Étienne, den Toten und das Gewehr mit ihm zusammen zu jener stillgelegten Grube zu schaffen und dort in ein Schachtloch zu stürzen; denn zweifellos würde der Mord, falls man ihn aufdeckte, den Streikenden zur Last gelegt. Étiennes Eingreifen bewirkt denn auch, daß man das Verschwinden des Soldaten offiziell als Fahnenflucht deklariert. Étienne aber muß sich bald seinerseits, von Jeanlin betreut, in dessen unterirdischer Diebeshöhle bergen, weil ihn schließlich auch die enttäuschten Arbeiter verfemen, denen er maßlose Hoffnungen vorgegaukelt hat.

Die Schießerei am Voreux-Schacht, das durch das Blutvergießen erregte Aufsehen, der fortschreitende Verfall der Gruben, deren unzureichende Abstützung, deren primitive Absicherung gegen Wassereinbrüche beständiger Überholung oder doch Kontrolle bedürfen, der wirtschaftliche Druck, dem auch die Zechenverwaltung Rechnung tragen muß, nachdem die Halden geräumt sind, die Unzufriedenheit der um ihre Dividenden zitternden Aktionäre und das Erlahmen jedweden Streikwillens: alles wirkt in der gleichen Richtung. Die von den Streikenden vor dem Einsatz des Militärs demolierten Fördereinrichtungen werden wiederhergestellt, und die Grubenarbeiter fahren ein wie früher – zu jenem verminderten, nun erst recht Elend und Not bewirkenden Lohn, dessen Oktroyierung der Funke am Pulverfaß gewesen ist. Indessen erfolgen wenigstens keinerlei Aussperrungen, da man nicht neuer Erbitterung Vorschub leisten will; und so befindet sich auch Étienne tief unten im Schacht, als die große Katastrophe hereinbricht, die eigentliche Peripetie des Romans.

In der Nacht vor dem Wiederbeginn der Arbeit hat Suwarin, der russische Anarchist, heimlich und unter Lebensgefahr im Voreux-Schacht die schadhafte Verzimmerung gelockert und die Spundwände, gegen die das Grundwasser drückt, raffiniert angebohrt. Kaum ist die Förderung voll angelaufen, erfolgen die ersten Einstürze. Die alarmierten Bergleute eilen zum Aufzug, doch nicht alle gelangen ins Freie; ein paar Gruppen bleiben zurück. Die Grube säuft ab. Bald sind Cathérine, Chaval und Étienne von Wasser, Gestein und Kohle völlig umschlossen. Ingenieur Négrel betreibt fieberhaft ihre Rettung. Mit Hilfe der vorgeschriebenen Klopfzeichen gelingt eine erste Verständigung. Pausenlos wechseln die Freiwilligen, die sich zu den Verunglückten durchzugraben versuchen, einander ab. Da erfolgt an ihrer Sappe eine Explosion schlagender Wetter, bei der Zacharie Maheu – der älteste, mit der Kohlenverleserin Philomène Levaque verheiratete Sohn der Häuerfamilie – sein Leben läßt. Noch bevor die Rettungsarbeiten durch die Explosion zeitweise unterbrochen werden, hat sich beim trüben Schimmer der letzten blakenden Grubenlampe eine mörderische Auseinandersetzung zwischen Chaval und Étienne abgespielt. Étienne erschlägt den Angreifer mit einem Gesteinsbrocken und stößt die Leiche ins Wasser. Auch Cathérine überlebt freilich die Katastrophe nicht; in Étiennes Armen stirbt sie an Erschöpfung. Nach elf Tagen des Hungers und des Grauens wird Étienne, mit schlohweißem Haar, als einziger geborgen. Die folgenden sechs Wochen verbringt er im Krankenhaus.

Suwarin, der Saboteur, ist verschwunden. Auch Étienne hat in Montsou nichts mehr zu tun. Er nimmt Abschied von Frau Maheu, die nun selber mit einfährt, um für die ihr verbliebenen unmündigen Kinder zu sorgen, und wandert zur nächsten größeren Bahnstation. Dort soll er den Zug nach Paris nehmen, wohin sein alter Freund Pluchart ihn gerufen hat.

Unterwegs glaubt Étienne, tief unter seinen Füßen, in der Erde die Hammerschläge seiner ehemaligen Kameraden zu vernehmen. Durch den Glanz des sonnigen Frühjahrsmorgens weht es wie Verheißung. Überall grünen die frischen Keime. Ein «*schwarzes Heer von Rächern*» drängt von unten heraus ans Licht . . .

Das Echo, das dem Roman *Germinal* beschieden war, überstieg die kühnsten Erwartungen; Zola hatte in seinem Buch Zustände enthüllt, vor denen gerade diejenigen, die sie kannten und sich über sie beunruhigten, gar zu gern weiter die Augen verschlossen hätten. Überdies eignete dem Roman offensichtlich eine so elementare dichterische Überzeugungskraft, daß man Zola nun unter die größten Erzähler aller Zeiten einreihte. Nach *L'Assommoir*, nach *Nana* und *Germinal* konnte schlechterdings niemand mehr in Zweifel ziehen, daß dieser Romancier wie kaum ein anderer über den mächtigen Atem des großen Epikers gebot.

Er selbst berief sich weiter auf gewisse alteingewurzelte Grundsätze. An Gustave Geoffroy, der gleich nach dem Erscheinen eine längere Abhandlung über *Germinal* veröffentlicht hatte, richtete Zola am 22. Juli 1885 das folgende Glaubensbekenntnis eines Materialisten:

«Sie haben recht, ich glaube in der Tat, daß man meine Bücher vor allem als Bekundungen einer bestimmten Lebensauffassung zu betrachten hat. Es war meine Aufgabe, den Menschen wieder auf seinen angestammten Platz innerhalb der Schöpfung zu rücken, als ein Geschöpf dieser Erde, das allen Einflüssen seiner Umwelt ausgeliefert ist. Im Menschen selbst aber habe ich unter den ihm verliehenen Organen das Gehirn wieder auf den ihm gebührenden Platz gerückt; denn ich vermag mir nicht vorzustellen, daß das Denken etwas anderes sein soll als eine Funktion der Materie. Die vielgerühmte Psychologie ist lediglich eine Abstraktion; jedenfalls wird sie nie mehr sein als ein eng umgrenztes Teilgebiet der Physiologie.»

Abschluß und Ausklang
der Rougon-Macquart

Bereits ein Jahr nach *Germinal* erschien *L'Œuvre* – jener Band der *Rougon-Macquart*-Serie, der den endgültigen Bruch zwischen Zola und Cézanne herbeiführte. Der Maler hatte sich in der Romanfigur, zu der Zola ihn als Modell benutzte, wiedererkannt, und die Verstimmung, die ohnehin die beiden Jugendfreunde einander entfremdete, trat nun ungemildert und offen zutage.

Im Juni desselben Jahres 1886 erläutert Zola in einem Brief an J. van Santen Kolff, was er in seinem Roman *La Terre* erzählerisch zu realisieren gedenkt:

«... *Ich bin ganz mit dem Entwurf zu meinem neuen Roman ‹La Terre› beschäftigt und werde mich in etwa vierzehn Tagen an die Niederschrift machen, nicht eher; einstweilen ist mir bei diesem Roman angst und bange, denn er wird noch schwerer mit Stoff befrachtet sein als seine Vorgänger, ungeachtet der Simplizität des Themas. Unsere Bauern werde ich darin zu Wort kommen lassen, mit ihrer Vergangenheit, ihren Gebräuchen und Sitten, ihrer Rolle in der Öffentlichkeit; das Grundeigentum will ich mit der sozialen Frage konfrontieren; ich möchte zeigen, wohin wir treiben, mitten in der Agrarkrise, die gegenwärtig so drückend spürbar ist. Sowie ich mich mit einem Objekt meiner Studien näher einlasse, stoße ich auf den Sozialismus. Mit ‹La Terre› möchte ich für den Bauern dasselbe schaffen, was ich mit ‹Germinal› für den Grubenarbeiter geschaffen habe. – Lassen Sie indessen auch nicht außer Betracht, daß ich immer Künstler zu bleiben gedenke, Romandichter, um die Schöpferkraft der Erde zu beschwören: im Bilde der Jahreszeiten, der Feldarbeit, des bäuerlichen Daseins, der Tiere, der alle Wesen umschließenden Landschaft! – Mehr vermag ich Ihnen nicht zu sagen: ich müßte mich denn zu Behauptungen versteigen, zu denen es mir im Augenblick an Mut gebricht. Vermelden Sie einfach, ich hegte den vermessenen Ehrgeiz, das ganze bäuerliche Dasein in mein Buch zu pressen: Arbeit und Liebe, Politik und Religion, sowohl Vergangenes als auch Gegenwärtiges und Künftiges – damit bleiben Sie strikt bei der Wahrheit! Aber werde ich überhaupt die Kraft aufbringen, ein so schweres Stück Arbeit zu bewältigen? Versuchen will ich es allerdings ...*»

Schon übers Jahr kam das Buch heraus – und zeitigte einen der heftigsten Stürme, dem Zola je die Stirn zu bieten hatte. Man schleuderte ihm entgegen, daß er die Bauern verleumderisch in den Dreck ziehe und seine «Unanständigkeit» diesmal alle Grenzen überstiege. Hemmungslos fallen die Gegner des Naturalismus über Zola her.

Der Roman *La Terre* – so hat Heinrich Mann das Buch interpretiert –

ist «das Werk der äußersten Wahrheit, unnachsichtig, wie Evangelien sind, und nicht weniger gewaltig als sie. Was wäre noch zu verklären oder zu erkämpfen, hier, wo das Handelnde die Erde selbst ist, sie, die ihre Geschöpfe gebiert und frißt, sie, die ihnen keine Spanne Freiheit zuläßt von ihrem Gesetz, keine Begierde, die nicht Erde, keinen Gedanken, der nicht Erde wäre, Mutter und Anstifterin sie, jeder guten Tat und jedes Verbrechens. Je näher bei ihr, um so unerbittlicher der Mensch. In diesen Bauern lebt nur das eine: Erde besitzen – und wären dafür die Eltern totzuschlagen. Noch wenn sie lieben, hält die Erde ihre Kinder in ihrem Schmutz fest, eine Verlobung geschieht in einem Bach von Jauche; und rührend wird der Mensch nur eben durch seine Untrennbarkeit von ihr, seine Hingebung an diese gefräßige und undankbare Erde. Denn was gibt sie zurück, für so viel Arbeit, so viel Leidenschaft? Was stillt sie, von allen Hoffnungen auf ein besseres Leben, auf Glück, Emporstieg, Veredlung? Sie stillt nur gerade den Hunger und gibt nur gerade das Brot. Sie läßt sich befruchten, und in alle Ewigkeit ist ihre Frucht die gleiche. Fruchtbarkeit, die zwecklose Unzucht ist: so lebt sie, so leben ihre Kinder. Wo ein armes menschliches Arbeitstier im Tod zusammenbricht auf der weiten gefurchten Erde, die es nicht sieht, da, einige Heuhaufen weiterhin, hat ein anderes Weib sein erstes Geschäft mit dem Mann. Schicksale von Tieren! – und eine Kuh und eine Frau entbinden gemeinsam Wand an Wand, in dem durchdringendsten Erdengeruch, den beschriebene Seiten je ausgeatmet haben. Ein Esel aber betrinkt sich wie die Menschen. Das Erdenleben ist grotesk, idyllisch oder furchtbar, in allem aber gefühllos, dies ist die Wahrheit. Die Erde hat die Gefühllosigkeit eines Riesenrückens, worauf Insekten wimmeln. Im ungeheuren Raum verschwinden Jammer und Gier der Insekten. Was bleibt, ist Weite. Was bleibt, ist Ewigkeit. *La Terre* zieht hin wie durch Zeitlosigkeit, episch ohne Grenzen; die Kapitel sind Atemzüge der Ewigkeit, die Kapitel der Jahreszeiten, die Kapitel des Unwetters, der Sonne, der Feste, der Verbrechen, das Kapitel vom Winter und vom Tod. *La Terre* spielt immer und endet nirgends.

Gleichwohl ist auch dies ein Roman der Zeit, das Kaiserreich wird auch hier gerichtet. Man fürchtet und haßt es, wie die beiden bösen Hunde, die ‹Kaiser› und ‹Massaker› heißen. Die Agrarkrise, die das Land erschüttert, ist das Werk dieses Reiches der Spekulanten. Das schlimmste aller denkbaren Regimente, der kapitalistische Militarismus, treibt dies Volk einer Katastrophe zu, und ist es nicht der Krieg, dann wird es die Revolution sein. Die Drohung der Revolution geht mit der Handlung mit, steigert sie und wird genährt von ihr. Die Bauern, zuerst nur belustigend und des Mitleids wert in ihrer Erdgier, bekommen die erste Mahnung nur im Rausch und scheinbar sinnlos zu hören, von einem der Ihren, der verlumpt ist, und der pfeift auf die Erde, der sie vertrinkt, weil sie ein schlechtes Geschäft ist, eine Falle, ein Aussauger. Dann verdüstern sich die Dinge, die Irrungen der Erdgier scheinen unentwirrbar: da spricht ein Wanderredner von der Enteignung, dieser gewaltsamen Rettung aus aller Not. Endlich steht einer auf, der alles mit angesehen hat, was unter Menschen vor sich geht, und der immer vorsichtig geschwiegen hat, steht auf in ausbrechendem Fanatismus und schreit nach Blut: aber da ist schon der Mord da, der Mord aus Erdgier. Was wollt ihr, verstrickt wie ihr seid

Das Arbeitszimmer

in eure Schicksale, und bestimmt, euch immer tiefer zu verstricken bis an das Ende, das nur eures ist? Denn verstrickt wie ihr, und ohne Ausblick zurück oder vorwärts, wie ihr, werden eure Kinder sein! Wieder und wieder wankt über die Erde, die er zu sehr geliebt hat, der alte Bauer, ein Opfer seiner Kinder. Er trat sie ihnen ab, nicht früher, als bis die Kraft ihm versagte, und wird nun gehetzt von ihnen um der geringen Ersparnisse willen, des Ertrags eines ganzen Lebens im Kampf mit der Erde. Sie aber, was bietet sie ihrem abgenützten Liebenden? Verstecke, nichts weiter;

Verstecke, wenn er dahinflieht in der Scham des Entblößten, im Zorn des Ohnmächtigen. Das Mitleid der Kleinsten selbst verwandelt sich in Gelächter. Und der nicht sterben kann, wird umgebracht, in einem wüsten Entsetzen, von seinen Kindern. Seht ihn an, die ewige Menschengestalt, und sagt, was euch zu hoffen bleibt. Welche Auflehnung, welche Umwälzung könnte euch erlösen von der Erdgier, eurer irdischen Gier! Die Bauern sitzen beisammen des Abends, alle bei derselben Kerze, und lesen sich aus dem Kalender ihre Geschichte vor, die Geschichte ihrer vergangenen Leiden und ihres langen Ringens. Alle Tatsachen, die sie hören, rechtfertigen die Revolution, die dann kam, aber das tiefe Gefühl ihres unheilbaren Elends entwertet sie ihnen. Notwendig und vergeblich ist unser Kampf. Der Kalender, den die Bauern lesen, ist eine Propagandaschrift für das Kaiserreich. Das Kaiserreich soll das Glück bringen. Aber kein Reich bringt das Glück, und jedes Reich und jeder neue Auftrieb der Geschlechter hat nur gerade den Wert eines Erdkrumens, den du in die Hand nimmst, zerreibst und fallen läßt. Die Erde ist zu groß für euch, ihre Unempfindlichkeit widersteht eurem Eifer, euer Hasten bricht sich an ihrer Langsamkeit. Tausend eurer Geschlechter verschlingt sie, und nichts ist geschehen. Dennoch müßt ihr weinen und bluten für sie, wie Hagel und Reif auf ihre Ernten niedergehen. Dennoch müßt ihr arbeiten und hervorbringen wie sie. Einmal, wer weiß, wird die Unsterbliche, die noch aus unseren Verbrechen und Erbärmlichkeiten Leben schafft, ihr unbekanntes Ziel enthüllen.» (Heinrich Mann: «Geist und Tat». Berlin 1931.)

Das Jahr 1888 bringt die Begegnung mit Jeanne Rozerot. Das junge Mädchen ist zwanzig Jahre alt, Zola achtundvierzig. In seiner Ehe sind ihm keine Kinder beschieden gewesen, Jeanne aber schenkt ihm einen Sohn und eine Tochter, die Madame Zola nach dem Tode ihres Mannes adoptiert. Die Beziehung zu Jeanne Rozerot ist das einzige Herzenserlebnis, für das im Leben des Romanciers jemals Raum gewesen ist.

Noch einmal will Zola – in dem Jahr, das ihn mit Jeanne zusammenführt – den Beweis erbringen, wie wenig schwer es ihm fällt, von dem heftigen Ungestüm, das man an ihm kennt, zu sanftem Zartgefühl hinüberzuwechseln, und so veröffentlicht er den Roman *Le Rêve*, den sechzehnten Band der *Rougon-Macquart*-Reihe. Zwei Jahre danach kehrt er indessen dorthin zurück, wo seine Inspiration sich allein zu entfalten vermag, und zwar mit *La Bête humaine*, einem Roman, der wieder ganz auf der Linie des Naturalismus liegt.

Schon 1889 ist er eifrig mit der Sammlung des Materials beschäftigt. Am 3. Juni schreibt er daher an den Arzt Gouverné:

«Für den Roman, den ich unter der Feder habe, benötige ich eine Auskunft, und ich erlaube mir, sie von Ihnen zu erbitten.

Auf der Suche nach einem hyposthenischen, den allmählichen Verfall der Kräfte hervorrufenden Gift bin ich auf das Nitrat gestoßen. Wäre es angängig, jemanden mit dem Salpeter zu vergiften, der sich an den Wänden unserer Wohnhäuser niederschlägt? Ich muß mich mit einem schmutzigen Lumpen vom Lande befassen, der seine Frau vergiftet, und zwar nach und nach und ohne dabei Schwierigkeiten zu haben.

Kann ich ihn den Salpeter benutzen lassen, den er nur abzukratzen

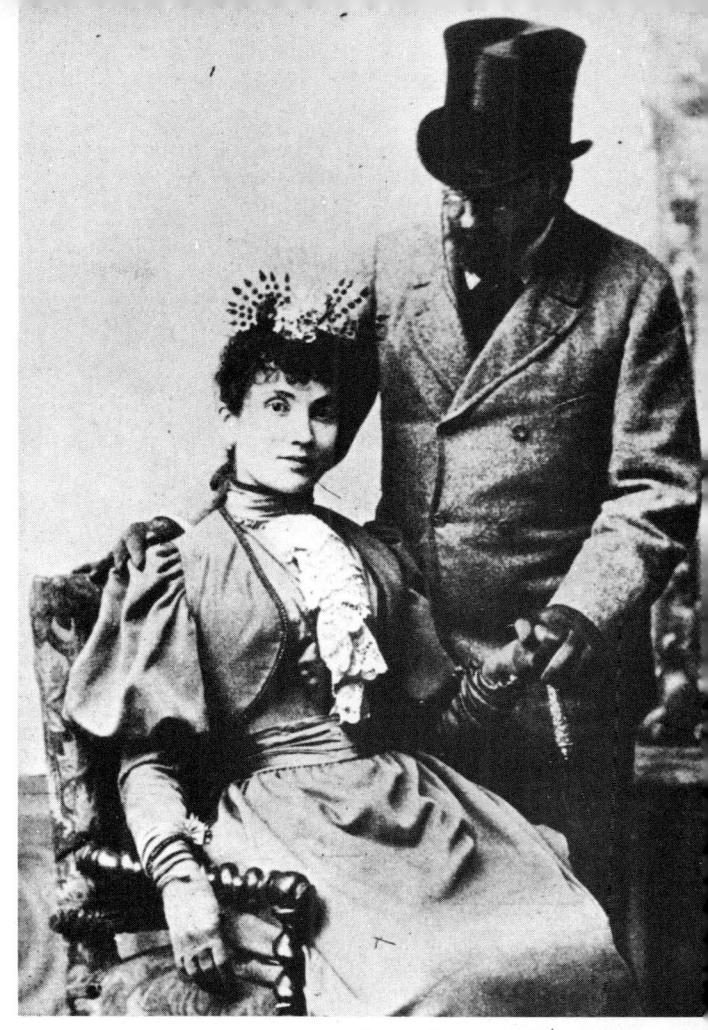

Jeanne Rozerot und Émile Zola

braucht, und in welcher Dosierung und wie oft müßte er ihn eingeben?»
    Während der Arbeit an *La Bête humaine* meldete sich erstmals, und zwar in einem Brief an Charpentier, auch die Ungeduld, mit der Zola nun darauf drängte, den *Rougon-Macquart*-Zyklus abzuschließen:
    «Meinen Roman habe ich mit wahrem Feuereifer vorangebracht. Sicherlich werde ich am 1. Dezember fertig sein.
    Ich hege den sehnlichen Wunsch, recht bald mit meinen Rougon-Macquart-Bänden zu Ende zu kommen. Ich wollte, ich hätte die noch ausste-

henden bis zum Januar 1892 hinter mir. Zu machen wäre es, wenn ich auch hart würde schuften müssen.

Ich durchlebe jetzt eine Spanne, in der mir die Arbeit ausgezeichnet von der Hand geht, mein Befinden ist erstaunlich gut: ich komme mir so vor wie mit zwanzig Jahren, als ich darauf brannte, mich durch die dicksten Berge hindurchzufressen.»

Welch großartiger Menschenschilderer Zola zu sein vermag, erweist sich wohl nie schlüssiger, als wenn er die Anfälligkeit, die Schwäche des Fleisches vor Augen führt. Er, der gegen sich selber so streng ist, sich mit solch erbitterter Ausdauer zum Arbeiten anhält, entringt seinem erzählerischen Ingenium das Höchste ausgerechnet dann, wenn er einen morali-

Madame Zola

schen Zusammenbruch beschreibt, jenes Schimmelig- und Faulig-Werden, das so viele seiner Romanfiguren befällt. Da allein dringt er bis in gewisse tief unter der Oberfläche liegende Bereiche.

Der Roman *La Bête humaine* nimmt das Thema von *Thérèse Raquin* wieder auf – nur ist das, was in jenem früheren Buch ganz linear abläuft, nun breit und komplex dargestellt; unter der Hand des gereiften Mannes reichert sich der Jugendroman gewissermaßen mit alldem an, was die inzwischen erworbene Meisterschaft an neuen Tönen hinzugewonnen hat.

Hier wie dort laden ein Mann und eine Frau einen Mord auf sich, und wir Leser bekommen vorgeführt, welche Folgen das Verbrechen auslöst. Der Hintergrund, die Szenerie des neuen Romans aber ist schlechthin faszinierend: die Lokomotiven, die Bahnhöfe und das damals völlig neuartige Erlebnis der Zuggeschwindigkeit dienen als Grundelemente einer monumentalen Wandeldekoration, die sich von Kapitel zu Kapitel in immer effektvollerer Beleuchtung und Sicht darbietet. Das Drama verbrecherischer Triebhaftigkeit rollt in *La Bête humaine* vor den (noch neuen) Kulissen des Industrie-Zeitalters ab.

Die Mitlebenden haben es belächelt, daß Zola damals – den «ersten Dichter auf der Lokomotive» hat ihn in unseren Tagen der 1939 in Paris verstorbene Joseph Roth genannt – im blauen Arbeitszeug eines Heizers auf den Führerstand einer Lokomotive geklettert ist. Zumal Edmond de Goncourt konnte, seiner ganzen Art nach, gar nicht anders, als hinter den stets ängstlich geschlossenen Fenstern seines japanischen Salons Zolas Gebaren weidlich zu verspotten. Indessen ist unschwer zu bemerken, daß Zolas Bestreben, persönlich – bis in weniger wichtige Details hinein – genau kennenzulernen, was er als Romancier zu beschreiben gedachte, seinem Roman erhöhte Glaubwürdigkeit und Lebensnähe verliehen hat.

Von der «Compagnie des Chemins de Fer de l'Ouest» hatte sich Zola die Erlaubnis geben lassen, *«einen Lokomotivschuppen in Augenschein zu nehmen und zwischen Paris und Mantes, in beiden Richtungen, auf der Maschine mitzufahren».* Niederschriften, die sich unter den nachgelassenen Entwürfen zu *La Bête humaine* gefunden haben, zeigen, wie er versucht hat, die gewonnenen Eindrücke und Beobachtungen zu fixieren:

«Erst ein mächtiges Beben der ganzen Lokomotive, Flauheit in den Beinen, und dann ein ständiges Verdutztsein, hervorgerufen durch die Schienenstöße. Leere im Kopf. Die Felder unmittelbar zur Rechten und Linken reihen sich nicht schneller aneinander als bei der gewohnten Aussicht aus dem Abteilfenster. Nur hat man – auf dem offenen Führerstand der Lokomotive – mehr Luft, mehr Raum, frei über sich den weiten Himmel; die ganze Landschaft umfaßt ein einziger Blick. Der Lokomotivführer schaut übrigens meist unentwegt nach vorn; höchstens daß er von Zeit zu Zeit flüchtig nach beiden Seiten späht. Das Imponierende langer schnurgerader Streckenabschnitte. Die Kurven, die den Schienenstrang dem Blick entziehen, bis ein gerader Abschnitt schließlich ins Endlose mündet, sich darin verliert; und dort nähert sich nun ein Zug, anfangs klein, rasch größer werdend: man könnte meinen, er käme auf demselben Gleis, es gäbe einen Zusammenstoß; dann fährt er donnernd vorbei, unter heftigem Wirbelwind. Die Tunnel, das gewölbte, schwarz gähnende Portal, das

sie einem zukehren. Führt die Strecke geradlinig hinein wie beim Tunnel von Batignolles, sieht man bei Tage die Öffnung am anderen Ende, erkennt man gleich, ob der Tunnel leer ist. Das Dröhnen, wenn man eine Eisenbrücke passiert, oder eine Brücke aus Mauerwerk, oder wenn man dicht an einem Gebäude entlangfährt, an dessen Mauern sich der Fahrtwind verfängt. Das plötzliche Stoßen der Räder beim Passieren der Weichen. Bei starkem Gegenwind spürt der Zug den Luftdruck, muß schärfer gefahren werden. Und die Eindrücke bei Nacht, die große grelle Laterne – vorn vor der Rauchkammer –, die dreihundert Meter weit leuchtet, ihr Widerschein auf den herankommenden Brücken, den Bäumen, den Häusern rechts und links der Gleise. Der blutrote Schein, wenn die Feuerungsklappe geöffnet wird, der Flammenstrahl der Kohlenglut, der die Strecke erhellt, der weiße Dampf, der währenddessen aussieht, als brenne er.»*

Zola vergewisserte sich, daß die Lokomotive, auf deren offenem Führerstand er die Fahrt absolvierte, in ihrer Bauart dem zwanzig Jahre früher benutzten Modell entsprach; denn die Romanhandlung von *La Bête humaine* setzt im Februar 1869 ein. Er fuhr von der Gare Saint-Lazare, unter dem Pont de l'Europe hindurch und durch den Tunnel von Batignolles, ausgerechnet nach Mantes, weil diese dem Lauf der Seine folgende Strecke nach Rouen und Le Havre weiterführt und zwischen Le Havre und der Gare Saint-Lazare sein Romanheld Jacques Lantier regelmäßig als Lokomotivführer Dienst tut. Überhaupt spielt der Eisenbahnbetrieb zwischen Paris und Le Havre in dem Roman eine wesentliche Rolle. Zola nahm daher auch davon Notiz, daß sein Romanheld im Jahre 1869 noch nicht die Druckluftbremse betätigen konnte und die Gestellungskosten einer Lokomotive 40000, die eines Tenders 10000 Francs betrugen. Über ein Blatt Eisenbahngeschichte aus den Tagen, da er *La Bête humaine* schrieb, setzte er die Überschrift «*Notiz über die Geräusche*» – auch das Akustische sollte in dem Roman nicht zu kurz kommen. Zola notierte:

«*Die Hornstöße, wenn die Züge ein- und ausfahren. Ein Posten direkt vor dem Pont de l'Europe. Sowie der Eisenbahner den Zug im Tunnel auftauchen sah, blies er in sein Horn. Von allen Seiten Hornsignale: jeweils zwei hintereinander, glaube ich, für die einfahrenden Züge. Wie aber stellt es der Posten an, die Herkunft seiner Hornstöße zu erkennen zu geben? – Die Pfiffe der Lokomotiven beim Rangieren. Jede spricht ihre eigene Sprache. Sie melden sich, verlangen etwas, antworten; sie beanspruchen ein bestimmtes Gleis; erhalten sie ein Signal, bestätigen sie, daß sie es verstanden haben. Scheint man sie bei einem Rangiermanöver zu vergessen, werden sie ungeduldig. Wesen, deren Verschiebung mit Gefahr verbunden ist. Die Zurufe der Eisenbahner, die lauten Befehle, sie verhallen rasch in der freien Luft. Das Schnaufen ankommender oder abfahrender Lokomotiven. Die Schleifgeräusche der Drehscheiben. Das Stoßen der Waggons, die man ankuppelt, der Anprall der Puffer. Das Rollen der Gepäck-Karren. Und dazu all der andere Lärm, der die Luft erfüllt, das Dröhnen der Schienen, mitten im dumpfen Brausen von Paris. Unter dem Pont de l'Europe vernimmt man fortwährend das Rollen der oben fahrenden Droschken.*»

Ehe Zola in *La Bête humaine* – nebst den anderen, mehr oder minder damit verknüpften Verbrechen – den nachstehend geschilderten Mord in einem von Paris nach Le Havre fahrenden Eisenbahnzug geschehen lassen konnte, hatte er den weitverzweigten Stammbaum der Familie Rougon-Macquart zu revidieren. Denn die Hauptperson seines neuen Romans war in diesem Stammbaum ursprünglich nicht vorgesehen. Nachträglich kam so Gervaise aus dem Roman *L'Assommoir*, die Mutter von Anna (genannt ‹Nana›) Coupeau sowie von Claude und Étienne Lantier, zu einem weiteren Sohn namens Jacques. Eine genealogische Veränderung, die Zola – wohl schon den einschlägigen Erläuterungsband bedenkend, der unter dem Titel *Les Personnages des Rougon-Macquart* als Supplement zu seiner Romanreihe erschien – folgendermaßen protokolliert hat:

«*Wenn ich für diesen Roman einen Bruder von Claude und Étienne Lantier erfinde, muß ich ihn im Jahre 1843 zur Welt kommen lassen. Dann nämlich wäre er 1869 sechsundzwanzig Jahre alt. Gervaise, seine Mutter, würde ihn im Alter von fünfzehn Jahren mit Lantier gezeugt haben, da sie selbst 1828 geboren ist. Sie hat Claude (er ist 1842 geboren) mit vierzehn Jahren in die Welt gesetzt und Étienne (da er 1846 geboren ist) mit achtzehn. Demnach hätte Gervaise also von Lantier die drei Söhne Claude, Jacques und Étienne. Auf Jacques muß die im derzeitigen Stammbaum enthaltene, dort aber auf Étienne bezogene Charakteristik übertragen werden: ‹Erbanlage zur Trunksucht, die sich in Mordlust wandelt. Bereitschaft zum Verbrechen.› – Für Étienne muß eine neue Charakteristik formuliert werden. In ‹La Fortune des Rougon› und in ‹L'Assommoir› werden in Übereinstimmung mit dem geänderten Stammbaum Korrekturen angebracht werden müssen.*»

Entsprechend der von Zola nun auf ihn bezogenen früheren Charakteristik seines Bruders Étienne (der Hauptfigur von *Germinal*) muß der zweimal wöchentlich den Abend-Express Paris–Le Havre und den Früh-Express Le Havre–Paris fahrende Lokomotivführer Jacques Lantier immer wieder entdecken, daß die Erbanlage zum Mörder in ihm steckt. Er fürchtet denn auch – wie der anschließende Abschnitt aus *La Bête humaine* zeigt –, dieser Versuchung zu erliegen.

Von Séverine, die seine Geliebte geworden und in dem von ihm gefahrenen Zug mit nach Paris gereist ist, erfährt Jacques Einzelheiten über das grausige Verbrechen, in das sie ihr Ehemann, der stellvertretende Bahnhofsvorsteher von Le Havre, verwickelt hat:

«*Séverine hatte sich bei ihrer langen Erzählung ereifert; der Schrei, der sich ihr entrungen hatte, verriet das Lustverlangen, in das der Abscheu vor den sie bedrängenden Erinnerungen umgeschlagen war. Aber Jacques, von ihren Worten in äußerste Erregung versetzt und andererseits nicht weniger erhitzt als sie, gab noch nicht nach.*

– Nein, nein, warte . . . Du stemmtest dich also gegen seine Beine und hast gefühlt, wie er kalt wurde?

In ihm erwachte etwas, dessen er sich so noch nicht bewußt geworden war: eine Woge wilder Raserei durchflutete seinen Körper und schlug immer höher, so daß er nur noch glühende Lohe vor sich sah. Er gierte nach jeder Einzelheit dieser Bluttat.

– Und das Messer? Du spürtest, wie es ihm ins Fleisch drang?

– Ja, zuerst ritzte es ihn nur ganz sanft.

*– So, es ritzte ihn nur ganz sanft . . . Es zerfetzte ihm nicht etwa die Haut?
Du bist dessen ganz sicher?*

– Nein, nein, es war das Werk eines Augenblicks.

– Und schon empfing er einen richtigen Stoß, nicht wahr?

*– Ja, dreimal hintereinander! Oh, ich sage dir, das Messer kam auf der
anderen Seite jedesmal wieder heraus, so tief gingen die Stöße. Ich merkte,
wie sie bis in seine Füße ausstrahlten.*

– Es waren Stöße, die ihn rasch steif werden ließen?

*– Ja, besonders der erste wirkte sehr stark, die beiden anderen waren
schwächer.*

*– Und dann starb er, und wie war es für dich, so zu fühlen, daß er kalt
wurde? War es, als ginge dir ein Messer durch den Leib?*

– Wie es für mich war? Oh, das weiß ich nicht mehr.

*– Du weißt das nicht mehr! Warum lügst du mich an? Sage es mir, sage
mir aufrichtig, wie es für dich gewesen ist . . . Tat es dir weh?*

– Weh? Nein, weh tat es nicht!

– Es tat dir gut?

– Gut? Ach nein, es tat mir nicht gut!

*– Was tat es also, Liebling? Bitte, sage mir alles . . . Wenn du schon
imstande warst . . . Sage mir, was man dabei empfindet!*

*– Du liebe Zeit, wie soll man das sagen können? . . . Es ist gräßlich, es
nimmt dich völlig hin, oh, und wie, und wie! Ich habe in dieser Minute mehr
erlebt als in meinem ganzen früheren Dasein.*

Statt einer Antwort hatte sich Jacques, der auf einmal nur noch zu lallen
vermochte, mit zusammengepreßten Zähnen über sie geworfen; Séverine
umschlang ihn. Den Bodensatz des Todes auf den Lippen, besaßen sie
einander, fanden sie zu ihrer Liebe zurück – dem schmerzhaften Geschäft
der Wollust hingegeben wie Tiere, die in der Brunft einander zerfleischen.
Nur ihr keuchender Atem war zu vernehmen. Der blutrote Widerschein an
der Zimmerdecke war verschwunden; und da inzwischen der Ofen erkaltet
war, machte sich der draußen herrschende Frost allmählich auch drinnen
breit, und die Luft im Zimmer wurde eisig. Paris steckte so tief im Schnee,
als wäre es in Watte gepackt; kein Geräusch drang herauf. Nur aus dem
Nebenraum, den die alte Zeitungshändlerin bewohnte, kamen vereinzelte
Schnarchlaute. Dann versanken auch sie im nachtschwarzen Schlund des
Hauses.

Jacques, der Séverine fest in den Armen hielt, fühlte plötzlich, wie sie
dem Schlummer anheimfiel, als hätte ein Blitz sie getroffen. Die Eisenbahn-
fahrt, das lange Warten auf Jacques bei den Misard, die Erregung der
letzten Stunde hatten sie erschöpft. Séverine hatte ‹Gute Nacht!› gestammelt
wie ein schlaftrunkenes Kind, und noch im selben Augenblick war ihr das
Bewußtsein geschwunden. Der Kuckuck der Wanduhr hatte gerade dreimal seine Stimme ertönen lassen.

Fast eine geschlagene Stunde ließ Jacques die Schlafende auf seinem
linken Arm ruhen, der allmählich steif und taub wurde. Es war ihm
unmöglich, die Augen geschlossen zu halten; eine unsichtbare Hand machte sich die Dunkelheit zunutze, um ihm die Lider, sobald er sie schloß,
wieder zu öffnen. Die Finsternis hatte sich derart verdichtet, daß sie das

Zimmer seiner Umrisse beraubte, so daß Jacques weder den Ofen noch eines der Möbelstücke, noch die Wände mehr unterschied; er mußte sich erst halb umwenden, um wenigstens die zwei verblaßten, reglosen, traumhaft verschwimmenden Fenstervierecke zu erkennen. Obwohl ihn die Müdigkeit förmlich zermalmte, gönnte ihm sein rastlos arbeitendes Hirn keine Ruhe; ununterbrochen spulte es dieselbe Gedankenkette ab. Sowie er, seinen ganzen Willen zusammennehmend, in den Schlaf hinüberzugleiten vermeinte, begann die Peinigung von neuem, zogen vor seinem inneren Auge erneut die gleichen Bilder vorüber, von den gleichen Empfindungen begleitet. Was da in gleichbleibender Reihenfolge mechanisch vor ihm abrollte, während seine starren, weit aufgetanen Augen sich an diesem gespenstischen Schattenzug ersättigten, war der ihm von Séverine beschriebene Mord. Phase für Phase wiederholte sich der Vollzug des Verbrechens, atemberaubend und grausam verstrickend. Zunächst ritzte das Messer die Kehle des Opfers nur ganz sanft, dann empfing der Leib seine drei tiefen Stöße, und das Leben entwich in Strömen von lauwarmem Blut; Jacques glaubte zu fühlen, wie ihm das dunkelrote Naß durch die Finger rann. Wohl zwanzig-, ja dreißigmal bohrte sich das Messer in das Fleisch, bäumte der getroffene Körper sich auf. Ein ungeheuerlicher Vorgang, dem beizuwohnen Jacques die Kehle zuschnürte und ihn berauschte, und bei dem es ihm wild vor den Augen flimmerte. Oh, daß er selber auf diese Weise ein Messer handhabe und ein langgehegtes Verlangen befriedigte; daß er zu spüren bekäme, wie ihm dabei zumute wäre, und die unvergleichliche Minute auskostete, in der auch er mehr erleben würde als in seinem ganzen früheren Dasein!

Da seine Benommenheit fortgesetzt zunahm, suchte Jacques sich bei dem Gedanken zu beruhigen, nur Séverines Körper, dessen Gewicht ihm den Arm abdrückte, hindere ihn am Einschlafen. Behutsam machte er sich los und bettete Séverine neben sich, ohne sie aufzuwecken. Danach fühlte er sich befreit; sein Atem ging leichter; schon glaubte er, auch ihm nahe erlösender Schlaf. Doch alles Bemühen blieb fruchtlos; wie zuvor sperrten die unsichtbaren Finger ihm die Lider auf. Und abermals stieg aus dem Dunkel das Bild jenes Mordes, drangen die blutigen Einzelheiten heran: wieder bohrte sich das Messer in das Fleisch, wieder bäumte sich das Opfer. Blutströme röteten die Finsternis; die Wunde an der Gurgel wurde breiter und schrecklicher; sie klaffte so weit, als wäre ein Beil hineingefahren. Jacques verzichtete darauf, sich zu wehren. Reglos auf dem Rücken liegend, wurde er die Beute einer Zwangsvorstellung, die nicht wich. Zugleich verzehnfachte er dennoch die Anstrengung, mit sich ins reine zu gelangen, so daß ihm vor Schmerz der Kopf zu dröhnen anfing. Was ihm in diesen Nachtstunden ganz bewußt widerfuhr, rührte aus weit zurückliegenden Jahren her, aus seiner Jugend. Doch war er ja der Überzeugung gewesen, daß er geheilt sei; jenes dumpfe, lauernde Verlangen hatte sich schon seit Monaten nicht mehr geregt: seitdem die Frau, die neben ihm ruhte, ihm zum erstenmal gehört hatte. In dieser nächtlichen Stunde nun kehrte das Verlangen zurück – mächtiger, klarer denn je, angeregt von der Mordtat, deren Details Séverine ihm zugeflüstert hatte, während sie ihren Körper an den seinen preßte und in seinen Armen lag . . . Jacques rückte von ihr ab, plötzlich war es ihm unerträglich, sie zu berühren: der leiseste Kontakt mit ihrer Haut schien ihn zu versengen. Unter dem Kreuz wurde ihm so heiß, als hätte sich die Matratze in ein Becken von glühender Kohle verwandelt. Auch im Nacken prickelte ihm die Haut, stachen ihn feurige Nadeln. Um seine Hände abzukühlen, zog er sie unter der Bettdecke hervor; aber in der eisigen Zimmerluft erstarrten sie derart rasch, daß ihn fröstelte, und so nahm er sie zurück unter die Decke. Er fürchtete sich jetzt vor diesen Händen, verschränkte sie über seinem Bauch und löste sie wieder voneinander, um sie unter sein Gesäß zu stecken und dort ängstlich gefangenzuhalten, wie wenn er von ihnen einen furchtbaren Frevel zu gewärtigen habe: eine Tat, die er keinesfalls zu begehen gedachte – und die er in Gedanken gleichwohl beging.

Sooft der Kuckuck rief, zählte er die Stunden: vier Uhr, fünf Uhr, sechs Uhr. Er lechzte danach, daß es endlich Tag würde, und rechnete verzweifelt darauf, wenigstens die Morgendämmerung werde den Alpdruck von ihm nehmen. Schließlich legte er sich auf die Seite und stierte wie gebannt auf die Fensterscheiben. Das einzige, was er gewahrte, war indessen der schwache Schein des Schnees. Gegen Viertel vor fünf hatte er, mit nur vierzig Minuten Verspätung, den Schnellzug aus Le Havre einlaufen hören, und die in Anbetracht des Wetters nur geringfügige Zugverspätung hatte bei ihm die Vermutung ausgelöst, der Verkehr auf dieser Strecke werde durch die Schneewehen kaum noch behindert. Bis nach sieben Uhr dauerte es freilich, bis Jacques endlich die Scheiben heller werden sah und sie eine milchweiße Färbung annahmen. Im ganzen Zimmer verbreitete sich langsam ein ungewisses Licht, in dem die Möbel gleichsam zu schwimmen schienen. Der Ofen tauchte aus der Flut, der Schrank, das Büfett. Noch immer war Jacques nicht imstande, die Lider geschlossen zu halten; sein Drang, nach einer bestimmten Stelle zu blicken, war so unwiderstehlich, daß seine Augen auch jetzt nicht zur Ruhe kamen. Auf dem Tisch hatte er, gleich bei Eintritt der Dämmerung, das Messer mehr erahnt als erspäht, das er am Abend zum Kuchen-Schneiden benutzt hatte. Und dieses Eßgerät beanspruchte nun seine ganze Aufmerksamkeit: ein handliches kleines Messer mit scharfer Spitze. Je mehr die Helligkeit zunahm, desto ausschließlicher schien das blendende, durch die Fenster einfallende Licht sich in der dünnen Klinge widerzuspiegeln. Jacques empfand mit schrecklicher Deutlichkeit das Kribbeln und Beben in seinen Händen und preßte sie noch fester unter seinen Leib, denn sie wurden zusehends reger und aufsässiger, als wären sie schon stärker als sein Wille. Wollten sie im Ernst aufhören, ihm zu gehören? Waren es auf einmal die Hände eines anderen, Hände, die ihm einer seiner Vorfahren vermacht hatte – Hände aus einer Zeit, da der Mensch in den Wäldern hauste und wilde Tiere erwürgte?

Um nicht länger das Messer ansehen zu müssen, wandte sich Jacques nunmehr Séverine zu. Sie schlummerte tief, mit den regelmäßigen Atemzügen eines Kindes, noch ganz erschöpft. Ihr dichtes dunkles Haar hatte sich gelöst und bildete unter ihrem Kopf ein zerwühltes Kissen, das ihr bis an die Schultern reichte; unter dem Kinn lag, inmitten der Locken, ihre Kehle frei, die milchige, von zartem Rot überhauchte Haut. Jacques betrachtete die Schlafende, als wäre sie ihm vollkommen fremd geworden. Gleichwohl fühlte er sich leidenschaftlich zu ihr hingezogen, verschlang er sie mit gierigen Blicken, von einem Verlangen nach ihr besessen, das ihn schon oft geängstigt hatte, sogar wenn er auf dem Führerstand seiner Lokomotive die Hebel bediente; wie aus einem Traum erwachend, war er eines Tages genau in dem Moment zu sich gekommen, als er mit Volldampf, ohne sich nach den Signalen zu richten, an einer Bahnstation vorbeibrauste. Jetzt brachte der Anblick dieser weiß schimmernden Kehle ihn noch weit ärger vor Sinnen, eine höllische Bezauberung wollte von ihm Besitz ergreifen; mit einem Entsetzen, das ihm vollauf bewußt war, spürte er, wie sich in ihm immer herrischer die Versuchung ausbreitete, aufzuspringen, nach dem auf dem Tisch liegenden Messer zu langen, damit zum Bett zurückzukehren und es bis zum Heft in diesen weiblichen Körper hineinzustoßen. Er brannte darauf, daß die eindringende Messerklinge sanft und leise die Haut ritze, glaubte bereits zu sehen, daß der dreimal durchbohrte Leib sich aufbäume und dann im Tod erstarre, unter Strömen von Blut . . . Bei dem Kampf, den er mit sich ausfocht, um der Folterqual zu entrinnen, büßte er mit jeder entweichenden Sekunde ein weiteres Stück seiner Willenskraft ein – von seiner Zwangsvorstellung bereits überwältigt und unaufhaltsam dem äußersten Punkt zugetrieben, wo er, vollständig besiegt, dem dunklen Trieb nachgeben würde. Seine Verwirrung steigerte sich, als seine widerspenstigen Hände jede Anstrengung, sie gefangenzuhalten, zunichte machten, sich triumphierend befreiten, unter der Decke hervorkamen. Schauerlich klar begriff er, daß er sie nicht mehr meisterte, sie vielmehr willens waren, ihre Lust zu befriedigen, falls er fortführe, Séverine unverwandt anzusehen; und so nahm er seine letzte Energie zusammen, um sich aus dem Bett zu wälzen und auf den Fußboden fallen zu lassen, als wäre er betrunken. Er raffte sich auf, stürzte indessen von neuem, weil seine Füße sich in Séverines Röcken verfingen, die noch auf dem Boden herumlagen. Taumelnd erhob er sich abermals und tastete verstört nach seinen eigenen Kleidern, während er den Entschluß faßte, sich schleunigst anzuziehen, das Messer zu nehmen und damit die Treppe hinunterzueilen – auf der Straße würde er eine andere Frau umbringen; denn diesmal kam er nicht darum herum, mußte er unweigerlich eine töten! Dreimal griff er nach seiner Hose, von der er sich einbildete, daß sie nicht zu finden wäre; erst nachträglich ging ihm auf, daß er sie schon anhatte. Die Zeit, die er brauchte, um die Schuhe an die Füße zu bekommen, dünkte ihn endlose Qual. Obgleich die Nacht nun ganz dem Tag gewichen war, hatte er die Illusion, daß das Zimmer noch von der Morgenröte erfüllt wäre, ihrem rot schimmernden Eishauch, der sich allenthalben niederschlüge. Jacques zitterte vor Kälte und Fieber; endlich hatte er seine Kleider auf dem Leib, hatte er das Messer gepackt und im Rockärmel verborgen, entschlossen, eine Frau damit zu töten, die erste, die ihm auf dem Trottoir begegnen würde – da veranlaßten ihn Hemdgeraschel und ein langer Seufzer, der aus den Kissen aufstieg, wie angenagelt und vor Schreck erblassend neben dem Tisch stehenzubleiben.

Séverine war erwacht.

– Was machst du, Liebster? Du gehst ja schon fort!

Er antwortete nicht, blickte nicht zu ihr hin, hoffte vielmehr krampfhaft, daß sie wieder einschlafen würde.

– Wohin gehst du denn, Liebster?

– Es hat nichts auf sich, versetzte er stockend. Ich muß mich um meinen Dienst kümmern . . . Bleib liegen, ich komme gleich wieder.

Sie stammelte ein paar wirre Worte, sank in ihre Betäubung zurück und hielt die Augen geschlossen.

– Ach, ich bin so verschlafen, so verschlafen . . . Komm, Liebster, gib mir einen Kuß!

Jacques rührte sich nicht vom Fleck; wenn er sich jetzt, in der Hand das Messer, ihr zukehrte, wenn er sie nur nochmals ansähe, zart und hübsch, wie sie da halbnackt in dem unordentlichen Bett lag, dann wäre es, wußte er, endgültig um jenen Rest seines Willens geschehen, der ihn, trotz ihrer Nähe, noch zurückhielt. Dann würde sich, wenn er sich auch dagegen wehrte, seine Hand gegen sie erheben und ihr das Messer in die Kehle fahren.

– Liebster, komm und umarme mich!

Ihre Stimme erstarb, Séverine schlummerte gefügig wieder ein, zärtliche Liebesworte murmelnd. Jacques aber, außer sich vor Schrecken, riß die Tür auf und stürzte davon.»

Neuneinhalb Monate vor dieser Pariser Dezembernacht – die dramatisch geraffte Romanhandlung reicht vom Februar 1869 nur bis zum Juli 1870, bis zur ersten Woche des Deutsch-Französischen Krieges – hat Jacques Lantier, in der Nähe von Rouen, einen dienstfreien Tag auf dem Lande verbracht und abends, von einer an der Eisenbahnstrecke gelegenen Böschung aus, den Expresszug Paris–Le Havre vorbeifahren sehen. Trotz der Geschwindigkeit von achtzig Stundenkilometern hat Jacques wahrgenommen, was in einem hell erleuchteten Abteil erster Klasse vor sich ging. In der einen Ecke des Abteils sah er eine dunkle weibliche Gestalt sitzen, die sich über die Beine eines auf die Polster gestreckten Mannes beugte, dem ein zweiter Mann gerade, mit einem hell blitzenden Messer, die Kehle durchschnitt. Daß die dunkle weibliche Gestalt von damals niemand anderes als Séverine gewesen ist, hat Jacques, lange bevor sie ihn ihrerseits in das Verbrechen einweiht, erraten und durch mancherlei Indizien bestätigt bekommen.

Der Mord, den Zola an den Anfang von *La Bête humaine* gestellt hat, ist eine Eifersuchtstat. Roubaud, der stellvertretende Stationsvorsteher von Le Havre, begeht sie, nachdem er seiner fünfzehn Jahre jüngeren Frau Séverine, mit der er seit drei Jahren verheiratet ist, ein ängstlich gehütetes Geheimnis entlockt hat. Der Präsident Grandmorin, dem Roubaud seine derzeitige Stellung verdankt, hat die früh verwaiste Gärtnerstochter Séverine in seinem Haus zusammen mit seiner Tochter Berthe aufwachsen lassen und Séverine, als sie sechzehneinhalb Jahre alt war, gezwungen, ihm zu Willen zu sein. Auch nach ihrer Hochzeit ist Séverine, um es mit dem einflußreichen Präsidenten nicht zu verderben, zweimal der Einladung auf sein Landgut nachgekommen und zu erneuten Beweisen ihrer Willfährigkeit genötigt worden . . .

Nicht weit von Grandmorins Landgut liegen, beiderseits der Eisenbahnlinie Paris–Le Havre, ein kleines Anwesen, das ebenfalls dem Präsidenten gehört, und ein Bahnwärterhaus, das der Eisenbahner Misard, seine Frau und seine Stieftochter bewohnen. Mit einem Kollegen aus dem nächsten größeren Ort abwechselnd, versieht Misard den Dienst auf einer Blockstelle, während die Stieftochter Flore sich um eine selten benutzte Bahnschranke zu kümmern hat, die sie in der Regel nur zu öffnen braucht, wenn der Steinbruchbesitzer Cabuche, der fünf Jahre Zuchthaus wegen

Totschlags abgesessen hat, eine seiner schweren Fuhren über die Gleise befördert.

Flores Mutter ist die in zweiter Ehe mit Misard verheiratete fünfundvierzigjährige «Tante Phasie», die Patin und Pflegemutter von Jacques, bei der er aufgewachsen ist, als sie noch in Plassans wohnte, wo Jacques auf dem Technikum seine Ausbildung zum Lokomotivführer erhalten hat. In Plassans, der Stadt, für die das damalige Aix-en-Provence das Vorbild abgab, ist, um die Wende vom 18. zum 19. Jahrhundert, Adelaïde Fouque, der Zola eine Lebensdauer von 105 Jahren zubemessen hat, zur Ahnin all der vielen Rougon und Macquart geworden, indem sie zunächst den Gärtner Rougon ehelichte und sich nach dessen Tod mit dem Tagedieb und Säufer Macquart verband und beiden Kinder gebar. Als Adelaïdes Sohn Antoine Macquart seine Tochter Gervaise aus dem Haus gejagt hat und Gervaise mit ihrem Geliebten, dem Hutmacher Lantier, nach Paris gegangen ist, hat der letztere seinen Sohn Jacques seiner Cousine Phasie überlassen, ohne weiter für ihn zu sorgen ...

Noch immer besteht zwischen Jacques und Phasie ein Vertrauensverhältnis. Bei seinem Besuch im Bahnwärterhaus teilt sie ihm mit, daß Misard ihr Gift eingebe, um sich in den Besitz von 1000 Francs zu setzen, die Phasie geerbt und vor ihm versteckt hat. Jacques will ihr die Vergiftungsgeschichte nicht glauben, obwohl seine Patin so krank und elend aussieht, als wäre sie bereits eine Sechzigerin. (Es stellt sich dann heraus, daß Misard den Salpeter, der sich an den Hauswänden niederschlägt, unter das Salz mischt, das Phasie in reichlicher Menge auf ihr Essen zu streuen liebt; später bereitet er der Kranken in entsprechender Weise gifthaltige Klistiere.)

Nach der Unterhaltung mit Phasie trifft Jacques im Schuppen mit Flore zusammen, die ihn leidenschaftlich liebt und sich ihm hingeben möchte. Doch beim Anblick ihrer bloßen Haut überkommt ihn die Furcht, er könne sie unwillkürlich erwürgen, und so reißt er sich los und eilt davon. Kurz darauf fährt der Abend-Express vorbei, wird Jacques, für den Bruchteil einer Minute, Zeuge der in dem von ihm entdeckten Erster-Klasse-Abteil geschehenden Bluttat. Er kehrt zum Bahnwärterhaus zurück, wo er Misard dabei überrascht, wie er in einem Versteck unter dem Buttertopf nach den Phasie gehörenden 1000 Francs sucht. Misard begrüßt Jacques mit der Erklärung, er habe die Blockstelle nur verlassen, um seine Laterne zu holen, da soeben ein Reisender aus dem Expresszug gestürzt sei. Als beide Grandmorins Leiche gefunden haben, gesellt sich Flore zu ihnen, die den Präsidenten erkennt. Ist doch ihre jüngere Schwester Louisette auf dessen Landgut Kammermädchen gewesen und kürzlich unter seltsamen Umständen gestorben, nachdem Grandmorin versucht hatte, sich an ihr zu vergehen.

In dem Expresszug gelingt es Roubaud und Séverine, ohne daß jemand ihr Manöver bemerkt, aus der ersten Wagenklasse wieder in ihr Dritter-Klasse-Abteil zurückzukehren. Im Verlauf der amtlichen Untersuchung werden jedoch auch sie vorgeladen, und so begegnen beide in Rouen beim Untersuchungsrichter Jacques, der seine am Mordabend gemachte Beobachtung zu Protokoll gibt, nach anfänglichen Zweifeln instinktiv erkennt, daß Roubaud der Mörder ist, zugleich aber auch zu erkennen meint, daß er Séverine ganz anders lieben könne als Flore. Während der amtliche Verdacht sich auf den vorbestraften Steinbruchbesitzer Cabuche konzentriert, der verhaftet wird, wittert Roubaud, daß ihm Jacques auf die Spur gekommen ist. Geschickt weiß er es einzurichten, daß Jacques bei ihm und Séverine als neuer Freund der Familie ein und aus geht; er verzieht keine Miene, als er Séverine und Jacques bei einem zärtlichen Tête-â-tête überrascht, und ergibt sich, um seine Unruhe zu betäuben, dem Glücksspiel.

Die Brutalitäten, zu denen Roubaud sich hinreißen läßt, wenn er betrunken heimkehrt, nachdem er sein Geld verspielt hat, bewegen Séverine, dem Drängen von Jacques schließlich nachzugeben. Von Oktober an reist sie jeden Donnerstag, wenn Jacques es ist, der mit seiner Lokomotive «La Lison» den Expresszug fährt, in den Morgenstunden nach Paris und abends wieder nach Le Havre zurück. In den Stunden zwischen dem Eintreffen auf der Gare Saint-Lazare und der Abfahrt haben Séverine und Jacques dann Gelegenheit, ganz unbehelligt von Roubauds ihnen unheimlicher Gegenwart zusammen zu sein. Um die Kollegen ihres Mannes und deren neugierige Frauen irrezuführen, schützt Séverine, als Grund für ihre Reise nach Paris, die Spezialbehandlung eines Leidens am Knie vor.

An einem Dezember-Donnerstag sperren Schneeverwehungen die Eisenbahnstrecke. Mit seiner Maschine «La Lison» bleibt Jacques im Schnee stecken. Die Gleise werden zwar von Soldaten freigeschaufelt, doch vergehen, bis der Zug weiterfahren kann, mehrere Stunden, die Jacques und Séverine, zusammen mit anderen Reisenden, die sich wärmen wollen, zu einem Besuch in dem von Misard, Phasie und Flore bewohnten Bahnwärterhaus benutzen. Auf ihrem Krankenlager klagt Phasie ihrem Pflegesohn Jacques abermals, daß sie vergiftet werde. Séverine aber erfährt, daß sich noch immer kein Reflektant für das dem Bahnwärterhaus gegenüberliegende Anwesen eingestellt hat: das kleine Landhaus ist ihr, nebst einem Legat, von Grandmorin testamentarisch vermacht worden, und sie hat es zum Verkauf angeboten; Misard und Flore verwahren in ihrem Auftrag die Schlüssel, um etwaige Kauflustige in dem Anwesen herumzuführen.

Als der Expresszug die Fahrt fortsetzen kann, ist es so spät geworden, daß Jacques und Séverine nicht mehr rechtzeitig genug in Paris anlangen, um noch am selben Tag – sie in einem Dritter-Klasse-Abteil, er auf der Maschine – die Rückreise nach Le Havre anzutreten. In der Nacht, der ersten, die sie gemeinsam in Paris verbringen, erzählt Séverine ihrem Geliebten den Verlauf des Mordes an Grandmorin, erlebt Jacques, daß auch Séverine, obwohl er sie davon ausgenommen glaubte, in ihm «den ererbten Morddurst» erregt. Vier Monate danach fällt sie ihm in der Tat zum Opfer, und zwar in dem Landhaus, dessen Besitz sie dem Testament Grandmorins verdankt. Vorher kommt es, an einem Aprilmorgen, zu einem Eisenbahnunglück, das fünf Tote und zweiunddreißig Schwerverletzte kostet. Die von Jacques verschmähte Flore nämlich hat, aus Eifersucht, den Expresszug zum Entgleisen gebracht, indem sie den mit zwei riesigen Blöcken beladenen Wagen des Steinbruchbesitzers Cabuche – dieser hat sein Gespann vor der von Flore bedienten Bahnschranke abgestellt – beim Herannahen des Zuges von den fünf Pferden mitten auf die Gleise ziehen ließ . . .

Nach Séverines Ermordung verläßt Jacques ungesehen den Tatort. Statt seiner wird der Steinbruchbesitzer des neuen Verbrechens beschuldigt, zumal der Verdacht, daß der vorbestrafte Cabuche den Präsidenten Grandmorin getötet und aus dem Abteil gestürzt habe, nicht widerlegt worden ist. Denn die Untersuchung des Mordfalles Grandmorin ist niedergeschlagen worden, weil der Präsident «den Tuilerien nahegestanden» hat und Kaiser Napoleon III. nicht wünschte, daß die zahlreichen «Affären» des Ermordeten in einer Schwurgerichtsverhandlung zur Sprache kämen; der unvermeidliche «Skandal» wäre in politisch unerwünschter Weise von den Zeitungen der republikanischen Opposition aufgegriffen worden.

Der Pariser Staatssekretär Camy-Lamette, der dem aus Rouen ins Justizministerium beorderten Untersuchungsrichter das Kreuz der Ehrenlegion und seine Beförderung ankündigt und von diesem dafür die Einstellung des Mordprozesses Grandmorin einhandelt, ist ein naher Freund des Ermordeten. Im Nachlaß des Präsidenten hat er das Billetdoux gefunden, das Séverine auf Geheiß von Roubaud an Grandmorin geschickt hat, um den letzteren zu veranlassen, am Mordabend inkognito auf der Gare Saint-Lazare in den Expresszug nach Le Havre zu steigen. Auch nachdem Camy-Lamette sich durch den Augenschein davon überzeugt hat, daß die Handschrift jenes Billetdoux die von Séverine ist, und ihm überhaupt sämtliche Verdachtsmomente, die Roubaud und Séverine belasten, bekanntgeworden sind, fällt er der Gerechtigkeit kaltblütig in den Arm, da er Minister werden möchte. Ohne in einen Gewissenskonflikt zu geraten, vereitelt er die Bestrafung des Mörders Roubaud und seiner Helfershelferin Séverine, indem er die Rücksicht auf seine Karriere und die dieser dienliche Politik über seine Freundestreue gegenüber dem Ermordeten stellt.

Am Beispiel des korrumpierten Staatssekretärs Camy-Lamette verdeutlicht Zola die Justizkrise des Zweiten Kaiserreiches. In der Schlußszene des Romans wird dieser zeitkritische Aspekt ausgeweitet: der führerlos durch die Nacht rasende Militärtransportzug ist als Sinnbild für die Leichtfertigkeit gemeint, mit der Napoleon III. den Krieg erklärte und die Niederlage herausforderte.

Im Todesjahr von Zola (1902) erreichte die Auflage von *La Bête humaine* das 99. Tausend. André Gide notierte im August 1932 in sein Tagebuch: *La Bête humaine* scheine ihm «einer der besten Romane von Zola» zu sein – viel besser, als er, Gide, das Buch in Erinnerung gehabt habe. Der Regisseur Jean Renoir, ein Sohn des Malers Auguste Renoir, drehte nach *La Bête humaine* 1938 einen der meistgerühmten französischen Filme.

Mit dem Heizer Pecqueux, dem Zola in der anschließend wiedergegebenen Schlußszene von *La Bête humaine* die Rolle der Nemesis zugeteilt hat, ist Jacques bereits auf der Lokomotive «La Lison» gefahren:

«*Ein paar Tage vergingen, Jacques hatte wieder seinen Dienst aufgenommen; die alte Angst, die alte Menschenscheu hielten ihn in Bann, seinen*

Arbeitskollegen ging er, wenn möglich, aus dem Wege. Nach stürmischen Sitzungen in der Pariser Kammer war der Krieg erklärt worden; schon hatte es ein Vorposten-Geplänkel gegeben, das günstig ausgegangen sein sollte. Die Truppenbewegungen ließen seit einer Woche das Eisenbahnpersonal nicht zur Ruhe kommen. Der Fahrplan war in Unordnung geraten, die eingelegten Transporte verursachten bei den regulären Zügen erhebliche Verspätungen; die fähigsten Lokomotivführer hatte man zur Armee abgestellt, damit sie die Zusammenziehung der Korps beschleunigten. In Le Havre hatte das alles zur Folge, daß eines Abends Jacques, statt seines planmäßigen Expresszugs, einen ungewöhnlich langen Militärzug übernehmen mußte: achtzehn Waggons, bis in die letzte Ecke voll Soldaten gestopft.

Als Pecqueux an diesem Abend im Depot erschien, war er stark betrunken. Er hatte Jacques kürzlich mit Philomène überrascht, war jedoch anderntags, wie wenn nichts geschehen wäre, wieder als Heizer mit Jacques auf die Maschine 608 gestiegen; seitdem hatte er mit keiner Silbe auf den Vorfall angespielt, sich vielmehr, wenn auch mit verdrossener Miene, den Anschein gegeben, als wage er seinen Vorgesetzten nicht anzublicken. Indessen übersah Jacques keineswegs, daß Pecqueux aufmuckte und sich anschickte, ihm rundheraus den Gehorsam aufzukündigen, indem er jede Order mit dumpfem Gebrumm quittierte. Ihre frühere Bereitschaft, miteinander zu plaudern, war gänzlich verflogen. Die enge Plattform aus schlüpfrigem Eisenblech, die sie einst in ungetrübter Einmütigkeit vereint hatte, war zur schmalen und gefährlichen Laufplanke geworden, auf der ihre Rivalität sich austoben wollte. Der Haß schwoll, beide waren drauf und dran, sich aneinander zu vergreifen – auf diesen wenigen Fußbreit Boden, auf denen sie auch bei höchster Geschwindigkeit ausharren mußten, obwohl der geringste unerwartete Stoß sie herunterschleudern konnte. Jacques mißtraute daher Pecqueux, sobald er sah, daß dieser sich betrunken hatte; denn war auch Pecqueux, wie er wußte, zu tückisch, um seiner Erbitterung, wenn er nüchtern war, offen nachzugeben, so genügte doch der genossene Wein, um in ihm die Bestie zu entfesseln.

Der Militärzug hatte gegen sechs Uhr abgehen sollen, wurde jedoch bis zum späten Abend zurückgestellt. Es war Mitternacht, als man die Soldaten wie eine riesige Hammelherde in die Viehwagen verlud. Aus rohen Brettern hatte man Bänke ohne Lehnen zusammengezimmert; nun pfropfte man Korporalschaft nach Korporalschaft dazwischen, quetschte man die Waggons zum Bersten voll, so daß die Insassen teils aufeinanderhockten, teils qualvoll eingezwängt standen und etliche nicht einmal einen Arm rühren konnten. Bei ihrer Ankunft in Paris sollte ein anderer Zug sie übernehmen, um sie an den Rhein zu bringen. Doch schon jetzt drückten die Müdigkeit, die Bestürzung über den Abtransport auf die Stimmung. Da man indessen Schnaps an sie ausgeteilt hatte und ihnen auch in den Kneipen rings um den Bahnhof ausgiebig eingeschenkt worden war, kam bald eine krampfhafte und ungeschlachte Lustigkeit auf, die Gesichter der Soldaten röteten sich, und die Augen quollen ihnen vor Erregung fast aus dem Kopf. Sowie der Zug aus dem Bahnhof fuhr, begannen sie zu singen.

Jacques blickte mehrfach zum Himmel auf, an dem die Sterne sich hinter den Dunstschleiern eines Unwetters verbargen. Die Nacht würde sehr dunkel sein, dachte er; nicht ein einziger Hauch bewegte seit Stunden die schwüle Luft; und der sonst so frische Fahrtwind blieb lasch und lau. Als einzige Lichter zuckten am schwarzen Horizont, wo sie sich wie Funken ausnahmen, die Signallampen auf. Jacques erhöhte den Dampfdruck, um den schweren Zug die große Steigung bei Saint-Romain hinaufzubringen. Obwohl er sich seit Wochen abmühte, der Maschine 608 auf ihre vertrackten Schliche zu kommen, hatte er sie noch nicht völlig in der Gewalt – sie war ihm zu jung, ihr Eigensinn, ihre Neigung zu Flegeleien überraschten ihn stets von neuem. Bei dieser Nachtfahrt empfand er sie als besonders bockig, zu Extravaganzen aufgelegt; bereit, wenn sie ein paar Brocken Kohle zuviel schluckte, über den Strang zu schlagen. Die Hand am Steuerungsrad, überwachte er darum die Feuerung, in steigendem Maße beunruhigt über das Gebaren seines Heizers. Die kleine Lampe, die den Wasserstand anzeigte, beließ die Plattform in einem Halbdunkel, dem der Widerschein der glühenden Feuerungsklappe eine leicht violette Schattierung gab. Pecqueux war schlecht zu erkennen; zweimal hatte Jacques das Gefühl gehabt, daß etwas seine Beine streifte – wie Finger, die das Zugreifen probierten. Doch konnte es auch nur eine Ungeschicklichkeit gewesen sein, die auf das Konto der Trunkenheit kam; denn er hörte Pecqueux nicht nur – trotz des Lokomotiven-Lärms – kichern, sondern auch mit übertrieben heftigen Hammerschlägen die Kohle kleinhauen und sich mit der Schippe herumbalgen. Alle paar Minuten riß Pecqueux die Klappe auf und warf unsinnig viel Kohle auf den Rost.

– Genug! schrie ihm Jacques zu.

Der andere tat, als verstünde er nicht, und schob weiter ganze Schippen voll Kohle in die Öffnung. Schlag auf Schlag. Als der Lokomotivführer ihn beim Arm packte, kehrte Pecqueux sich ihm zu und reckte sich drohend vor ihm auf: in seiner vom Rausch entfesselten Wut hatte er endlich den Streit entfacht, den er suchte.

– Rühr mich nicht an, oder ich schlage zu . . . Mir paßt es nun mal, daß wir ordentlich was draufhaben!

Mit voller Geschwindigkeit rollte der Zug über das Plateau zwischen Bolbec und Motteville. Bis Paris sollte er durchfahren, ohne längeren Aufenthalt, nur an bestimmten Stationen kurz Wasser einnehmen. Dröhnend durchquerte die wuchtige Masse der achtzehn schweren, mit zweibeinigem Schlachtvieh beladenen Waggons das nachtschwarze Land. Und die Menschen, die man in die blutige Schlacht schaffte, sangen, sangen aus vollem Halse, und ihr Grölen übertönte das Rollen der Räder.

Jacques hatte mit dem Fuß die Feuerungsklappe geschlossen. Während er den Dampfkessel-Injektor einstellte, rief er, noch immer an sich haltend:

– Das Feuer ist viel zu stark . . . Sie sollten gefälligst schlafen, Monsieur, betrunken wie Sie sind!

Kaum hatte er ausgesprochen, riß Pecqueux die Klappe wieder auf und fing abermals an, blindwütig Kohle einzuschaufeln: als ob er darauf aus wäre, den Kessel zur Explosion zu bringen. Die Stunde der Revolte war gekommen, Befehle wurden nicht mehr befolgt, der übersteigerte Haß fragte nicht nach den zahllosen Menschenleben, die er gefährdete. Als Jacques sich herunterbeugte, um selbst den Hebel für die Aschkasten-Klap-

pen zu ziehen und so wenigstens in den Erhitzerrohren die Temperatur zu vermindern, packte ihn der Heizer jäh um den Leib, in der unverkennbaren Absicht, ihm eins auszuwischen, ihn womöglich mit einem ruckartigen Stoß auf die Schienen zu schleudern.

– Du Lump, das also hast du vorhin probiert . . . Hast es dir genau überlegt, was? Hinterher behauptest du dann, ich wäre von selber aus der Maschine gefallen, du hinterhältiger Schuft!

Um einen Halt zu finden, hatte sich Jacques gegen den Tender gestemmt. Doch wie er verlor nun auch Pecqueux das Gleichgewicht, und auf der schmalen Eisenbrücke, die heftig tanzte, entspann sich der Kampf immer erbitterter. Sie preßten die Zähne zusammen, kein Laut kam von ihren Lippen, verbissen rangen sie darum, wer den andern zuerst durch den nur mit einer Eisenstange versperrten Einstieg stieße . . . Das erwies sich jedoch als gar nicht so einfach; und während die unersättliche Maschine rollte und rollte, der Bahnhof von Barentin durchfahren wurde, der Zug in den Tunnel von Malaunay hineinschoß, rangen sie weiter, eng umschlungen, wälzten sich in der Kohle, schlugen mit den Köpfen gegen die Wandungen des Wasserreservoirs, suchten sie mit ihren Füßen die von der Hitze knallrot gefärbte Feuerungsklappe zu meiden, an der sie sich bei jedem Anstreifen die Beine versengten.

Einen Augenblick lang erwog Jacques, falls er sich aufrichten könnte, den Dampfzufuhr-Regler zu schließen und Hilfe herbeizurufen, damit man ihn befreite von dem tollgewordenen Narren, den Rausch und Eifersucht um den Verstand brachten. Aber Jacques, der von beiden der kleinere war, fühlte sich bereits erlahmen; bald verzweifelte er endgültig an seiner Tauglichkeit, Pecqueux hinauszustürzen; besiegt, wie er sich jäh fühlte, merkte er, wie sich ihm schon die Haare sträubten bei der Vorstellung des ihm bevorstehenden Sturzes. Als er sich zu einer letzten Anstrengung aufraffte und mit der Hand nach dem Dampfregler tastete, begriff Pecqueux, daß sein Vorgesetzter den Zug zum Stehen bringen wollte, machte sich überraschend steif im Kreuz und hob Jacques triumphierend hoch, als wäre er ein Kind.

– So, so, anhalten willst du . . . Wohl weil du mir die Frau weggenommen hast . . . Macht nichts, macht nichts, wenn du erst hier rausgeflogen bist!

Die Maschine rollte und rollte, unter ohrenbetäubendem Krach war der Zug durch den Tunnel gerast, nun sauste er weiter, mitten in der offenen, finsteren Landschaft. Als er den Bahnhof von Malaunay erreichte, traf der Wirbel des Fahrwindes den stellvertretenden Stationsvorsteher auf dem Bahnsteig mit solcher Gewalt, daß er die ineinander verkrallten Männer auf der Lokomotive, die der vorbeidonnernde Zug ohnehin im Nu entführte, gar nicht erst sah.

Als dann Pecqueux, zum letzenmal ausholend, Jacques von der Maschine herunterwarf, umklammerte dieser, die schaurige Leere fühlend und irr vor Entsetzen, so fest den Hals des Heizers, daß er Pecqueux mit sich riß. Zwei gräßliche Schreie ertönten, vereinten sich und erstarben. Bei ihrem gemeinsamen Sturz wurden die beiden Männer vom Sog des dahintosenden Zuges unter die Räder gezerrt, zu gleicher Zeit überfahren, zerfetzt, in fürchterlicher Umarmung – sie, die so lange in brüderlicher Eintracht gelebt hatten. Noch als man sie fand, der Köpfe beraubt und ohne Füße, hielten sie sich umschlungen, wie um sich wechselseitig zu erwürgen.

Die führerlose Maschine aber rollte und rollte. Jetzt endlich durfte die Widerspenstige, Aufsässige ihrem jugendlichen Feuer nachgeben: der ungezähmt gebliebenen Stute gleich, die ihrem Wärter aus dem Halfter entwischt ist und querfeldein galoppiert. Der Kessel war ausgiebig mit Wasser versorgt, die Kohle, die überreichlich das Feuerloch füllte, verwandelte sich in frische Glut; während der folgenden halben Stunde überstieg der Dampfdruck jedes vernünftige Maß, die irrsinnige Geschwindigkeit hätte Alarm zeitigen müssen. Doch der Zugführer war offenbar, von Müdigkeit überwältigt, in seinem Dienstabteil eingeschlafen. Die Soldaten, deren Trunkenheit um so weniger nachließ, als sie so dicht zusammengepfercht waren, fanden ihrerseits das Dahinrasen des Zuges belustigend und grölten noch lauter als zuvor. Mit Blitzesschnelle wurde Maromme durchfahren. Kein Pfiff warnte vor der Lokomotive, wenn sie sich den Signalen und Weichen näherte, eine Station durchflog. Sie praktizierte den gestreckten Galopp schnurgeradeaus: stumm, und gleichsam mit eingezogenem Kopf, stürzte sich das Ungetüm zwischen die Hindernisse. Die Maschine rollte, rollte unaufhörlich; es war, als scheute sie vor dem gellenden Rasseln ihres eigenen überhitzten Atems.

In Rouen war ein kurzer Aufenthalt zum Wassereinnehmen vorgesehen. Entsetzen bemächtigte sich des Personals, das den Zug erwartete und ihn in einem Taumel von Rauch und Flammen vorbeipreschen sah – dieser verwilderten Zug, diese Maschine ohne Lokomotivführer und ohne Heizer, diese mit Truppen besetzten Viehwagen, aus denen patriotische Gassenhauer schollen. Sie waren unterwegs in den Krieg, diese Soldaten, sie brausten durch die Nacht, damit sie rascher dabei wären, an den Ufern des Rheins. Die Eisenbahner sperrten Mund und Nase auf, winkten mit den Armen. Ein allgemeiner Angstschrei erhob sich: nie und nimmer würde dieser ‹ausgebrochene› Zug, sich selbst überlassen, den Bahnhof von Sotteville heil passieren, in dem dauernd rangiert wurde und, wie auf allen wichtigen Stationen, stets Waggons und Maschinen die Gleise blockierten! Man stürzte sich auf den Telegraphen, jagte Warnrufe an die Gefahrenstelle. Ein Güterzug, der bereits die Strecke besetzte, wurde mit knapper Not auf ein Überholgleis rangiert. Schon ließ sich das Heranrollen des entsprungenen Untiers vernehmen. Im Hui hatte es sich in die zwei Tunnel hinter dem Bahnhof von Rouen hineingeworfen; in unvermindert feurigem Galopp brach es heran, wie eine phantastische, unbezwingliche Naturgewalt, die Menschenhand nicht aufzuhalten vermochte. Der Bahnhof von Sotteville schien Feuer fangen zu wollen, als das Ungetüm, ohne anzuprellen, sämtliche Hindernisse überrannte – schon tauchte es unter in der Finsternis, in der sein Getöse allmählich abklang.

An der ganzen Strecke hämmerten jetzt die Morse-Telegraphen, alle Herzen schlugen bei der Ankündigung des Gespensterzuges, den man in Rouen und Sotteville hatte vorbeifegen sehen. Schaudernd vor Furcht gedachte man des Expresszugs, der sich, in Richtung Paris, auf der Strecke befand und sicherlich eingeholt werden würde. Der Transportzug jedoch behielt seine Fahrt bei, ohne daß seine Insassen die roten Signallichter, die Knallkapseln beachteten. In Oissel nahm er eine Verschiebe-Lokomotive auf die Hörner; in Pont-de-l'Arche verbreitete sich neues Entsetzen, als

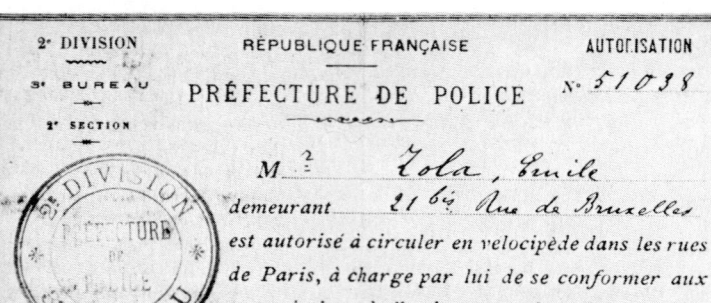

*Polizeiliche Genehmigung
für Zola,
«auf einem Fahrrad
durch die Straßen
von Paris fahren
zu dürfen»*

Um 1896

man gewahrte, daß selbst dieses Intermezzo die Geschwindigkeit nicht herabsetzte. Von neuem entwischend, rollte der Zug, rollte durch die schwarze Nacht, niemand wußte, wie weit noch . . .

Was kümmerten die Rasende ihre Opfer, die sie bei ihrem Lauf zermalmte! Stürmte sie nicht in eine künftige Zeit hinein, gleichgültig gegen das vergossene Blut? Führerlos inmitten der Finsternis, ein Ungeheuer, das weder Gesicht noch Gehör besaß, bereit, dem Tod in den Rachen zu fahren, rollte die Maschine und rollte – und beförderte diesen Haufen Kanonenfutter in die Schlacht, diese Soldaten, die, stumpf vor Ermüdung und immer noch berauscht, ihre Lieder sangen.»

In einem Brief, den Zola am 9. März 1890 an Jules Lemaitre richtet, gesteht er einmal mehr, er werde der Familie Rougon-Macquart nachgerade überdrüssig:

«Offen gesagt, ja, ich beginne meines großen Zyklus müde zu werden, doch bleibt das besser unter uns. Es kommt sehr darauf an, daß ich fertig werde, ohne vom einmal eingeschlagenen Weg allzuweit abzuweichen.»

Hat Zola 1870 sich provisorisch zum Unterpräfekten ernennen lassen müssen, so trägt man ihm nunmehr an, Deputierter zu werden. Als Sprecher einer Gruppe jüngerer Wähler legt ihm Clément Janin eine Kandidatur im V. Pariser Arrondissement nahe. Zola erwidert:

«Was Ihr Anerbieten betrifft, fühle ich mich äußerst gerührt und geschmeichelt. Aber es lasten zu viele Pflichten auf mir; meine literarischen Arbeiten lassen es nicht zu, daß ich auf Ihr Vorhaben eingehe. Die Aufgaben eines Abgeordneten gehören zu den schwersten, die ich kenne – wenn man nämlich als Deputierter nicht versagen will; und da ich ein gewissenhafter Mensch und kein Müßiggänger bin, ist es mir vornehmlich darum zu tun, mein Romanwerk unter Dach und Fach zu bringen.»

Sein Zyklus enträt denn auch zusehends der Intensität. Die drei in den Jahren 1891 bis 1893 erscheinenden Romane L'Argent, La Débâcle und Le Docteur Pascal, mit denen die Rougon-Macquart-Serie abschließt, zeigen nicht mehr den alten Elan. Aber Bücher haben ihre besonderen Schicksale. Obwohl der Roman La Débâcle unter Zolas Büchern eines der weniger gelungenen ist, hat er es zu einer der höchsten Auflagen gebracht. Das Streben nach zeitgeschichtlicher Aktualität hat dem Autor zwar künstlerisch das Konzept verdorben, den Absatz des Buches jedoch entscheidend gefördert.

An J. van Santen Kolff, der sich nach den Einzelheiten des Entwurfs zu La Débâcle erkundigt hat, schreibt Zola:

«Es war die ewig-alte Methode, der ich gefolgt bin; ich erging mich an den Stätten, die ich zu beschreiben haben würde; ich vertiefte mich in die schriftlichen Belege, die ja reichlich vorhanden sind; schließlich hatte ich ausgedehnte Unterhaltungen mit den Akteuren des Dramas, soweit ich ihrer habhaft wurde. Was mir am meisten bei ‹La Débâcle› geholfen hat, war dies: Als der Krieg erklärt wurde, gab es unter den Angehörigen der freien Berufe, unter den Anwälten, den jungen Lehrern, selbst denen mit Hochschulbildung, wie auch unter den ehemaligen Lehrern, die aus politischen Gründen auf dem Pflaster lagen, Leute von oft erheblicher Einsicht, die nie zuvor eingezogen, die vom Militärdienst freigestellt gewesen waren,

Zeichnung von Steinlen, 1897

nunmehr aber als einfache Soldaten zu den Waffen eilten. Abends im
Biwak notierten sie ihre Eindrücke, ihre Erlebnisse in schmalen Heften.
Fünf oder sechs davon sind in meiner Hand; sie wurden mir, teils als Kopie,
teils im Original, brieflich angeboten; das eine oder andere hat man sogar
gedruckt. Was in diesen Heften für mich so wesentlich war, ist das gelebte
Leben, das in ihnen seinen Niederschlag gefunden hat. Alle diese Hefte
ähnelten einander. Ihre Eintragungen ließen sich auf einen Generalnenner
bringen. Obendrein gaben mir diese Hefte Aufschluß über die wahre
Ursache des Zusammenbruchs.»

Die kleinen Pappstücke mit den Regimentsnummern freilich, die Ge-
neralstabskarten, die genau eingezeichneten Vormärsche und Rückzüge
der Armeekorps, die Namen ihrer Heerführer – sie bringen allein von sich
aus den Eindruck künstlerischer Lebenswahrheit ebensowenig zustande
wie die Kriegstagebücher, die Zola studiert hat. Man vergleiche *La Débâcle* mit *Krieg und Frieden*, und man ermißt eindrucksvoll, was aus einem
verwandten Stoffkomplex ein Tolstoj herausgeholt hat.

Indessen war *La Débâcle* – so hat Heinrich Mann das Buch von der ihm
zugrunde liegenden Aussage her gedeutet – «für Zola, bevor er daran-
ging, kaum ein Roman; zu furchtbar quälte ihn der Drang, alles zu sagen,
alles zu bewältigen; es sollte nur ein Gang – welch ein Gang! – durch den
Krieg und den Bürgerkrieg sein». Denn in *La Débâcle* herrscht, nach
Auffassung von Heinrich Mann, «zwanzig Jahre nach den Ereignissen nur
Schicksal und kaum noch Haß». Das Entscheidende bei der von Zola
beschriebenen Kapitulation von Sedan sei, daß dem Heer der Glaube
fehle. «Niemand im Grunde glaubt an das Kaiserreich, für das man doch
siegen soll. Man glaubt zuerst noch an seine Macht, man hält es fast für
unüberwindlich. Aber was ist Macht, wenn sie nicht Recht ist, das tiefste
Recht, wurzelnd in dem Bewußtsein erfüllter Pflicht, erkämpfter Ideale,
erhöhten Menschentums! Ein Reich, das einzig auf Gewalt bestanden hat
und nicht auf Freiheit, Gerechtigkeit und Wahrheit, ein Reich, in dem nur
befohlen und gehorcht, verdient und ausgebeutet, des Menschen aber nie
geachtet ward, kann nicht siegen, und zöge es aus mit übermenschlicher
Macht.» (Heinrich Mann in seinem Zola-Essay.)

Der Romanheld, an dessen Erleben diese Gesinnung dargetan wird, ist
Jean Macquart aus Plassans. Er ist der Bruder von Lisa Macquart und
Gervaise Macquart, diesen ungleichen Schwestern, von denen die letztere
der von den Eltern Antoine und Joséphine Macquart ererbten Trunk-
sucht erliegt, während Lisa im Kindesalter der vergifteten Atmosphäre
des Elternhauses entrinnt. Ihre Pariser Pflegeeltern sorgen dafür, daß sich
Lisa zu einer rechtschaffenen Kleinbürgerin entwickelt, als die sie, an der
Seite ihres Mannes, des Schlachtermeisters Quenu, in dem Roman *Le
Ventre de Paris* in Erscheinung tritt.

Später als seine Schwester Lisa, doch seinerseits ebenfalls früh genug,
um nicht dem elterlichen Einfluß zu erliegen, hat Jean Macquart seine
südfranzösische Heimat verlassen. Er macht den oberitalienischen Feld-
zug gegen Österreich mit, verdingt sich nach seiner Rückkehr in der
Umgebung von Chartres als Knecht und heiratet ein Bauernmädchen, das
von der eigenen besitzgierigen Schwester ums Leben gebracht wird. Nach
dieser in dem Roman *La Terre* geschilderten Tragödie meldet sich Jean

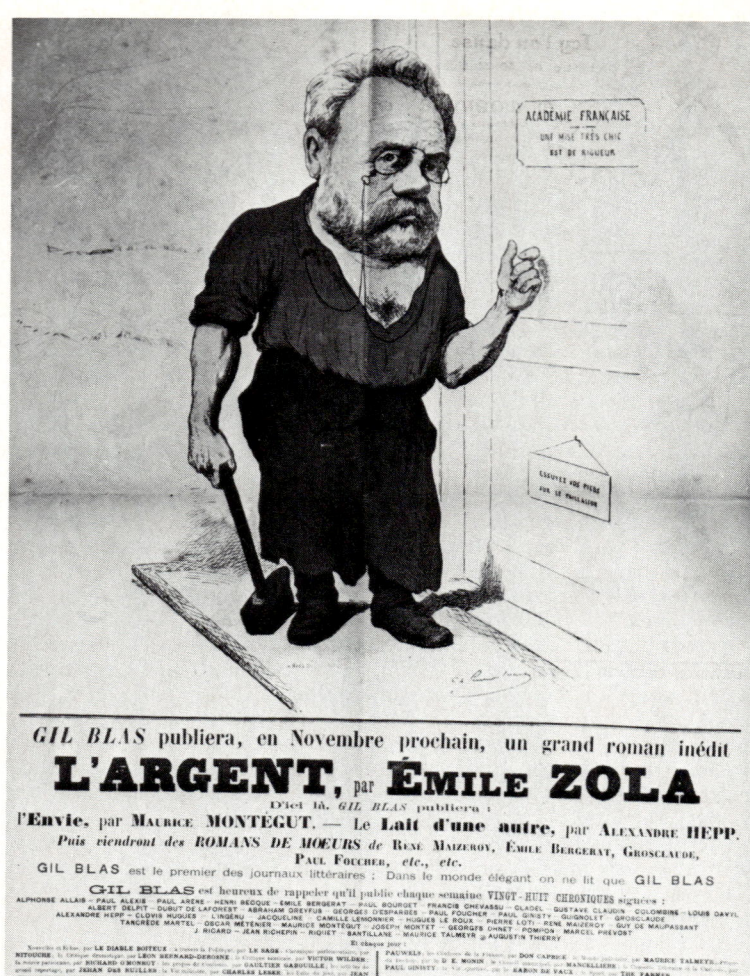

Karikatur von Gilbert Martin, 1890

Macquart, sowie es zum Deutsch-Französischen Krieg kommt, zum Wei-
terdienen in der Armee. Bei der Niederlage von Sedan gerät er mit seinem
Kameraden Maurice Levasseur, einem Pariser Juristen, der ihn bei seiner
Verwundung aus dem Feuerbereich getragen hat, in deutsche Gefangen-
schaft. Nachdem ihnen gemeinsam die Flucht geglückt ist, müssen sie sich
trennen. Erst als der Pariser Aufstand der «Commune» durch Regie-

rungstruppen niedergeschlagen wird, treffen beide einander wieder, und zwar mitten im Kampf; und erst als Jean ihn schon niedergeschossen hat, erkennt er Maurice, der inzwischen ein «Communard» geworden ist . . . Eine melodramatische Wendung, die noch dadurch verstärkt wird, daß Jean den tödlich verwundeten Maurice in dessen Pariser Wohnung schafft, wo er in den Armen seiner ahnungsvoll aus der Provinz herbeigeeilten Schwester Henriette sein Leben aushaucht.

In dem Roman *Le Docteur Pascal* hat Zola sich selbst in schmeichelhaftester Beleuchtung dargestellt. Der «große Forscher», der seine ärztliche Praxis aufgegeben hat, um an den Lebenskurven seiner zahlreichen Familienangehörigen die Gesetzmäßigkeiten charakterlicher und physiologischer Vererbung zu studieren, ist ein ansehnlicher, schöner Mann, gutherzig, intelligent und von kindlicher Uneigennützigkeit. Das Abwaschwasser und die Schweißrinnsale machen in diesem Buch, dem der Stammbaum der Sippe Rougon-Macquart beigegeben ist, den Lilien und den Rosen Platz; sinnliches Begehren wird in einem Grade sublimiert, daß der «große Mann» Pascal Rougon, wenn er der Liebhaber seiner unerfahrenen – 25 Jahre jüngeren – Nichte Clotilde wird, wie ein Erzengel wirkt, der sich zu einer Heiligen herabbeugt.

Will man bei diesem Anblick – der zumal dann betroffen macht, wenn man mit Pascal Rougon seine Brüder Eugène und Aristide vergleicht, den zähen, listigen Eroberer eines Ministersessels und den brutal-gewissenlosen Spekulanten, deren bewegte Lebensgeschichten die Romane *Son Excellence Eugène Rougon* und *L'Argent* füllen – etwa weiterhin darauf bestehen, Zola sähe die Menschheit grau in grau? Was ist in *Le Docteur Pascal* mit einemmal aus dem Dogma des «Roman expérimental» geworden, aus der schulmäßigen «Wissenschaftlichkeit» des Naturalisten? Unstreitig hat der Bannerträger des Naturalismus sich hier auf der ganzen Linie dazu verstanden, in ein Genre hinüberzuwechseln, das weit eher einem Zögling des Seminars von Saint-Sulpice frommen würde. Im ferneren Verlauf seines Schaffens wird man diese Wandlung bestätigt finden: sobald nämlich in Zolas Büchern die Predigt vorherrschend wird.

Dreiundfünfzig Jahre alt ist Zola, als das Erscheinen von *Le Docteur Pascal* Ende Juni 1893 im Bois de Boulogne mit einem Essen im Chalet des Îles begangen wird, an dem Zola und seine Verleger Georges Charpentier und Eugène Fasquelle, der Erziehungsminister Raymond Poincaré, der Bildhauer Auguste Rodin, der Maler Frantz Jourdain, der Komponist Arsène Houssaye, die Komödiendichter Aurelien Scholl und Georges Courteline sowie zahlreiche andere namhafte Gäste teilnehmen. Mit 31 Jahren hatte Zola die *Rougon-Macquart*-Serie 1871 in Angriff genommen. In 22 Lebensjahren hat er demnach zwanzig Romane verfaßt, die, in den Erstausgaben, 31 Bände umfassen und rund zwölfhundert Romanfiguren bergen. Wenn Zola auf den Regalen seines Bibliothekszimmers in Médan diese selbstgeschaffene Bücherreihe sinnend betrachtet, streift sein Blick auch das stattliche Aufgebot der Übersetzungen in die meisten europäischen Sprachen.

Er könnte es sich leisten, endlich auszuruhen, doch kommt ihm das nicht in den Sinn. Statt dessen nehmen ihn neue Bücher in Beschlag, denen er abermals einen zyklischen Plan zugrunde legt. Schon hat er sich

Aus dem Manuskript zum «Roman expérimental»

für den Sammeltitel *Les Trois Villes* entschieden; die einzelnen Bände sollen *Lourdes, Rome* und *Paris* heißen. Die Herausforderung, als die er Balzac und dessen *Comédie Humaine* empfindet, stachelt ihn weiterhin an; er möchte es dem Mann, den er am tiefsten bewundert, zumindest an Arbeitskraft gleichtun. Doch ist die Einstellung, mit der er seiner Arbeit obliegt, künftig eine andere. So hartnäckig ist ihm als naturalistischem Romancier der Vorwurf gemacht worden, er zeige nur die Schwären der Gesellschaft, nicht jedoch die Heilmittel, um sie zu kurieren, daß Zola nunmehr unbedingt das Haltlose dieser Kritik erweisen will. In der Erreichung dieses seines Ziels sieht er jetzt seine spezifische Aufgabe.

118

Die Dreyfus-Affäre

In den Romanen *Rome* und *Paris* führt Zola die Geschichte des jungen Priesters Pierre Froment, den seine (im ersten Teil der Trilogie geschilderte) Reise nach Lourdes zum erstenmal in ernste, nachhaltige Zweifel gestürzt hat, in der Weise fort, daß – nach einer Audienz beim Papst – aus dem von seinem Gewissen beunruhigten Diener einer verweltlichten Kirche ein Anhänger der Soziallehren von Proudhon wird, der den Priesterrock auszieht, ein einfaches Mädchen heiratet und die Behebung des Elends und der Ungerechtigkeit allein vom Fortschritt der Wissenschaft und der Vernunft erhofft.

In die Hände des Publikums gelangt der Roman *Lourdes* 1894; der zweite und der dritte Band der *Trois Villes* folgen 1896 und 1898.

In dem ominösen Jahr 1894 hält sich Zola monatelang in Italien auf, wo er die dokumentarischen Unterlagen für den Mittelband seiner Romantrilogie zusammenträgt. Als das getan ist, kehrt er heim und macht sich in Médan an die Arbeit. Inzwischen ist Mitte Oktober der Hauptmann Dreyfus verhaftet worden; am 22. Dezember wird er zu lebenslänglicher Deportation nach der Strafkolonie Teufelsinsel (bei Cayenne in Französisch-Guayana) verurteilt.

«Als 1894 die Affäre Dreyfus ihren Anfang nahm, weilte ich in Rom, und erst um den fünfzehnten Dezember herum kam ich zurück. Französische Zeitungen bekam ich in Italien natürlich nicht häufig zu Gesicht. Das erklärt die Unwissenheit, die Gleichgültigkeit, in der ich hinsichtlich der Affäre so lange verharrte. Erst im November 1897, als ich vom Lande wieder in die Stadt kam, begann ich leidenschaftlich daran Anteil zu nehmen, nachdem mir die Umstände erlaubt hatten, die Tatsachen kennenzulernen und insbesondere gewisse, später der Öffentlichkeit unterbreitete Dokumente, die vollauf genügten, um mich sicher, um meine Überzeugung unerschütterlich zu machen.»

Anfänglich gibt es allerdings niemanden, der an der Schuld des Hauptmanns Dreyfus zweifelt: selbst jene, die ihn hernach am entschiedensten in Schutz nehmen, Clemenceau und Jaurès, richten zunächst heftige Angriffe gegen ihn. Nach geraumer Zeit erst kommt in Paris das Gerücht auf, möglicherweise sei der Hauptmann unschuldig. Ein höherer Offizier, der Oberstleutnant Picquart, eröffnet 1896 seinen Vorgesetzten, daß nach seiner festen Überzeugung Esterhazy der Verräter ist: daß Esterhazy das an die Pariser Botschaft des Deutschen Reiches gerichtete ‹Bordereau› abgefaßt hat. Aber Picquart wird zu strengster Verschwiegenheit verpflichtet und nach Nordafrika abkommandiert. Die zuständigen Stel-

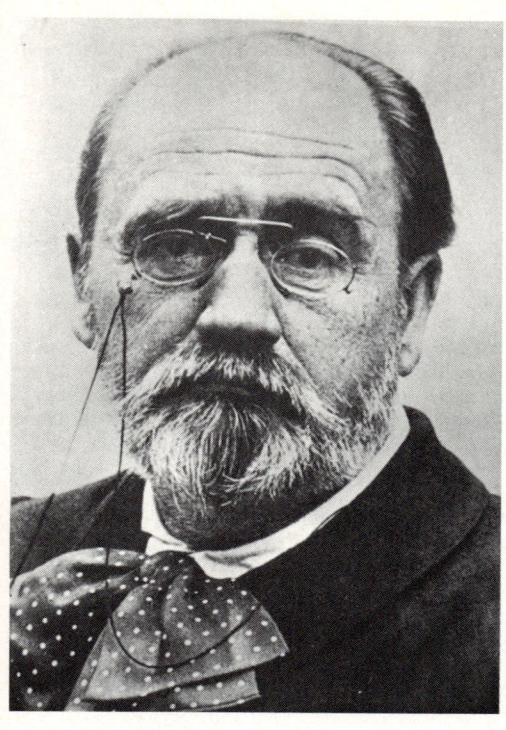

len des Kriegsministeriums sind nicht gesonnen, den Fall nochmals aufzurollen. Wobei man sich von der Ansicht leiten läßt: eine Wiederaufnahme des Prozesses, die erweise, wie willkürlich das Verfahren geführt worden ist, gefährde das Ansehen der Armee.

Hätte Zola in Paris gelebt, wäre er zweifellos auf die Mutmaßungen aufmerksam geworden, die in der Stadt kursieren und rasch von Mund zu Mund gehen. Doch Zola wohnt draußen in Médan und ist mit der Niederschrift seiner Romantrilogie beschäftigt: die Affäre Dreyfus liegt außerhalb seines Blickfeldes, beziehungsweise widmet er ihr nicht mehr Aufmerksamkeit, als sie einem ganz banalen Spionagefall gebührt.

Unterdessen nimmt die Beunruhigung zu. Der Vizepräsident des Senats, der Elsässer Scheurer-Kestner, der wegen seiner unanzweifelbaren Rechtlichkeit einhellige Achtung genießt, beginnt seinerseits stutzig zu werden. Ihn bringt man nicht so leicht zum Verstummen wie einen Berufsoffizier. Nach und nach werden überdies die Briefe publik, die Dreyfus an seine Familie richtet, und ihr Ton läßt aufhorchen. Tag und Nacht von einem Dutzend Aufpassern umgeben, schreit der Gefangene von der Teufelsinsel seine Unschuld mit solcher Beharrlichkeit und Erbitterung heraus, daß sich bei manchen seiner Landsleute das Gewissen regt. Nicht lange, und Bernard Lazare greift das Für und Wider auf und mobilisiert die öffentliche Meinung. Von da ab ist, Zola drückt sich später so aus, *«die Wahrheit im Vormarsch begriffen, und nichts vermag sie aufzuhalten».*

Gleichwohl ist der Autor der *Rougon-Macquart*-Romane zu diesem Zeitpunkt noch keineswegs von jenem glühenden Gerechtigkeitsfieber ergriffen, das schließlich ganz Frankreich in Wallung bringt.

Erst Ende 1897, als Zola sich anschickt, in seiner Pariser Wohnung den Winter zu verbringen, werden ihm gewisse Dokumente bekannt, enthüllen sich ihm die Zusammenhänge. Seit mehr als dreißig Jahren hat er sein Leben der Arbeit am Schreibtisch gewidmet – jetzt trägt zum erstenmal die Bereitschaft, zu handeln, über seinen Schaffensdrang den Sieg davon; gilt es doch, ein unter den Augen eines ganzen Volkes begangenes Verbrechen aufzudecken.

Wenn Zola zaudert, dann nie für lange. Gewöhnlich ist es der gleiche Impuls, der in ihm die Einsicht auslöst, daß etwas richtig und notwendig ist, und der ihn veranlaßt, es zu verwirklichen. Zwischen Entschluß und Tat gibt es bei ihm kein Zögern; seine Unbedenklichkeit geht ja zuweilen bis zur Naivität, wie das manche Seiten seiner Abhandlung über den *«Roman expérimental»* zeigen. Diesmal indessen hat Zola tragenden Grund unter den Füßen; nicht um abstrakte Begriffsbildungen geht es, sondern geschehenes Unrecht ist wiedergutzumachen.

Wie aber soll sein Einspruch Form gewinnen, an wen soll er ihn richten? Zola ist zwar bereit, den Kampf aufzunehmen, aber noch fehlt ihm der Feldzugsplan, nach dem er vorgehen könnte. Er verkennt nicht, daß es ein hartes, mühsames Ringen werden wird; er weiß recht wohl, wie man mit denen verfährt, die es wagen, die Rechtmäßigkeit eines ergangenen Urteils in Zweifel zu ziehen: er riskiert, verhaftet zu werden. Doch er ist gesonnen, es darauf ankommen zu lassen; drei an Polemik reiche Jahrzehnte haben seinen Mut gestählt. Keinesfalls will er gemeinsame Sache mit denen machen, die ihre Bedenken nur einander ins Ohr raunen, die Wahrheit nur flüsternd verbreiten. Mag ihm Barrès immerhin vorwerfen, er mache sich die Gelegenheit zunutze; gleichviel, es ist die Gelegenheit, für die Gerechtigkeit einzustehen, Tapferkeit zu beweisen und sich nicht um die Schläge zu kümmern, die er wird einstecken müssen. Gerade in einer Zeit wie der unseren, wo Affären von der Art des Falles Dreyfus etwas Alltägliches zu werden drohen, ist das Beispiel, das Zola gegeben hat, erst voll zu ermessen.

Schließlich entscheidet ein Zufall darüber, wie Zola eingreifen soll. Durch die Pariser Straßen schlendernd, trifft er eines Tages Fernand de Rodays, den Direktor des «Figaro». Wovon reden Anfang Dezember 1897 zwei Männer ihres Schlages, wenn nicht von dem, was sich zur «Affäre» ausgewachsen hat? Rodays teilt Zolas Überzeugung, daß Dreyfus unschuldig ist. Schon am 5. Dezember erscheint im «Figaro» Zolas erster Artikel, unter der Überschrift *Procès-Verbal.* Darin macht der Romancier, unter anderem, dem Antisemitismus den Prozeß. Der «Wirrkopf», von dem Zola spricht, ist augenscheinlich Édouard Drumont, der Verfasser des berüchtigten Buches *La France Juive.*

«Der Antisemitismus ist es, mit dem ich mich jetzt zu befassen habe. Er ist der wahre Schuldige. Wie sehr dieser barbarische Haßfeldzug, der

uns um ein Jahrtausend zurückwirft, mein Ideal der Brüderlichkeit beleidigt, mein leidenschaftliches Verlangen nach Toleranz und menschlicher Gleichberechtigung, habe ich bereits auseinandergesetzt. In die Epoche der Glaubenskriege zurückzukehren, die religiösen Verfolgungen wieder aufleben zu lassen, ernstlich zu wollen, daß man sich von Rasse zu Rasse gegenseitig ausrotte – dergleichen ist, in unserem Zeitalter fortschreitender Befreiung, etwas derart Ungeheuerliches, daß ein solches Unterfangen mir wie blanker Wahnwitz vorkommt. Es konnte allein einem Wirrkopf entspringen, der in Glaubensdingen aus dem Gleichgewicht geraten ist, dem Geltungsbedürfnis eines Schriftstellers, der, zu lange im Schatten geblieben, nunmehr eine Rolle zu spielen begehrt, und sei sie noch so widerwärtig. Einstweilen möchte ich allerdings nicht glauben, daß eine derartige Bewegung in Frankreich zu entscheidender Bedeutung gelangen könnte, in diesem Lande der freien Forschung, der brüderlichen Güte und der klaren Vernunft.

Gleichwohl ist es zu schlimmen Ausschreitungen gekommen. Ich kann nicht verhehlen, daß das Verhängnis bereits um sich gegriffen hat. Schon hat sich die Ansteckung im Volk verbreitet, wenn es auch noch nicht vollkommen davon durchdrungen ist. Wir haben dem Antisemitismus die gefährliche Überhitzung zuzuschreiben, die in unserem Lande der Panama-Skandal angenommen hat. Auch die beklagenswerte Affäre Dreyfus ist sein Werk: er allein betört heute die Menge, er allein verhindert, daß dieser schauderhafte Irrtum, im Interesse unserer Gesundheit und unseres guten Rufes, unbefangen und aufrichtig erkannt wird. Gab es denn etwas, das einfacher und natürlicher gewesen wäre, als den ersten ernstlichen Zweifeln nachzugehen, und begreifen wir denn gar nicht, daß da ein verborgenes Gift seine Wirkung tut, das am Ende noch uns alle um den Verstand bringt?

Dieses Gift ist der hemmungslose Judenhaß, den man, seit Jahren, Morgen für Morgen dem Volk einimpft. Sie, die diese Vergiftung betreiben, haben sich zu einer Verschwörung zusammengefunden, und das Schönste an ihr ist, daß man sie im Namen der Moral, im Namen Christi ins Werk setzt und sich dabei als Rache-Engel und Werkzeug der Gerechtigkeit fühlt. Wer aber sagt uns, daß diese Pest, die immer weiter um sich greift, nicht auch das Kriegsgericht befallen hat? Ein Jude als Verräter, der hingeht und sein Vaterland verkauft – das sagt alles! Wenn man für ein Verbrechen kein Motiv findet, wenn man den Beschuldigten als reich, klug, arbeitsam kennt, man ihm kein einziges Laster nachsagen kann, sondern nur eine untadelige Lebensführung: genügt es dann nicht, daß er ein Jude ist?

Heute, oder vielmehr: seit wir Aufklärung fordern, gebärdet sich der Antisemitismus noch brutaler und abscheulicher als zuvor. Er selber ist es ja, dem der Prozeß gemacht wird; denn sollte die Unschuld eines fälschlich angeklagten Juden ruchbar werden – was für eine Ohrfeige wäre das für alle Antisemiten! Es gäbe ihn in der Tat, den Juden, der unschuldig ist? Aber dann wäre das Ganze ein Lügengebäude, das in sich zusammenbricht, wir hätten wieder frische Luft, Treu und Glauben, Redlichkeit – und ruiniert wäre die Clique, die allein durch das Übermaß der begangenen Ehrverletzung, durch die Schamlosigkeit der verleumderischen Anklage ihr Urteil der Masse der Arglosen und Einfältigen aufzwingt.

Vergessen wir doch nicht, was wir haben mitansehen müssen: diese Wutausbrüche derer, die in aller Öffentlichkeit ein Unrecht begangen haben und nun schaudern bei dem Gedanken, daß etwas ans Licht kommen könne. Ebenso aber haben wir leider die Verwirrung der von ihnen angesteckten Masse mitangesehen, die Irreleitung der öffentlichen Meinung, haben wir das liebe Volk der Kleinmütigen und Duckmäuser kennengelernt, das heute blindlings auf die Juden losgeht und morgen Revolution machen wird, um den Capitaine Dreyfus zu befreien, sobald ein Mann von Ehre das heilige Feuer der wahren Gerechtigkeit entzündet.»

Am 14. Dezember 1897 kommen die ersten Exemplare jenes *Briefes an die Jugend* zum Verkauf, den Zola als Broschüre erscheinen ließ:

«Ihr jungen Menschen! Denkt an die Leiden, die eure Väter ertragen haben, denkt an die heißen Schlachten, die sie siegen mußten, um die Freiheit zu erobern, die ihr heute genießt! Wenn ihr euch unabhängig fühlen, euch nach Belieben bewegen, in der Presse zum Ausdruck bringen könnt, was ihr denkt, wenn ihr eine eigene Meinung haben und sie öffentlich äußern dürft, dann doch nur, weil eure Väter dafür ihren Geist und ihr Blut hingegeben haben. Ihr seid nicht mehr unter der Tyrannei geboren, wißt nicht, was es heißt, allmorgendlich zu erwachen mit dem Stiefel eines Gebieters auf der Brust; ihr habt euch nicht geschlagen, um den Säbelhieben des Diktators, den ungerechten Sprüchen korrupter Richter zu entrinnen. Seid euren Vätern dankbar und begeht nicht das Verbrechen, der Lüge zuzujubeln, euch mit der brutalen Gewalt gemein zu machen, mit der Unduldsamkeit der Fanatiker und der lüsternen Hemmungslosigkeit der Ehrgeizigen! Denn am Ende dieses Weges steht die Diktatur.

Ihr jungen Menschen! Haltet es immer mit der Gerechtigkeit! Wenn die Idee der Gerechtigkeit in euch verblaßt, überantwortet ihr euch allen damit verbundenen Gefahren. Ich spreche zu euch nicht von der Gerechtigkeit unserer Gesetzbücher, die nur die Rechtsgarantie für die gesellschaftlichen Bindungen darstellt. Gewiß muß man diese Gerechtigkeit wahren, doch die höchste Vorstellung von Gerechtigkeit ist jene, die auf dem Grundsatz beruht, daß alles menschliche Richten dem Irrtum ausgesetzt ist, und die daher mit der möglichen Schuldlosigkeit eines Verurteilten rechnet, ohne in diesem Vorbehalt eine Verunglimpfung der Richter zu erblicken. Liegt nun aber gerade darin nicht ein Wagnis, das eure leidenschaftliche Liebe zum Recht steigern sollte? Sie, die sich zu der Forderung erhebt, daß die Gerechtigkeit praktiziert werde – vorausgesetzt, daß ihr selber nicht mit einbezogen seid in unsere Interessenkämpfe und persönlichen Rivalitäten, daß ihr weder in eine zweideutige Affäre verwickelt noch durch sie kompromittiert seid – daß jene Gerechtigkeit praktiziert werde, sage ich, die, in höchster Lauterkeit und einzig auf Treu und Glauben gegründet, eine weithin vernehmliche Sprache redet?»

Das Intervenieren von Zola, der die politische Arena als Neuling betritt, mit seinen starken Schultern, seiner Lust am Kampf, seiner Erfahrung im Polemisieren, mit der ganzen Autorität, die ihm seine (allein in Frankreich in Hunderttausenden von Exemplaren verbreiteten) Bücher geben, zeitigt bei der gegnerischen Clique Bestürzung. Doch die Léon Bloy, Barbey d'Aurevilly, Rochefort, Ernest Judet, Drumont, Barrès, Maurras konzentrieren ihren Haß nun auf ihn: jede Waffe, selbst die

Um 1900

Der (vielfach angezweifelte) Selbstmord des Obersten Henry. Italienische Zeitungsillustration zur Affäre Dreyfus

Rechts:«*Ich klage an . . .!*» *Der Offene Brief an den Präsidenten Félix Faure*

unehrlichste, dünkt sie recht und gut, und Judet geht denn auch so weit, in einem Artikel im «Petit Journal» die Rechtschaffenheit François Zolas, des toten Vaters des Romanciers, in Zweifel zu ziehen.

In dem Moment, in dem Émile Zola sich in den Streit einmischt, hat die Anti-Dreyfus-Strömung eine besondere Heftigkeit angenommen. Noch hüllt man sich auf der politischen Linken, bis auf spärliche Ausnahmen, in Schweigen. Die Parteinahme richtet sich in diesem Zeitpunkt nicht so sehr nach dem politischen Bekenntnis als vielmehr nach dem Grad, in dem der einzelne vor sich selbst Rechenschaft ablegt. Die Affäre bleibt einstweilen eine Gewissensfrage.

Dreyfus war in der Stimmung eines Pogroms verurteilt worden.

Ein «Katholisches Bankhaus» – ein Unternehmen, dessen Gründung in der Absicht erfolgt war, den protestantischen und jüdischen Bankiers das Wasser abzugraben – hatte, kurz bevor die Affäre ruchbar wurde, seinen Bankrott erklären müssen. Der Existenzkampf der Bankiers hatte sich sogleich auf die Ebene der Politik und des Rassenkampfes verlagert. Drumont hatte mit seinem Pamphlet *Das jüdische Frankreich* den Boden dafür bereitet. Das «Petit Journal», das in einer Auflage von einer Million Exemplaren herauskam, verbreitete die Verleumdung und den Haß bis in die entlegensten Dörfer. Was zur Folge hatte, daß viele davor zurückschreckten, offen Partei zu ergreifen, obwohl sie von der Unschuld des Capitaine Dreyfus überzeugt waren.

Zola indessen läßt sich nicht davon abhalten, öffentlich Stellung zu

nehmen; am nachdrücklichsten tut er es in der Zeitung *L'Aurore*, in seinem berühmten Offenen Brief an den Präsidenten der Republik Félix Faure – jenem die ganze erste Zeitungsseite einnehmenden Aufruf, über den Clemenceau die Überschrift *J'Accuse* gesetzt hat. Mit erstaunlicher Hellsicht und bewundernswertem Mut deckt er darin die Machenschaften auf, die den Prozeß gegen Dreyfus begleitet haben, und ein Gericht verurteilt ihn für seinen Offenen Brief zu einem Jahr Gefängnis und 3000 Francs Geldstrafe.

Zola begibt sich daraufhin nach England, wo er elf Monate zubringt – sein Gebaren ist das eines Verschwörers, er nennt sich Pascal, bekommt aus Frankreich Telegramme mit verschlüsseltem Text und nimmt den ersten Band seiner *Quatre Évangiles* unter die Feder: den Roman *Fécondité*.

Sowie er erfährt, daß im Prozeß gegen Dreyfus die Revision bevorsteht, kehrt Zola nach Frankreich zurück. Doch wieder schmiedet die Militärbürokratie ihre Ränke: Dreyfus wird vom Kriegsgericht in Rennes zum zweitenmal schuldig gesprochen. Zola aber schreit seine Empörung in einem neuen Zeitungsartikel heraus.

Der Hieb ist, beiläufig gesagt, der letzte, den das Kriegsministerium einstecken muß; denn nunmehr setzt sich voll und ganz die Wahrheit durch. Der Colonel Henry begeht (vorgeblich?) Selbstmord, der Colonel Esterhazy flieht ins Ausland, Dreyfus wird in Freiheit gesetzt.

Er ist frei, doch noch keineswegs rehabilitiert. Auf den Akt seiner Rehabilitierung läßt man ihn warten – bis 1906. Aber wenn auch nur eine Begnadigung verfügt wird, wo begangenes Unrecht seine restlose Tilgung heischt, und diese beschämende Tatsache den Triumph überschattet: der moralische Sieg ist vollkommen. In einem an Madame Dreyfus gerichteten Brief, den die Zeitung *L'Aurore* am 29. September 1899 abdruckt, bekennt Zola, vor aller Öffentlichkeit die Frau des unschuldig Verurteilten beglückwünschend, seine freudige Genugtuung:

«Man gibt Ihnen den Unschuldigen, den Märtyrer, wieder, gibt seiner Gattin den Gatten, seinem Sohn und seiner Tochter den Vater zurück, und mein erster Gedanke gilt seiner endlich wiedervereinigten, getrösteten, glücklichen Familie. Welche Trauer mich auch als Bürger dieses Staates noch erfüllen mag, trotz der Bitternis meiner Entrüstung, der Empörung darüber, daß die rechtlich Denkenden um das noch nicht Getane bangen, durchlebe ich mit Ihnen die kostbaren, von wohltuenden Tränen begleiteten Minuten, in denen Sie den von den Toten Erstandenen, den lebendig Entronnenen und dem Grabe Entstiegenen wieder in die Arme geschlossen haben. Trotz allem ist dieser Tag ein Sonnentag des Sieges und des Jubels.»

In der Tat ist Zola einer der wesentlichsten Urheber des Sieges gewesen. Die Anerkennung, die ihm bis dahin zugebilligt wurde, hatte dem großen Schriftsteller gegolten; in den Jahren von 1897 bis 1900 hatte er nun auch bewiesen, daß hinter seinem Können keineswegs seine Zivilcourage zurückstand.

Dennoch profitierte er nicht davon. Die Leser nämlich, die sich in dieser Zeit seinem Schaffen entfremdet hatten, wandten sich ihm nicht wieder zu; wiewohl sein Ansehen nun weit über Frankreichs Grenzen hinausreichte, ging der Absatz seiner Bücher zurück. Und es waren nicht

Capitaine Dreyfus kehrt von der Teufelsinsel zurück

Dreyfus beim Verlassen des Kriegsgerichts in Rennes 1899

nur die zuletzt veröffentlichten, die man mißachtete, sondern auch die voraufgegangenen, die seiner Erfolgsjahre. Die Affäre Dreyfus kam ihn teuer zu stehen. Man hatte ihm in England beträchtliche Honorare angeboten, um ihn zu veranlassen, über den Fall Dreyfus zu schreiben, aber er hatte das abgelehnt, weil es ihm widerstrebte, im Ausland Artikel über eine «rein französische Angelegenheit» zu publizieren. Überdies hatte er von den französischen Blättern für seine Dreyfus-Artikel kein Honorar angenommen. Den Kampf für die Gerechtigkeit mit Geld zu verquicken war ihm von vornherein zuwider gewesen.

Maurice Barrès hat Zola vorgehalten: «Zwischen Ihnen und mir liegen die Alpen.» In der Tat verstieg man sich dazu, den Romancier entgelten zu lassen, daß sein Vater Italiener gewesen war; auch sonst gab es kaum etwas, dessen ihn die «Rechtdenkenden» nicht bezichtigt hätten. Es genügt, an die Aussage zu erinnern, die derselbe Barrès, als er sich über Dreyfus ausließ, vor dem Kriegsgericht zu Protokoll gab. «Um mit seinen unbelehrbaren Parteigängern fertig zu werden», sagte Barrès, «muß man diesen Mann überführen. Was zaudern wir? Dieses elende Hindernis darf nicht die Zukunft des Vaterlandes in Frage stellen.» – Welch seltsame Zukunft, die an ein derart skandalöses Militärgerichts-Verfahren geknüpft ist; welch verschrobener Begriff von einem Vaterland, dessen Existenz durch die Wahrheit gefährdet sein soll, durch die Wiedergutmachung einer Ungerechtigkeit . . .

In der Arbeiterschaft hingegen erfreut sich Zola einer uneingeschränkten Bliebtheit, die ständig steigt. Als er *L'Assommoir* und *Germinal*

«Émile Zola zum Zeichen meiner warmen Bewunderung, meiner großen Dankbarkeit und meiner tiefen Zuneigung.» – Widmung des Capitaine Dreyfus in einer Ausgabe seiner «Cinq Années de ma vie»

Zola am Pranger
Zeichnung aus der Zeitschrift «Ulk». Berlin, 4. Februar 1898

veröffentlicht, hat man ihn beschuldigt, daß er die Arbeiter verleumde. Nunmehr jedoch, im Jahre 1901, veranstalten die Arbeiterorganisationen ihm zu Ehren ein Bankett, um das Erscheinen des zweiten Bandes seiner *Quatre Évangiles* zu feiern.

Ein Anhänger des Sozialreformers Charles Fourier namens John Labusquière nimmt an der Festtafel den Ehrenplatz ein, der dem Dichter zugedacht war. Sein Fernbleiben entschuldigt Zola, indem er an Labusquière schreibt:

«Ich habe Ihnen für die große Freude und die hohe Ehre zu danken, die Sie mir haben angedeihen lassen, indem Sie sich bereit erklärten, bei dem Bankett zu präsidieren, mit dem die Jünger von Fourier und die Arbeiterverbände die Veröffentlichung meines Romans ‹Travail› festlich begehen.

Wenn ich nicht an Ihrer Seite sitze, so darum, weil ich es für bescheidener und konsequenter halte, daß derjenige, dem die Ehrung gilt, nicht selbst in Erscheinung tritt. Nicht auf meine Person kommt es an, auch nicht auf mein Buch: das, was Sie feiern, ist die Bemühung um mehr Gerechtigkeit, der redliche Kampf für Menschenglück und Wohlfahrt – das verbindet mich mit Ihnen allen. Genügt es da nicht, daß meine Gedanken sich mit den Ihren vereinen?

Unsere Hoffnungen sind groß, die Zukunft ist das weite Feld unserer Träume. Schon heute aber ist es eine unbestreitbare Tatsache, auf die alles hinzielt und hinausläuft, daß die künftige Gesellschaftsordnung auf der Neubewertung der Arbeit beruhen und allein dank dieser Neubewertung eine gerechte Verteilung des Besitzes Platz greifen wird. Fourier ist der geniale Verkünder dieser Wahrheit. Ich habe nichts weiter getan, als daß ich sie mir zu eigen gemacht habe, und der Weg ist nicht allzu wichtig, am Ende steht das Paradies des Friedens.»

Offensichtlich ist der Zola von 1901 nicht mehr derselbe, der anderthalb Jahrzehnte früher in seinem Essay über Victor Hugo diesem Dichter seine soziale Prophetie zum Vorwurf gemacht hat:

«Wenn er die Priester und die Könige zu Boden schmettert, um eine ideale Verbrüderung der Völker auszurufen, wird das die Völker keineswegs hindern, sich im Laufe der Jahrhunderte weiter gegenseitig zu zerfleischen.»

Am 8. August 1902 schreibt Zola an den Opernkomponisten Alfred Bruneau, er habe soeben seinen Roman *Vérité*, den dritten Band von *Les Quatre Évangiles*, abgeschlossen, der eine erzählerische Abwandlung der Affäre Dreyfus darstellt:

«Mein guter Freund, ich bin jetzt endlich mit dieser schrecklichen ‹Vérité› zu Ende gekommen, die mich ein Jahr hindurch soviel Kraft gekostet hat. Das Buch ist mindestens so lang wie ‹Fécondité› und die Vielzahl der Figuren ist so bunt, die Fülle der Geschehnisse derart verwirrend, daß mir keine meiner bisherigen Arbeiten ein höheres Maß an Selbstbeherrschung abgenötigt hat. Dennoch habe ich das Manuskript in fast heiterer Stimmung aus der Hand gelegt; nur daß freilich mein Kopf nach Ruhe und Erholung verlangt.»

Zola schließt seinen Brief:

«Sie werden uns alle drei bei strahlender Gesundheit zurückkehren sehen, und die braucht man auch, um das Schicksal zu besiegen.»

Trotz dieser Versicherung währt es nicht lange, bis gerade er selber vorzeitig vom Schicksal niedergestreckt wird.

Das Ende

Edmond de Goncourt ist seinem Bruder Jules im Tode gefolgt. Flaubert, Alphonse Daudet, Maupassant sind tot. Auch an Paul Alexis – der auch ein Buch über Émile Zola schrieb – ist die Reihe gekommen. Am 6. August 1901 gesteht Zola, daß ihn Wehmut erfüllt:

«Dank, mein lieber Seménoff, für den Brief, den Sie mir anläßlich des Ablebens unseres lieben Alexis geschrieben haben. Ich spüre, Ihre Worte kommen von Herzen. Dieser Tod hat mich in der Tat sehr betrübt, wieder ist ein Stück meines eigenen Lebens und meiner Vergangenheit dahin. Nachgerade läuft es darauf hinaus, daß von unserer literarischen Gruppe allein ich selber übrigbleibe.»

Doch auch sein eigenes Ende ist nahe. Nur die ersten drei seiner *Quatre Évangiles* kann er druckfertig aus der Hand geben; den Schlußband *Justice* zu schreiben ist ihm nicht mehr vergönnt.

Am 28. September 1902 bezieht er wieder seine Stadtwohnung, um den Winter in Paris zu verleben. Die seit Monaten unbenutzten Räume sind feucht; im Schlafzimmer wird daher im Kamin Feuer gemacht, dann nehmen Zola und seine Frau eine reichliche Mahlzeit zu sich und legen sich zu Bett.

Mitten in der Nacht erhebt sich Madame Zola; sie hat heftige Kopfschmerzen und fühlt sich äußerst matt. Sie geht ins Badezimmer, wo sie sich mehrmals erbricht; es dauert eine Weile, bis sie wieder zu Kräften kommt. Als sie in das Schlafzimmer zurückkehrt, ist gerade ihr Gatte wach geworden; auch ihm ist übel, was er auf eine Magenverstimmung zurückführt. Er verläßt das Bett und stürzt zu Boden. Madame Zola will nach der Nachttischglocke greifen, um die Dienstboten herbeizuklingeln, doch wieder schwinden ihr die Kräfte, und in die Kissen gelehnt, wird sie ohnmächtig.

Am Morgen, gegen neun Uhr, entschließen sich die unruhig gewordenen Dienstboten, in das Schlafzimmer einzudringen. Émile Zola ist tot; seine noch immer bewußtlose Frau wird in eine Klinik geschafft. Der Tod hat den Zweiundsechzigjährigen ereilt, ohne daß er noch einmal zu sich gekommen wäre. Erstickt am Kohlenoxyd aus einem Kamin, dessen Abzug nicht funktioniert. Da sein Kopf infolge des Sturzes auf den Fußboden zu liegen gekommen ist, hat Zola die Hauptmenge des geruchlosen, durch die unvollkommene Verbrennung der Kohlen im Kamin entstandenen Giftgases eingeatmet . . .

Die Beisetzungsfeierlichkeiten fanden am 5. Oktober, einem Sonntag, unter Beteiligung einer riesigen Trauergemeinde auf dem Cimetière

Am Schreibtisch

Montmartre statt. Der Dichter Anatole France hielt die Totenrede und schloß mit den Worten:

«Beklagen wir ihn nicht, weil er gelitten und erduldet hat! Beneiden wir ihn! Über einem Berg von Verunglimpfungen, wie ihn Dummheit, Ahnungslosigkeit und Bosheit nie zuvor aufgetürmt haben, ragt sein Ruhm in eine unantastbare Erhabenheit hinauf.

Beneiden wir ihn: er hat seinem Vaterland und der ganzen Welt Ehre gemacht mit seinem riesigen dichterischen Werk und einer großen Tat. Beneiden wir ihn, seine Berufung und sein reines Herz liehen seinem irdischen Wandel würdigste Größe: in ihm verkörperte sich in einem großen Augenblick das Gewissen der Menschheit!»

Sechs Jahre später – am 6. Juni 1908 – wurde Zolas irdische Hülle ins Panthéon überführt, und wie in den Tagen der Affäre Dreyfus prallten die feindlichen Gesinnungen hart aufeinander. Die Kraft und die Kampflust von Zola hatten sich mit seinem Tode nicht verflüchtigt, sie dauerten fort.

Das Sterbezimmer

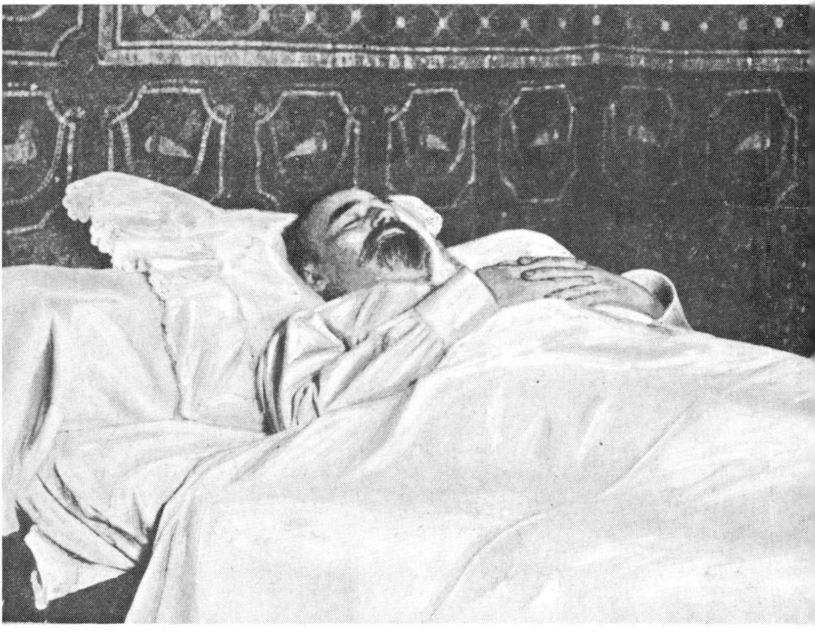

Bekenntnisse und Widersprüche

«Ein Kunstwerk ist ein Stück Natur, gesehen durch ein Temperament.»
Émile Zola, *«Mes Haines»*

Der eindeutige Grundzug von Zolas ganzer Existenz, insbesondere die
für sein Auftreten als Schriftsteller charakteristische entschiedene Haltung, hat nicht verhindert, daß in seinem literarischen Werk befremdliche
Eigenheiten und Widersprüche anzutreffen sind. Gewiß haben das freie
Spiel der Phantasie, haben Bedenken und Zweifel nur in relativ geringem
Maße Anteil an diesem ganz der Arbeit gewidmeten Dasein gehabt, das
sich so augenscheinlich auf gesicherte Überzeugungen gründete. Sobald
Zola seinen Weg gefunden hat, verfolgt er ihn mit unbeirrter Entschlos-
senheit, geradezu mit Ungeduld, und ohne sich je davon abbringen zu
lassen. Aber kein menschliches Dasein verläuft so geradlinig, wie der
Augenschein das wahrhaben möchte; jedes hat seine sichtbaren oder
verborgenen Mäander-Windungen.

Daß Émile Zola bis zu seinem 21. Lebensjahr vor der Wirklichkeit
zurückschreckt – zumindest vor dem, was er so nennt –, daß er rundheraus
beteuert, sie sei schauderhaft: dies entbehrt sicherlich nicht der Pikanterie
bei einem Mann, der schon so bald der Wortführer des Naturalismus wird;
obwohl man seinen damaligen Ansichten nicht mehr Gewicht beilegen
darf als den normalen Symptomen einer Wachstumskrise. Nicht ein einziges Werk von Bedeutung knüpft ja hier wieder an; woraus zweifelsfrei
hervorgeht, daß der wahre Zola eben von anderer Art ist.

Viel wesentlicher ist die polemische Auseinandersetzung des jungen
Zola mit dem 1865 verstorbenen Sozialisten Pierre-Joseph Proudhon,
gegen dessen Thesen er im folgenden Jahr in einer bedeutsamen Publika-
tion opponiert. 26 Jahre alt ist Zola, als er den *Mes Haines* betitelten, aus
Zeitungsaufsätzen und Abhandlungen bestehenden Sammelband heraus-
gibt. Schon ist er eine selbstbewußte Persönlichkeit, hat er das Programm
des Naturalismus verkündet, steht er im Begriff, seine *Thérèse Raquin* zu
schreiben, den Zyklus seiner *Rougon-Macquart*-Romane zu planen. Er
weiß, was er will, was er liebt und – was er haßt. Er hat seine Wette mit
dem Schicksal geschlossen, sich seine Götter erkoren. In dem Band *Mes
Haines* praktiziert er, wozu er dann 1870 einen Théodore Duret ermun-
tert: «Denen, die man liebt, Gutes nachzusagen, ist nicht ausreichend;
man muß auch denen Böses nachreden, die man haßt.»

Dem Haß widmet Zola diese Lobrede:

«Der Haß ist mir heilig. Er ist die gerechte Entrüstung der trotzigen und

starken Herzen, die kämpferische Geringachtung als Waffe derer, denen die Mittelmäßigkeit und die Gemeinheit zuwider sind. Hassen heißt lieben, heißt empfinden, daß man eine feurige und mutige Seele hat, heißt unangefochten leben, unangefochten von Schändlichkeiten und Dummheit.

Der Haß schafft Erleichterung, vollstreckt Todesurteile, der Haß ist erhebend.

... Wenn ich heute zu etwas tauge, so dazu, auf mich selbst gestellt zu sein und zu hassen.

Ich hasse die Nullen und die Nichtskönner; sie widern mich an.»

Zola versteigt sich zu der Beteuerung:

«Mir geht es wie Stendhal: ein Schurke ist mir lieber als ein Kretin.

... Die Mittelmäßigen sollten samt und sonders zur Place de Grève gekarrt werden. Die Mittelmäßigen verabscheue ich.»

Auf der Place de Grève stand während der Großen Französischen Revolution die Guillotine.

Weiter beteuert der junge Zola:

«Ich schere mich weder um Schönheit noch um Vollkommenheit. Ich pfeife auf die Größe vergangener Jahrhunderte. Mich kümmert allein das Leben, der Kampf, das Fieber des Hasses. Ich befinde mich am wohlsten inmitten meiner eigenen Generation.»

Jedenfalls wartet dieser Sammelband noch nicht mit jenem lehrhaften Dogmatismus auf, den Zolas Leser dann in der Abhandlung *Le Roman expérimental* begegnen. Der Band *Mes Haines* birgt spontane Eindrücke, Bekenntnisse und geistreiche Einfälle – ohne sich an Theoreme und Schulmeinungen zu binden, behandelt Zola diese und jene Streitfrage. Zwei längere Aufsätze – der eine über eine nachgelassene Schrift von

Abguß der Hand Zolas

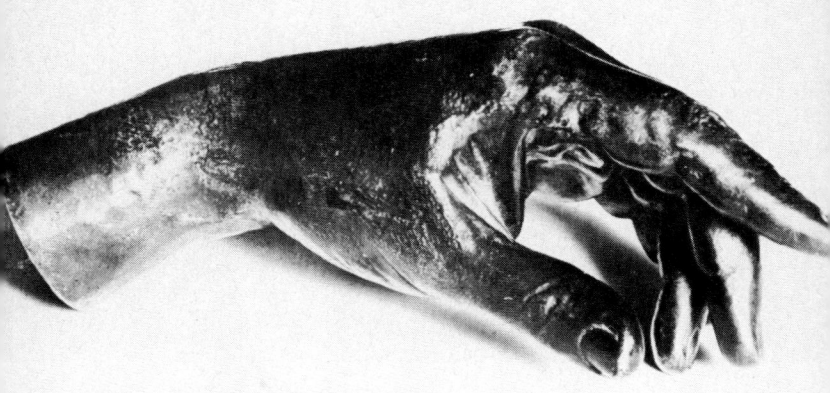

Proudhon, während in dem anderen beiläufig von Pascal die Rede ist – zeigen im übrigen einen Zola, mit dem man kaum ohne weiteres rechnet.

In seiner Kritik von Proudhons Schrift *Le Principe de l'art et sa destination sociale* wirft sich der junge Zola zum eifernden Verfechter des Individualismus auf. Gegenüber Proudhon, der die Existenzberechtigung der Kunst in der Zerstreuung, die sie bietet, und in ihrem sozialen Nutzwert erblickt, macht Zola entrüstet – und in entsprechendem Ton! – den Anspruch des Künstlers auf absolute Freiheit geltend; er protestiert gegen jede Abhängigkeit, ganz gleich, mit welcher Gesinnung sie verbrämt wird. Nur ein Gebot erkennt Zola an: den Vorrang des Schöpferischen, das sich jeder Bevormundung durch eine Partei oder Klasse entzieht; für Zola gibt es nur eine einzige bindende Verpflichtung: die des Künstlers gegenüber seinem Werk, ohne jede Rücksicht auf dessen Verwendbarkeit. Zolas Auflehnung gegen Proudhon und dessen Anhänger ermangelt nicht der Schärfe:

«Ihre Gemeinschaft und Ihre Gleichmacherei ekeln uns an. Wir tragen für unseren Stil und unsere Kunst unsere Haut zu Markte und unsere Seele; wir sind Liebhaber des Lebens und schenken Ihnen jeden Tag ein Stück unserer Existenz. Doch wir stehen in niemandes Dienst und weigern uns entschieden, in den Ihren zu treten.»

Zola findet die prächtige Formulierung:

«Wenn Sie mich fragen, was ich in dieser Welt auszurichten gedächte, ich, der ich ein Künstler bin, antworte ich Ihnen: ‹Ich gedenke hochgemut und kühn zu leben›.»

Beharrlich bezeichnet er sich als Individualisten:

«Kurz, ich befinde mich in diametralem Gegensatz zu Proudhon: er will, daß die Kunst die Schöpfung der Nation sein soll; ich hingegen bestehe darauf, daß sie die Schöpfung der Persönlichkeit darstellt.»

Einige Zeilen weiter versteift er sich nochmals darauf:

«Meine Kunst ist, für mich, ganz im Gegenteil eine Absage an die Gesellschaft, eine Bejahung der Einzelpersönlichkeit, jenseits jeder Gesellschaftsordnung und aller sozialen Erfordernisse.»

Das Plädoyer hat etwas Mitreißendes, und uns Heutige mutet dieser Alarmruf wie eine Prophetie an. Seiner Gegenwart fast um ein Jahrhundert voraus, brandmarkt Zola jenen Mißbrauch der Macht, zu dem gewisse Leute nur allzusehr bereit sind – während sie «Es lebe die Freiheit!» rufen, treten sie die Freiheit mit Füßen.

In dem Abschnitt von *Mes Haines*, den er dem von den Brüdern Goncourt gemeinsam verfaßten Roman *Germinie Lacerteux* widmet, macht Zola ein Geständnis, das man ebenfalls mit Bestürzung zur Kenntnis nimmt:

«Mein Geschmack ist, wenn man so will, entartet; ich liebe die stark gewürzten literarischen Gerichte, die Bücher der ‹Décadence›, in denen eine krankhafte Reizbarkeit die allzu gesunde Normalität klassischer Epochen abgelöst hat.»

Kann man sich schließlich heftigere Gegensätze vorstellen, als sie sich in Zola und in Pascal verkörpern? Eben darum aber ist es aufschlußreich, wie der naturalistische junge Romancier auf die Lektüre der *Pensées* reagiert:

«*Auf die Gefahr hin, als Armer im Geiste verschrien zu werden, will ich mit zwei Worten auf den Eindruck zu sprechen kommen, den eine Seite von Pascal auf mich zu machen pflegt. Ich erschrecke über meine Ungläubigkeit und noch mehr über seine Glaubenssätze; er hat mir die Hölle heiß gemacht, indem er mir die Greuel meines Zweifels vor Augen geführt hat, und dennoch würde ich meine eigenen Angstschauer nicht gegen die Angstschauer seines Glaubens eintauschen. Pascal zeigt mir meine Not, ohne daß er mich bewegen könnte, die seinige zu teilen. Ich bleibe Pascal zum Trotz völlig ich selbst, wiewohl tief beunruhigt und mit blutender Seele.*»

Entspricht es nicht derselben Haltung, derselben tiefen Beunruhigung, die gleichwohl außerstande ist, an seinen Überzeugungen zu rütteln, wenn Zola bei der Suche nach einem Stoff für ein *Melodram in einem Akt* auf das Drama der Auferweckung des Lazarus zurückgreift?

Die nachfolgende Szene aus Zolas *Poème lyrique* geht davon aus, daß die Mutter des Lazarus, seine Frau, sein Kind und seine Freunde Jesus angefleht haben, ihnen Lazarus wiederzugeben. Der Auferstandene aber will, nachdem er den Tod kennengelernt hat, vom Leben nichts mehr wissen.

«*Lazarus: Er tat so wohl, Jesus, dieser tiefe Schlaf im Dunkel, dieser tiefe Schlaf ohne Traum. Nie zuvor hatte ich die Wohltat vollkommener Ruhe empfunden; es gibt sie nur im Grab. Endlich schlief ich, ruhte ich aus in den grenzenlosen Entzückungen der Nacht und des Schweigens. – Kein irdischer Laut erreichte mehr mein Ohr, weder das Tosen des Lärms noch die leisen Geräusche des Alltags. Und ich brauchte mich nicht mehr von der Stelle zu rühren – ach, diese ewige Reglosigkeit, diese unaufhörliche, wahrhaft göttliche Beseligung, wenn die Welt schwindet und vergeht! – Herr, warum hast du mich aufgeweckt? Warum diese Grausamkeit, den armen Toten der Freude zu berauben, mit der er in den ewigen Schlaf einging?*

Jesus: Armer Mensch, es sind deine Freunde, es sind deine Angehörigen, die es sich so gewünscht haben, um bei deinem Anblick glücklich zu sein. Du wirst weiterleben auf Erden.

Lazarus: Weiterleben? Ach! Nein, oh, nein! Nein! Habe ich denn mit all dem Leiden nicht meine furchtbare Schuld bei Lebzeiten abgetragen? Ich wurde geboren, ohne zu begreifen, warum; ich habe gelebt, ohne zu begreifen, wie; und jetzt wollt ihr mich zwingen, meine Schuld doppelt abzugelten, wollt ihr mich dazu verdammen, daß meine Leidenszeit auf dieser schmerzgepeinigten Erde von vorn beginne!

Die Mutter: Lazarus, kennst du mich denn nicht mehr? Ich bin deine Mutter, mein Schoß bebte vor Jubel, als ich dich gebar und sah, daß du lebtest. Ach, welche unsägliche Freude, dich zu haben, dich noch zu behalten! Komm, daß ich dich führe; daß ich dir helfe, wie in den lange entschwundenen Tagen, da du klein warst!

Lazarus: Nein, nein! Tut mir im Gegenteil, Mutter, die Liebe, mir mein einziges Glück zu gönnen! Welch neues Leid schüfe es mir, Euch bei Lebzeiten zu verlieren. Bald werdet Ihr ja mit mir vereint sein, werdet Ihr gewahren, wie wohl es tut, gestorben zu sein, wie wohl! Wer die wunschlose Zufriedenheit kennt, die der ewige Schlaf spendet, findet auf Erden kein Wohlgefallen, das sich damit vergleichen ließe.

Die Gattin: Und ich, Lazarus, deine Frau, die nach deiner Umarmung

Madame Zola

schmachtet, und die es heiß überläuft, seitdem deine Stimme mir wie der Juniwind über den Nacken streicht? Mich willst du also gar nicht mehr kennen, nicht mehr glücklich machen?

Lazarus: Ach, meine Gattin, meine liebe Frau, nichts anderes bin ich dir mehr als ein Ungetreuer, der mit einer anderen das Lager geteilt hat: ein Lager, viel weicher, viel verführerischer, viel unvergeßlicher als das deine! Ich teilte es mit dem Tod, dem ewig Liebenden, und es war so gut, so gut, von seinem Schweigen und seiner Nacht umfangen zu sein, daß meine toten Lippen für lebende Lippen nicht mehr taugen.

Das Kind: Und ich, Vater, dein Kind – willst du mich ganz und gar vergessen? Du nahmst meine kleine Hand, führtest mich auf allen Pfaden. Willst du mich jetzt allein lassen? Morgen für Morgen hast du mich doch gelehrt, daß man das Leben lieben muß.

Lazarus: Das Leben, o ja, ich habe es von ganzem Herzen geliebt, mit all meiner Leidenschaft. Ich gab mich ihm hin, wie man das tut, wenn man liebt, mit jeder Fiber habe ich mich der Freude, lebendig zu sein, überlassen. Und du, mein Kind, wirst an deinem Teil damit fortfahren, das Leben zu lieben, wie ich es tat. Du hast ja deine Mutter, die dich leiten wird. Ich aber habe meine Aufgabe erfüllt und habe mich schlafen gelegt, weil es Abend geworden ist, und niemand hatte das Recht, mich aus meinem Schlummer zu reißen, meinem sanften Schlummer.

Jesus: Du willst wirklich kein zweites Mal leben, mein Bruder? Du Armer, der du mir die Tränen in die Augen treibst?

Lazarus: Nein, nein! Bürde sie mir nicht auf, die Qual, wieder zu leben, diese Marter, die so fürchterlich ist, daß du noch keinen Menschen zu ihr verdammt hast. Ich habe dich immer geliebt und dir treulich gedient, Herr, darum vollziehe an mir nicht das ärgste Beispiel deines Zornes, bei dem die künftigen Geschlechter das Grauen überkäme.

Das Kind: Vater, hast du den Himmel offen gesehen? Ist es darum, daß du uns verläßt?

Kirchliche Kultgegenstände auf dem Schreibtisch Zolas

Die Gattin: Welche überirdischen Entzückungen locken dich fort ins Paradies?

Die Mutter: Willst du uns nicht sagen, was du jenseits jener Grenzscheide gesehen hast – dort, von wo keiner wiederkehrt?

Lazarus: Nicht das ist der Grund, nicht das, nicht das! Aber ich schlief. Das Dunkel war unermeßlich, das Schweigen unendlich. Wenn ihr doch ahntet, wie wohl es tut, nicht mehr zu sein; zu schlummern, nachdem alles nichtig geworden ist . . . Vermagst du es, Herr, dann flehe ich dich an: tue zum anderen Mal ein erhabenes Wunder, damit ich mich zur Ruhe legen darf in diesem Grab und, ohne zu leiden, wieder eingehe in meinen ewigen Schlaf, den du unterbrochen hast. – Ach, meine Mutter, meine Frau, mein Kind, meine Freunde: wenn ihr mich liebt, laßt mir Gerechtigkeit widerfahren; bittet Jesus, mich wieder in jenem sanften Gestorbensein zu überantworten, aus dem mich zurückzurufen niemand von euch das Recht hatte.

Die Mutter: Ja, tue das Wunder zum anderen Mal! Ich liebe meinen Sohn innig genug, um ihm zu wünschen, was ihm wohl tut; möge er denn schlafend meiner harren, da er ja weiß, wo Glückseligkeit ist.

Die Gattin: Auch ich flehe dich an: tue dieses Wunder! Die Erinnerung an die Küsse, die wir einst tauschten, wird mich leidenschaftlicher entbrennen lassen als dieses bleiche, dem Grab entstiegene Gespenst. Auch ich werde glücklich sein, wenn er es wieder ist.

Das Kind: Mein Vater ist müde: tue dieses Wunder, damit er schmerzlos entschläft! Das Leben wird dennoch nicht aufhören, denn ich bin ja da, um es fortzuführen.

Der Chor: Nimm das Leiden von ihm, wir bitten dich inständig. Lazarus soll nicht mehr leiden, darf nicht mehr leiden. Tue dein Wunder, damit Lazarus schmerzlos entschläft!

Jesus: Ja, ja denn, nicht länger sollst du leiden, armer Lazarus . . . Ihr wolltet es anders, doch nun habt ihr vernommen, was er euch gesagt hat, und seid wissend geworden. Nach der Passion des Lebens ist der Tod die große Wohltat. Mein gegen ihn so strenges Herz wollte mir bluten um seinetwillen, weil ich ihn zwang, ins Leben zurückzukehren. Es ist wohlgetan, es ist gerecht und gut, daß er abermals entschläft.

Lazarus: Hab Dank, Jesus! (Er steigt in sein Grab und bleibt aufrecht darin stehen.)

Jesus: Lazarus, schlafe ein! (Lazarus legt sich nieder.) Lazarus, schlafe ein!

Lazarus (mit schwacher Stimme): Welche Wohltat! Hab Dank, Jesus!

Jesus: Lazarus, schlafe ein!

Lazarus (immer leiser sprechend): Welches unermeßliche Dunkel! Welch unendliches Schweigen! Jesus, hab Dank! (Seine Stimme erstirbt.)

Jesus: Lazarus, schlafe ein! (Lange Stille.) Deckt nun den Stein wieder darüber! (Die drei Männer verschließen mit dem Deckstein die Gruft.) – Du armes Geschöpf in Menschengestalt, Geschöpf des Leidens und des Elends, schlafe, schlafe jetzt, glücklich für immer, auf ewig!

Alle: Du armer Lazarus, armer todmüder Mensch, gebrochen von Elend und Leiden, schlafe, schlafe jetzt, glücklich für immer, auf ewig!»

(Médan, 1. Januar 1894.)

Es gibt Eigenheiten bei Zola, die man nicht übersehen darf, wie etwa die Vorliebe, die er für kirchliche Kultgegenstände hegt. Auf seinem Schreibtisch liegt stets ein Kruzifix aus Elfenbein; auch ein Abendmahlskelch, ein Hostienbehälter, ein Etui mit einer bildlichen Darstellung der Heiligen Jungfrau haben dort ihren Platz. Aus Lourdes hat er sich einen riesigen Rosenkranz mitgebracht.

Daß Zola die meisten dieser Devotionalien ständig um sich hatte, sie vor Augen und in Reichweite zu haben liebte, mutet erstaunlich an. Nichts lag ihm ferner als der Satanismus mit seinen Schwarzen Messen. Zola, der sich ebensosehr als Wissenschaftler wie als Schriftsteller betrachtete, er, der das Übernatürliche leugnete, ganz in den sozialen Problemen aufging, ein für allemal der Metaphysik den Rücken gekehrt hatte – welchem verwunderlichen Reiz erlag ausgerechnet er beim Anblick der kultischen Objekte eines Glaubens, der ihm vollkommen fremd war? Ergriff ihn einfach die stumme Poesie solcher Dinge, oder suchte er sich durch die Symbole dessen, was für ihn nichts als Aberglauben bedeutete, in seinem Agnostizismus zu bestärken?

Da Zola mit Aufschlüssen so intimer Art ziemlich geizte, steht zu fürchten, daß er die legitime Antwort auf diese Fragen mit ins Grab genommen hat. Andererseits wird man, wenn man nach seiner Sinneshaltung fragt, zu berücksichtigen haben, daß er in seinen Romanen auffallend viele Priester – samt und sonders unfähige oder mittelmäßige – schildert und der fünfte Band seines *Rougon-Macquart*-Zyklus (*La Faute de l'Abbé Mouret*) einen Mystiker im Priesterrock sogar als Titel- und Hauptfigur präsentiert: im *Paradou* bei Plassans durchlebt dieser Sohn von Marthe Mouret, einer geborenen Rougon, die in religiöser Verzückung und geistiger Umnachtung stirbt, alle Stadien naiv-sinnlicher Erotik, ehe er reuig und zerknirscht seine geistliche Profession von neuem aufnimmt . . .

Gehört indessen zu einem komplexen Bild von Émile Zola nicht noch ein weiterer Aspekt – der nämlich, unter dem er selbst sein Schaffen betrachtet? Wie wertet er den Ruhm, den ihm sein literarisches Werk einbringt? Wie findet er sich mit der erdrückenden Last seiner Arbeit ab, die er sich Tag für Tag aufbürdet? Das ungewöhnlich gesteigerte Selbstbewußtsein, das Zola zur Schau trägt, scheint ganz im geheimen von nagenden Zweifeln heimgesucht zu werden – mit dem Effekt, daß sein Erfolg ihn nicht länger eine Bestätigung dünkt und seine persönliche Existenz Gefahr läuft, sich bis zur Sinnlosigkeit zu verflüchtigen.

Gewiß, es wäre voreilig, nun zu folgern, die beharrlichen Versicherungen, deren er sich als Mann der Feder befleißigt – daß die Arbeit seine höchste und einzige Freude darstelle –, seien Abwehr-Reaktionen; seien das Ergebnis einer kompensierenden Willensanspannung, die jenen Zweifel an sich selber habe beheben sollen, den er, höchst real, als fortwährende Bedrohung empfunden habe. Bei der vereinfachten Vorstellung, der zufolge Zola als Persönlichkeit «aus einem Guß» gilt, und die, nebenbei gesagt, die übliche ist, übersieht man, wie aufschlußreich es werden kann, zu ihr jene andere, genau so vereinfachende eines angstgequälten und innerlich zerrissenen Zola in Beziehung zu setzen, der sich ständig Gewalt antut, um sich den Glauben an den Sinn und den Wert seines Tuns zu bewahren. Denn legt die folgende Passage aus dem Roman *L'Œuvre* – Zola hat darin unter dem Namen «Sandoz» sich selbst auftreten lassen und für die Hauptfigur, den Maler Claude Lantier, als Modell Paul Cézanne verwendet – es nicht, unbeschadet gewisser Abstriche, mehr als nahe, daß der besagte Zweifel tatsächlich in Zola tiefe Wurzeln geschlagen hat und nur eine Art Glaubensakt, dem die äußerste Anspannung etwas Aufrührerisches gibt, diesen Zweifel in Schach zu halten vermochte? Jedenfalls ist es interessant, mit der ihm voraufgegangenen Lazarus-Text bezeugten Haltung hier das ergreifende Geständnis von Sandoz alias Zola zu konfrontieren, nebst dem überraschenden Ausbruch, in dem Sandoz zum Schluß sich wieder «fängt» und seiner Anwandlung Herr wird:

«– . . . *Begreife doch, daß die Arbeit mein Leben regelrecht aufgefressen hat! Nach und nach hat sie mir meine Mutter genommen, meine Frau, überhaupt alles, was ich liebe. Der Keim, der sich einmal in meinem Kopf eingenistet hat, nährt sich von meinem Hirn, senkt seine Wurzeln bis in den Rumpf und die Glieder, zehrt an meinem ganzen Leib. Sowie ich morgens aus dem Bett springe, packt mich die Arbeit beim Schopf und nagelt mich an meinem Schreibtisch fest, ohne daß ich erst frische Luft schöpfen dürfte; hernach läßt mich die Arbeit selbst über Mittag nicht aus ihren Klauen, so daß ich auch bei der Mahlzeit wortkarg an meinen Sätzen herumkaue. Die Arbeit begleitet mich überallhin, falls ich mich davonstehle; sie kommt mit*

Émile Zola auf dem Totenbett

mir wieder nach Hause, um mit von meinem Teller zu Abend zu essen, sie bettet sich mit auf mein Kopfkissen – und sie tut das alles mit solcher Unerbittlichkeit, daß ich nie die Kraft gewinne, mein einmal angefangenes Werk zu unterbrechen, dessen Wachstum sogar weitergeht, wenn ich in tiefen Schlaf gesunken bin . . . Kein Lebewesen existiert für mich außer mir selber; ich schließe meine Mutter in die Arme, bin dabei aber so geistesabwesend, daß ich mich zehn Minuten später ernstlich frage, ob ich ihr wirklich guten Morgen gewünscht habe. Meine arme Frau hat keinen Gatten mehr, denn in Wahrheit bin ich nicht einmal bei ihr, wenn unsere Hände sich vereinen. Bisweilen habe ich die deutliche Empfindung, daß ich allen, die um mich sind, trübe Tage bereite, und dann schlägt mir das Gewissen, weil das Glück allein darin liegt, daß man Güte, Offenheit und Fröhlichkeit walten läßt, zumal in einer Ehe; doch wie soll ich mich den Krallen meines Blutsaugers entwinden! Unversehens ergebe ich mich denn auch abermals der Entrückung schöpferischer Stunden, aber ebenso der Gefühlskälte und der Gereiztheit, welche beide daher stammen, daß ich so sehr von der Arbeit hingenommen bin. Um so besser für meine Umgebung, wenn ich am Vormittag mit meinen Seiten gut vorankomme; um so schlechter, wenn ich in einer Seite mittendrin steckengeblieben bin! Das ganze Haus lacht oder weint, je nach dem Befinden der unersättlichen Arbeit . . . Unmöglich, wenn die Morgensonne lacht, das Haus zu verlassen; kein Entrinnen vor der Fron, wenn man bei einem Freund zu Besuch ist; niemals auch nur das kleinste bißchen Faulheit! Bis zuletzt mein eigener Wille zum Teufel geht, dafür aber die Gewohnheit in ihre Rechte tritt; bis ich die Tür zur Außenwelt hinter mir abgeschlossen und den Schlüssel zum Fenster hinausgeworfen habe . . . Nur noch, nur noch die Arbeit und ich selbst hausen in meinem engen Loch, und sie frißt mich so gründlich auf, daß sie zuletzt allein übrigbleiben wird, ganz allein!

. . . Von den Verunglimpfungen, die man haufenweise zu schlucken bekommt, will ich nicht weiter reden. Statt mich aus dem Konzept zu bringen, stacheln sie mich meistens nur an . . . Es genügt, sich zu sagen, daß man sein Dasein einem Werk geweiht hat; daß man weder erwartet, es werde ihm unverzüglich Gerechtigkeit widerfahren, noch auch nur mit einer ernsthaften Prüfung rechnet; sich zu sagen, daß man einfach schafft, ohne Hoffnung auf Erfolg, es lediglich tut, weil die Arbeit einem genauso unter der Haut pulsiert und in der Brust schlägt wie das Herz, unabhängig vom persönlichen Wollen; dann bringt man es sehr wohl noch dahin, über seiner Arbeit zu sterben, in der tröstlichen Illusion, eines Tages werde man wenigstens nachträglich um ihretwillen geliebt werden . . . Du lieber Himmel, was für schreckliche Stunden beginnen an dem Tag, an dem ich einen Roman anfange! Die ersten Kapitel gehen einigermaßen flott voran, da habe ich noch die Möglichkeit, meinen Neigungen freien Lauf zu lassen; dann aber schnappt die Falle zu, nie ist das Pensum, das ich täglich leiste, groß genug; schon im voraus tadele ich das werdende Buch, halte es für nicht halb so gut wie seine älteren Brüder, plage mich mit den Tücken der einzelnen Seiten, der Sätze, der Wörter – so sehr, daß selbst die Kommata mir Fratzen schneiden, unter denen ich leide. Und ist das Buch beendet, ach, ist es fertig, welch eine Erleichterung für mich! Ich rede nicht vom Behagen des Herrn Verfassers, der sich vor Bewunderung für sein Opus

MESSIDOR

Drame Lyrique

EMILE ZOLA

ALFRED BRUNEAU

Titelblatt zum Libretto der Oper «Messidor»

überschlägt, sondern von dem befreienden Fluch, mit dem der Lastträger die Bürde abwirft, die ihm fast das Rückgrat gebrochen hat . . . Und dann, dann beginnt alles von neuem; stets fängt es wieder von vorn an; wie vorher führe ich nur zu bald am liebsten aus der Haut. Ich wüte gegen mich selbst, weil es mich aufbringt, daß ich nicht mehr Talent bewiesen habe; weil mich das Rasen überkommt, wenn ich bedenke, daß ich womöglich kein umfangreicheres, höher aufgetürmtes Gesamtwerk hinterlasse, Bücher über Bücher, ganze Stapel, ein richtiges Gebirge. Und selbst auf dem Sterbebett werden mich die gräßlichsten Zweifel heimsuchen, werde ich mich erbittert fragen, ob ich das Richtige getan habe; ob ich nicht nach links hätte gehen müssen, während ich nach rechts gegangen bin. Noch mein letztes Wort, mein letzter Atem wird mein Verlangen bezeugen, alles noch einmal zu machen . . .

Die Erregung hatte ihn überwältigt, seine Stimme war heiser geworden; er mußte tief Atem holen, ehe er, wie in einem leidenschaftlichen Aufschrei, in dieses Bekenntnis auszubrechen vermochte, in dem seine ganze pathetische Verstocktheit zum Ausdruck kam:

– Ach, wer gibt mir ein Leben, ein zweites Leben, damit mir die Arbeit auch das noch raubt und ich ein zweites Mal über ihr sterbe!»

Während die Entsprechung zwischen Zola und seinem Roman-Doppelgänger Sandoz im vorstehenden Monolog offenkundig ist, nimmt im gleichen Roman *L'Œuvre* die Lebenskurve des Malers Claude Lantier jenen negativen Verlauf, der zwar Zolas Einschätzung seines Jugendfreundes Cézanne, keineswegs aber der Wahrheit gemäß ist. Zola ist mit so starker, ihm als Romancier unentbehrlicher Übertreibung zu Werke gegangen, daß trotz der physiognomischen Ähnlichkeit mit Cézanne in der Romangestalt Claude Lantier eindeutig der älteste Sohn der Gervaise (aus *L'Assommoir*), der Bruder von Étienne Lantier (aus *Germinal*), ja sogar von Jacques Lantier (aus *La Bête humaine*) sichtbar wird: ein Haltloser, der als Maler allenfalls zu genialen Ansätzen gelangt, mehr noch als an den Grenzen seines Talents an seinem labilen Charakter scheitert und, wie er sich selber zerstört, auch die Frau, die er liebt, ins Verderben bringt . . .

Es war der Kunsthändler Ambroise Vollard, der aus Zolas Mund das Urteil hörte: Paul Cézanne besäße nicht die Willenskraft, von seinen Illusionen abzustehen; er, Zola, habe vergeblich *alles getan»*, um Cézanne zu *«galvanisieren»*. Hinwiederum bei Cézanne erlebte Vollard, als auf Zola und *L'Œuvre* die Rede kam, einen drastischen Temperamentsausbruch. «Wie konnte er zu erzählen wagen», meinte Cézanne und hieb entrüstet auf den Tisch, «daß ein Maler Schluß macht, weil ihm ein Bild mißraten ist? Wenn ein Bild nicht gelungen ist, steckt man es in den Ofen und nimmt ein neues in Angriff!» Derselbe Cézanne, dessen Bilder erst spät einige Anerkennung fanden, dessen Rang und künstlerische Bedeutung dagegen bei seinen Lebzeiten nicht erkannt wurden, stellte seine Besuche bei dem Erfolgsautor Zola ein, weil ihn die vielen Teppiche und die Domestiken störten und er sich so vorkam, als mache er einem Minister seine Aufwartung.

Als ihm in Aix-en-Provence Zolas Tod mitgeteilt wurde, legte Cézanne den Pinsel aus der Hand, entließ sein Modell und schloß sich weinend in seinem Atelier ein.

Zola und die Nachwelt

Länger als ein halbes Jahrhundert ist es her, daß Zola starb; inzwischen hat das Pendel weit genug ausgeschlagen, um über seine Hinterlassenschaft sine ira et studio zu urteilen und den Strömungen der Epoche, in der sein Werk entstand, wie auch dem tagesgebundenen Echo, das es zeitigte und das zu falscher Blickrichtung verleiten könnte, mit dem gebotenen Abstand gegenüberzutreten.

Man kommt nicht darum herum, dieses Werk regelrecht zu erforschen: wie es nur zu oft der Fall ist, wenn ein Autor sich eine Produktion abringt, die man «industriell» nennen könnte; der «Abfall» ist enorm. Indessen stehen die Gipfel von Zolas Schaffen heute in absoluter Klarheit vor uns. Man wird, meine ich, also behaupten dürfen, daß *Thérèse Raquin, L'Assommoir, Nana, Germinal* und *La Bête humaine* nicht ins Wanken geraten werden; diese Romane sind es wert, uns erhalten zu bleiben.

Was den unleugbaren literarischen Einfluß Zolas betrifft, so ist er nicht allein für Frankreich eine Realität, sondern für die Weltliteratur. Unter den heutigen Romanciers sind nur wenige, die ihm nicht das eine oder andere verdanken, selbst wenn sie darüber nicht orientiert sind. Zola hat uns den Geschmack einer sinnenkräftigen Wirklichkeit kosten lassen und uns den Mut gelehrt, sie unverhüllt abzubilden. Dank seinem Beispiel sind wir, mit Nietzsche zu reden, zynischer, aber aufrichtiger geworden.

Dem Naturalismus hat man vorgeworfen, daß er dem Menschen eine Darstellung gebe, die diesen herabwürdige; daß er nur das Niedrigste im Menschen erfasse und – unter dem Vorwand der Wirklichkeitstreue – einzig zeige, was den Blick auf das Triebleben und das Physiologische lenkt. Unstreitig rührt in der Tat die Größe eines Dostojevskij daher, daß er den Menschen in seiner Leib und Seele gleichermaßen einschließenden Wahrheit, in seiner Vielschichtigkeit, seiner Integrität darzustellen gewußt hat. Doch sieht es ganz danach aus, als sei in dieser Hinsicht nicht so sehr die naturalistische Doktrin verantwortlich zu machen als vielmehr ihr Begründer höchstpersönlich. Wenn Émile Zola es sich angelegen sein ließ, eine andere Perspektive als die des Naturalismus zu wählen und unter ihr den Menschen zu beschreiben, ist er noch immer ins Fade und Banale abgeglitten; jene andere Welt war ihm verschlossen . . . Als einen Künstler von selten gleichbleibender dichterischer Potenz muß man ihn nehmen, wie er ist, oder ihn ablehnen. Wenn er uns auch kein neues Bild vom Menschen geschenkt hat, sind wir ihm doch insofern zu Dank verpflichtet, als er mit faszinierender Kraft ganze Stoffgebiete erschloß, die vor ihm kein anderer Erzähler zu behandeln imstande war. Zudem beschränkt sich sein Genie keineswegs auf die bloße Entdeckung dieser neuen Themen: es war nicht damit getan, sie aufzugreifen; es bedurfte auch des schöpferischen Odems, um den weiträumigen Fresken Leben einzuhauchen. Was nach ihm in seinem ureigenen Bereich zustande kam, das Unzureichende der spärlichen Anstrengungen jener, die wiewohl in erheblich bescheidenerer Absicht, auf dem gleichen Feld sich versuchten – es beweist hinlänglich, daß die Stoffe, die Zola zu wählen sich erkühnte, nur einer außergewöhnlichen Begabung angemessen waren.

Ein weiteres, was Zola demonstriert hat, und nicht das geringste, ist seine exemplarische Unerschrockenheit: alles, was uns als Wirklichkeit entgegentritt, gehört uns, und nichts auf der Welt darf uns hindern, es kundzutun! Wir kennen die ständige Bedrohung, der solcher Freimut ausgesetzt ist, der stets neu errungen sein will.

Was an Zolas Gesamtwerk lebendig ist – darauf gilt es zu bestehen –, hat unsäglich mehr Nutzen gestiftet, als die literarische Produktion vieler Sittlichkeitsapostel, und Zola hat ohne Zweifel dort, wo er sich um das Nützlichkeitsprinzip am wenigsten scherte, ihm am besten gedient. Er hat das Unrecht aufgewiesen, das in seinen Tagen der sozialen Ungleichheit zugrunde lag, die lediglich traditionsbedingt ist . . . Während die schreibenden Ästheten die Lebensbedingungen des Proletariats nicht wahrhaben wollten oder, schlimmer noch, ihnen mehr oder minder unterlagen, ohne sie ins Auge zu fassen, widmete Zola – mit *Germinal* – diesen Lebensbedingungen eines seiner Hauptwerke. Ein Ruhmestitel, der nicht so bald verblassen wird.

Die Sympathie, die Zola für das Volk hegte, hat dieses ihm denn auch vergolten, nachdem es erst einmal begriffen hatte, welch tiefe Zuneigung ihm der Mann der Feder entgegenbrachte. Noch zu seinen Lebzeiten kam eine Art Zola-Folklore auf den Markt, deren sinnige Erzeugnisse von seinen Romanen inspiriert waren. Tonpfeifen erhielten Zierköpfe, die Gervaise und die übrigen Hauptpersonen von *L'Assommoir* darstellten; mit Szenen aus seinen Büchern schmückte man Teller; man bot Ringe und Medaillons mit seinem Porträt feil; Schreibfedern trugen seinen Namen; Statuetten zeigten die Wäscherin Gervaise, den (damals gebräuchlichen) Wringstock in der Hand und im besten Zuge, damit ihrer Rivalin den Hintern zu versohlen – dem berühmten Waschhaus-Kapitel von *L'Assommoir* getreulich nachgebildet. Eine ganze Bilderwelt verdankte in diesem Genre den Romanen Zolas ihre dem naiven Gemüt angepaßte Existenz. Selbst heute hat das Interesse, das der Name Zola erregt, nicht nachgelassen: in den öffentlichen Büchereien zählen die von ihm verfaßten Bände zu den am häufigsten verlangten.

So viel Dankbarkeit ist man ihm schlechterdings schuldig; denn nie spricht Zola vom Volk anders als gut; wo er sich von ihm abkehrt, läßt die Intensität seiner Bücher nach. Zola ist freilich kein Schriftsteller, der sich vor dem Volk beugt, doch er steht mit diesem seinem Modell auf gleichem Boden – obwohl er blind ist für die Beeinflussung durch Traum und Phantasie und für die Förmlichkeit von Sitte und Brauch: also für das, was sich in der Arbeiterseele bisweilen so mächtig in den Vordergrund drängt. Doch gleichviel! Zart besaitet zu sein ist nicht seine Stärke, und von einem Athleten verlangt man nicht, daß er die Anmut eines Tänzers habe.

Nimmt man ihn, wie er ist, erweist sich Émile Zola als einer der Großen; sein inneres Format macht ihn zu einer erstaunlichen Erscheinung. Der Parteinahme, für oder gegen ihn, ist kein Ende.

Émile Zola

Zeittafel

1840 2. April. Émile Zola in Paris geboren.
1847 Tod des Vaters François Zola.
1850 Das berühmte Werk von Lucas *Traité philosophique et physiologique de l'hérédité naturelle* erscheint.
1858 Madame Zola verläßt mit ihrem Sohn Aix-en-Provence und geht wieder nach Paris.
1860 April. Zola findet eine Anstellung bei der Zollbehörde.
1862 Februar. Tritt beim Verlag Hachette ein, zunächst als Lagerist, später als Chef der Werbeabteilung. – Er erhält die französische Staatsbürgerschaft.
1863 Zola heiratet.
1864 Oktober. Veröffentlichung seines ersten Buches, der *Contes à Ninon*.
1865 Claude Bernards *Introduction à l'étude de la médecine expérimentale* erscheint. Der junge Zola nimmt das Werk zum Vorbild für sein eigenes Schaffen.
1870 13. Juli. Emser Depesche.
     4. September. Zusammenbruch des Kaiserreiches und Proklamation der Republik.
1871 18. März. Die Commune in Paris.
1877 Zola siedelt nach Médan über.
1890 Zola lehnt die Kandidatur als Deputierter ab.
1894 15. Oktober. Capitaine Dreyfus wird verhaftet.
     22. Dezember. Deportation nach der Teufelsinsel.
1897 Dezember. Zola veröffentlicht seinen ersten Artikel über die Affäre Dreyfus im *Figaro*.
1898 13. Januar. Veröffentlichung des Briefes an Ministerpräsident Félix Faure in der *Aurore*.
     23. Februar. Zola wird zu einem Jahr Gefängnis und 3000 Francs Geldstrafe verurteilt.
     18. Juli. Zola geht nach England.
1899 5. Juni. Rückkehr nach Frankreich. Dreyfus wird freigelassen.
1902 29. September. Tod Zolas infolge einer Kohlenoxydvergiftung.
1908 6. Juni. Überführung der Leiche Zolas ins Panthéon.

Zeugnisse

August Strindberg
Man liest indessen, und das ist das Symptomatische, am liebsten Zola,
denn man ist überzeugt, daß das, was er schreibt, wahr ist.
Der Sohn einer Magd. Vorwort zur ersten Ausgabe, 1886

Anatole France
Während man mit ansah, wie es sich, Stein um Stein, vor uns auftürmte,
dieses Werk, ermaß man mit betroffenem Staunen seine Ausdehnung.
Man bewunderte es, verwunderte sich darüber, pries und schalt es. Lob
und Tadel wurden gleich leidenschaftlich gespendet. Zuweilen bedachte
man den unentwegten Autor (ich weiß es von mir selbst) mit Vorwürfen,
die aufrichtig gemeint und doch ungerecht waren. Schmähungen und
Verherrlichungen vermengten sich miteinander. Das Werk indessen
wuchs und wuchs.

Heute, da man als seinen Grundzug das Kolossalische gewahrt, identi-
fiziert man auch den Geist, der darin weht. Der Geist der Güte ist es. Zola
war gütig. Er besaß die Aufrichtigkeit und die Naivität der großen Seelen.
Er war aus tiefer Überzeugung Moralist. Er hat das Laster mit fester und
reiner Hand gemalt. Seine augenfällige Schwarzmalerei, die drückende
Stimmung, die über mehr als einer seiner Romanseiten liegt, verhehlen
nur schlecht seinen faktischen Optimismus, den zähen Glauben an das
Voranschreiten von Einsicht und Gerechtigkeit. In seinen Romanen, die
Ergründungen der sozialen Zustände sind, brandmarkte er mit unver-
söhnlichem Haß eine gleichgültige, frivole Gesellschaft, eine verkomme-
ne und nichtswürdige Aristokratie, schlug er sich mit dem Grundübel
unserer Zeit herum: der überhandnehmenden Herrschaft des Geldes.
Wiewohl Demokrat, schmeichelte er nie dem Volk; vielmehr befleißigte
er sich, ihm die Zwangslagen, die sich aus der Unwissenheit ergeben, vor
Augen zu führen, die Gefahren des Alkoholismus, der es blind und
wehrlos jeder Unterdrückung, allen Jämmerlichkeiten und Schändlichkeiten preisgibt. Das soziale Elend bekämpfte er, wo immer er ihm
begegnete. Das also war es, was er verabscheute. In seinen letzten Büchern bekannte er unumwunden seine glühende Liebe zur Menschheit.
Seine ganze Kraft wandte er daran, eine bessere Gesellschaftsordnung zu
prophezeien und im voraus zu entwerfen.

Er forderte, daß auf dieser Erde unverzüglich die Menschen in größerer Zahl als bislang zum Glück berufen sein sollen. Er baute auf die Macht

des Denkens, auf die Wissenschaft. Er erwartete von der neuen Kraft unserer Epoche, von der Maschine, eine fortschreitende Befreiung der Werktätigen von ihren Fesseln.

Dieser ehrliche Realist war ein feuriger Idealist. An Größe ist sein Werk nur dem von Tolstoj vergleichbar. Beide Male handelt es sich um exemplarische Lebenswelten, die dank der Dichtkunst zu extremen Sinnbildern europäischer Lebensauffassung gesteigert sind. Beide sind hochherzig und von Friedensliebe erfüllt. Aber die von Tolstoj ist die Lebenswelt derer, welche die Hände in den Schoß legen. Die von Zola ist die Lebenswelt derer, die an der Zukunft arbeiten.

Aus der Grabrede. 1902

Maximilian Harden

Über den Dichter Zola dürften Verständige kaum noch streiten. Er war kein Realist, sondern ein Romantiker, stammte nicht von Flaubert und Stendhal ab, sondern von Hugo, gab Visionen, nicht vérité vraie. Solange er sich um den psychologisch merkwürdigen Fall bemühte, blieb er unbemerkt . . . Sein Genie wurde erst sichtbar, als er große, allgemein interessierende Stoffe griff und Massen auf die Beine brachte. Da brauchte er sich um Kleines, Subtiles nicht mehr zu kümmern, konnte er mit Chören, Leitmotiven, Steckbriefen auskommen . . . Im Mittelpunkt seiner Romane steht immer ein ungeheures Symbol, die Verkörperung einer Naturkraft oder einer sozialen Macht, die eine willenlose, von dumpfen Trieben gescheuchte Menschheit in ihren Riesenrachen schlingt . . . Zola bleibt, mag in seinem Werk manches auch schnell verwittern, der große Epiker der alles Menschenleben determinierenden Schicksalsmächte. Den Mann, der *L'Assommoir, L'Œuvre, Germinal* geschaffen hat, kann keines Papstes Bannbrief und keine Artistenbulle, kein prüdes Gekreisch und kein frommes Notgestöhn aus dem Bereich der Weltliteratur jagen.

Köpfe. 1910

Heinrich Mann

Wie fest stand er da, dieser Mann, seine Wahrheit im Herzen, und im Hirn die Kraft, sie durchzuführen! Wie stand er fest in der Zeit, ihrer so sicher wie seiner zwanzig Bände, in denen sie darin war, unweigerlich: die Natur selbst, gesehen durch ein Temperament. Glücklicher Standpunkt, an jener Stelle, wo Romantik zusammentraf mit Wissenschaft, die Romantik unschädlich, nur noch Diktion, nur noch Mittel zur Wirkung, der wissenschaftliche Geist aber jung, lebensumspannend, stark wie seither nie. Da ließ er dann aus Dokumenten, die ihm alles brachten, Plan, Charaktere, Handlung, eine Wirklichkeit sich bilden und vollenden, die dennoch nur seine war –, aber die Zeit nahm sie entgegen, sie bestätigte seine Wahrheit! –

Sein Name, dieser Name aus zwei hellen Noten, verkündet wie ein nahendes Hornsignal immer lauter, was er tut, und daß er lebt. Kein anderer wird so laut, das Jahrhundert hat keinen aus Arbeit gemachten Ruhm, der diesem gleicht. Sein Werk, alle die aus seinem Zimmer hervorgegangenen Bände, millionenfach in den Händen der Welt, der Welt, so weit sie ist, bestätigen ihr die höchste Macht, der sie anhängt, die Arbeit.

Zola in seinem Zimmer, abgeschieden und doch öffentlich, liebt in seiner Macht, die er von allem am meisten liebt, die Macht der Arbeit, den Aufstieg der arbeitenden Menschheit.

Geist und Tat. 1931

Henri Barbusse

Er war mitnichten ein feiner Mann. Vielmehr gewöhnlich, aber ein Mann von Größe, dem der Appetit nach dem Handgreiflichen und Sinnenhaften stand, begabt mit enormer Wahrnehmungsfähigkeit, mit gesundem Verstand und Einsicht, am Schreibtisch eiserner und naiver Systematik frönend – er beobachtete scharf das von Menschen wimmelnde Arbeitsfeld der entstehenden Großindustrie und die stürmische Errichtung der Großbetriebe, mit den Augen eines Unternehmers eher als mit denen eines Enzyklopädisten, der im übrigen über Gesundheit, Ausdauer und langen Atem gebot. Er kannte keinerlei Furcht. «Um so schlimmer für uns», zeterte ein Zeitgenosse, «wenn da einer aufgestanden ist, den nichts in Schrecken versetzt!»

Er war kein Gelehrter, stützte sich nicht auf die Summe wissenschaftlicher Forschung. Er hatte nichts von einem Intellektuellen, der umfassend gebildet ist und, nach pedantischem Abwägen, sich am Ende auf eine doktrinäre Theorie festlegt. Er verkörperte nicht jenen Typus des Intellektuellen, dem ein Hippolyte Taine, der so gut die Splitter in den Augen der anderen gewahrte, vorwarf, er verpasse sich ein System, wie man sich einen Anzug verpaßt.

Zola war kein Dialektiker. Er kämpfte eher, als daß er sich auf eine Diskussion einließ, und er war eher streitbar als ehrgeizig. Er marschierte schnurstracks geradeaus, weil seine Massivität ihn davor bewahrte, aus dem Gleis zu geraten.

Er bewies, daß er, ganz für sich allein, eine Bewegung darstellte, die sich im Vormarsch befand. Beim Vorbeimarschieren machte er zu seinen Weggenossen jene Ideen, die auf der Linie seines Marsches lagen und der Sache dienten, für die er sich schlug. Was das Ziel, auf das dieser Starke und Mächtige – aufs Geratewohl, doch mit niemals strauchelndem Fuß – zuschritt, deutlicher umriß, es klarer erhellte, in den Komponenten mit ihm übereinstimmte: alles das griff er auf und nahm es zu eigen.

Zola. 1932

Jules Romains

Daß er zu den Großen rechnet, verdankt Zola verschiedenen Besitztiteln. Es ist ein Gemeinplatz, seine Leistung als Konstrukteur zu loben; aber wenn sich ein Lob banal ausnimmt, ist nicht notwendigerweise auch sein Anlaß banal. Seit dem Abschluß der *Rougon-Macquart*, will heißen: seit bald einem halben Jahrhundert, haben wir zur Genüge erfahren, welche Seltenheit eine konstruktive Begabung darstellt, wie wenig große Baumeister es gibt – in der Literatur und auch sonst. Wir sahen die kunstreichen und zugleich kleinen Werke sich üppig mehren. Manch eines geriet, während es noch um die schwankende Gunst des Publikums buhlte, in den Ruf, zwar bescheiden im Umfang, darum aber doch keineswegs gelungen zu sein. Der Architekt hatte zwar lediglich einen Kiosk geplant, jedoch selbst bei dem nicht vermocht, ihm Standfestigkeit zu geben. Andere Werke zeugten von höher gestecktem Ehrgeiz, mühten sich um die Bemeisterung größerer Materialfülle. Aber so achtbar der bewiesene Eifer auch dünkte, er zeigte uns erst recht, zum Greifen deutlich, wie schwierig es doch ist, Großes zu unternehmen. Sei es die Verlegenheit dieser anfängerhaften Baumeister angesichts der Mannigfaltigkeit der Materialien, sei es, was stärker ins Gewicht fiel, die Ärmlichkeit ihres Baumaterials, sei es endlich die Beschränktheit des Horizonts, den ihre Werke uns aufnötigen sollten, – sie alle veranlaßten uns zwangsläufig, zu Père Zola wie zu Père Hugo zurückzukehren: um der Freude willen, eine unverdrossene Brust voll atmen zu hören und dauerhafte Mauern erstehen zu sehen, hinter denen die Riesenfülle der Materie sich gefügig in das Joch schickt, das ihr der Mensch auferlegt.

Zola et son exemple. 1935

Franz Blei

Zola besaß ein weitläufiges Fabrikgebäude zur Herstellung sozialer Schematismen. Seine Situationsmaschinen stanzten den Menschen glatt und sauber heraus. Andere Maschinen, welche die Wahrheit in der Kausalitätsreihe platt walzten, nahmen die ausgestanzten Menschen auf und setzten sie zu Ensembles zusammen, die auf einer Versuchsbühne abgerichtet wurden, so natürlich wie die Natur zu spielen. Ein kleiner Mond aus Silberpapier macht die nötige Sentimentalität.

Das große Bestiarium der Literatur. 1924

Bibliographie

Die Bibliographie verzeichnet neben den Werken des Dichters die wichtigsten Veröffentlichungen über ihn in einer Auswahl. Sie möchte damit einen Einblick in den Umfang und die Wirkung seines Schaffens geben und den Leser gleichzeitig zu weiteren Studien anregen.

1. Bibliographien, Nachschlagewerke, Zeitschriften

Bibliographisches Material zu Zola erscheint laufend in der Zeitschrift:
Les cahiers naturalistes. Bulletin officiel de la Société des Amis d'Émile Zola. Dir. HENRI MITTERAND. Paris 1 f (1956 f)
BAGULEY, DAVID B.: Bibliographie du critique sur Zola. T. 1: 1864–1970. T. 2: 1971–1980. Toronto 1976–1981
DEZALAY, AUGUSTE: Lecture de Zola. Paris 1973 [Mit Bibliographie]
Émile Zola. Exposition organisée pour le cinquantième anniversaire de sa mort. Paris 1952
LA PORTE, ANTOINE: Émile Zola, l'homme et l'œuvre, suivi de la bibliographie de ses œuvres et de la liste des écrivains qui ont écrit pour ou contre lui. Paris 1894
LE BLOND, MAURICE, und JEAN-CLAUDE LE BLOND: Émile Zola dans la presse parisienne d'entre deux guerres. Index chronologique des articles de presse sur É. Zola 1930–33. In: Les cahiers naturalistes 13 (1967)
MENICHELLI, GIAN CARLO: Bibliographie d'Émile Zola en Italie. Florence 1960
MITTERAND, HENRI, HALINA SUWALA und ROGER RIPOLL: Émile Zola journaliste. Bibliographie chronologue et analytique. Bd. 1–2. Paris 1969–1976 (Annales littéraires de l'Université de Besançon. 87.136)
NELSON, BRIAN: Émile Zola. A selective analytical bibliography. London 1982 (Research bibliographies and checklists. 36)
PATTERSON, J. G.: A Zola dictionary: the characters of the Rougon-Macquart novels of Émile Zola. Nachdr. der Ausg. 1912. Hildesheim 1973
WOLFZETTEL, FRIEDRICH: Zwei Jahrzehnte Zola-Forschung. In: Romanistisches Jahrbuch 21, 1970, S. 152–180

2. Werke in Gesamt- und Einzelausgaben

Es werden bei den Einzelausgaben nur die Erstausgaben im Original und in deutscher Übersetzung genannt. Außerdem werden die neuesten deutschen Ausgaben hinzugefügt.

a) Gesamtausgaben

Les œuvres complètes. Notes et commentaires de MAURICE LE BLOND. Textes de l'édition par EUGÈNE FASQUELLE. T. 1–50. Paris (Bernouard) 1927–1929
Meister-Romane in 8 Bdn. Bd. 1–8. Stuttgart, Leipzig (Insel) 1911

Werke. Deutsche Gesamtausgabe. Autor. durch Frau ÉMILE ZOLA und EUGÈNE FASQUELLE. Bd. 1–3. [Mehr nicht erschienen!] München 1925

b) Romane

La Confession de Claude. Paris 1866 – Beichte eines Knaben. Großenhain 1887
Le Vœu d'une Morte. Paris 1866 – Das Vermächtnis eines Sterbenden. Deutsch von JOHANNES CALOVIUS. Großenhain 1882
Les Mystères de Marseille. Paris 1867 – Die Geheimnisse von Marseille. Übertr. von PAUL HEICHEN. 2 Bde. Leipzig 1886
Thérèse Raquin. Paris 1867 – Therese Raquin. Großenhain 1884. Neue illustr. Ausg. Leipzig 1900
Therese Raquin. Aus dem Franz. von EWALD CZAPISKI. 3. Aufl. Leipzig 1972. (Sammlung Dieterich. 247)
Madeleine Férat. Paris 1868 – Magdalena. Deutsch von JOHANNES MORITZ. Großenhain 1884
Les Rougon-Macquart. T. 1–20. Paris 1871–1893
    1. La Fortune de Rougon. 1871 – 2. La Curée. 1871 – 3. Le Ventre de Paris. 1874 – 4. La Conquête de Plassans. 1874 – 5. La Faute de l'Abbé Mouret. 1875 – 6. Son Excellence Eugène Rougon. 1876 – 7. L'Assommoir. 1877 – 8. Une Page d'Amour. 1878 – 9. Nana. 1880 – 10. Pot-Bouille. 1882 – 11. Au Bonheur des Dames. 1883 – 12. La Joie de vivre. 1884 – 13. Germinal. 1885 – 14. L'Œuvre. 1886 – 15. La Terre. 1887 – 16. Le Rêve. 1888 – 17. La Bête humaine. 1890 – 18. L'Argent. 1891 – 19. La Débâcle. 1892 – 20. Le Docteur Pascal. 1893
Roman-Serie Die Rougon-Macquart. Die Geschichte einer Familie unter dem Zweiten Kaiserreich. Einzige ungek. Ausgabe. Bd. 1–20. Übers. von ARMIN SCHWARZ. Budapest 1892–1899
    1. Das Glück der Familie Rougon – 2. Die Treibjagd – 3. Der Bauch von Paris – 4. Die Eroberung von Plassans – 5. Die Sünde des Abbé Mouret – 6. Seine Excellenz Eugène Rougon – 7. Der Totschläger – 8. Ein Blättchen Liebe – 9. Nana – 10. Der häusliche Herd – 11. Zum Paradies der Damen – 12. Die Lebensfreude – 13. Germinal – 14. Das Kunstwerk – 15. Mutter Erde – 16. Der Traum – 17. Die Bestie im Menschen – 18. Das Geld – 19. Der Zusammenbruch – 20. Doktor Pascal
Die Rougon Macquart. (Deutsche Gesamtausgabe. Autor. durch Frau ÉMILE ZOLA und EUGÈNE FASQUELLE. Übers. u. a. von ALASTAIR, FRANZ ARENS, MAX und ELSE BROD, L. v. JACOBI, FRANZ BLEI, GERTRUD OUCKAMA-KNOOP, ROSA SCHAPIRE, THASSILO VON SCHEFFER, JOHANNES SCHLAF.) Bd. 1–20. München 1923–1925 – Neue Aufl. 1927
Die Rougon-Macquart. In Einzelausgaben hg. von RITA SCHOBER. Bd. 1–20. München 1974–1977
Das Glück der Familie Rougon. Übers. von ELVIRA VON ROEDER. Berlin 1952
Das Glück der Familie Rougon. Übertr. von MAURICE LE BLOND. München 1974
Die Beute. Hg. von RITA SCHOBER. Berlin 1952 – Neue Ausg. Darmstadt 1964
Die Meute. Übers. und Nachw. von FELIX STÖSSINGER. Zürich 1954
Der Bauch von Paris. Hg. von RITA SCHOBER. Ins Deutsche übertr. von FELIX LOESCH und HANS BALZER. Berlin 1957 – Neue Ausg. München 1974
Seine Excellenz Eugène Rougon. Ins Deutsche übertr. von HILDE WESTPHAL. Berlin 1954 – München 1975
Ein Blatt Liebe. Bearb. von BRUNO SCHWIETZKE. Gütersloh 1952
Ein Blatt Liebe. Übertr. von ELISABETH EICHHOLTZ. München 1975
Nana. Übertr. von WALTER WIDMER. München 1952
Nana. Vollst. Ausg. Übertr. und mit einem Nachw. vers. von ERICH MARX. Leipzig 1957 (Sammlung Dietrich. 202)
Vordertreppenroman (Pot-Bouille). Übertr. von WALTER WIDMER. Freiburg i. B. 1955 – Hahn im Korb. Karlsruhe 1963

Paradies der Damen. Aus dem Franz. von Hilde Westphal. München 1976
Die Freude am Leben. Aus dem Franz. von Elisabeth Eichholtz. München 1976
Germinal. Hg. von Wolfgang Koeppen. München 1947
Germinal. Übertr. von Johannes Schlaf. Leipzig 1949 – Neue Ausg. bearb. von Hans Balzer. München 1976
Das Werk. Übertr. von Johannes Schlaf. Leipzig 1955
Das Werk. Aus dem Franz. von Hans Balzer. München 1976
Das Geld. Ins Deutsche übertr. von Wolfgang Günther. München 1977
Die Eroberung von Plassans. Übertr. von Gerhard Schewe. München 1975
Der Totschläger. Übertr. von Gerhard Krüger. München 1975
Die Sünde des Abbé Mouret. Übertr. von Elisabeth Eichholtz. München 1975
Ein feines Haus. Übertr. von Gerhard Krüger. München 1976
Die Erde. Aus dem Franz. von Hans Balzer. München 1976
Der Traum. Ins Deutsche übertr. von Elisabeth Eichholtz. München 1977
Das Tier im Menschen. Ins Deutsche übers. von Gerhard Krüger. München 1977
Der Zusammenbruch. Deutsche von Hans Balzer. München 1977
Doktor Pascal. Ins Deutsche übertr. von Hans Balzer und Elisabeth Eichholtz. München 1977
Les trois villes. T. 1–3. Paris 1894–1898. Lourdes. 1894 – Rome. 1896 – Paris 1898
Lourdes. Bd. 1–3. Stuttgart 1894
Lourdes. Übertr. und mit einem Nachw. von Erich Marx. 3. Aufl. Leipzig 1966 (Sammlung Dieterich. 258)
Rom. Übers. von Adele Berger. Bd. 1–3. Stuttgart 1896
Rom. Aus dem Franz. von Erich Marx und I. Nickel. 2. Aufl. Leipzig 1975 (Sammlung Dieterich. 332)
Paris. Leipzig 1909
Paris. Aus dem Franz. von I. Nickel. Leipzig 1973 (Sammlung Dieterich. 361)
Les quatre Évangiles. T. 1–3. Paris 1899–1903
    Fécondité. 1899 – Travail. 1901 – Vérité. 1903
Die vier Evangelien. Übers. von Leopold Rosenzweig. T. 1–3. Stuttgart 1900–1902 – Neue Aufl. 1916–1920; 1923; 1930

c) Novellen

Contes à Ninon. Paris 1864 – Erzählungen an Ninon. Ins Deutsche übers. von Paul Heichen. Großenhain 1880
Nouveaux Contes à Ninon. Paris 1874 – Neue Erzählungen an Ninon. Übertr. von Mathilde Günther. Budapest 1892
Le Capitaine Burle. Paris 1882 – Kapitän Burle. Erzählungen. Deutsch von Rudolf Foerster. Berlin 1898
Nais Micoulin. Paris 1884 – In provenzalischer Glut. Novellen. Deutsch von Walter Heichen. Leipzig 1897
Gesammelte Novellen. Durchges. und hg. von Hans Jacob. Bd. 1–3. Berlin 1921 – 2. Aufl. Weimar 1977
Erzählungen. Deutsch von Curt Noch. Mit Einf. von Herbert Kühn. Leipzig 1953 (Sammlung Dieterich. 147)

d) Dramen und lyrische Stücke

Théâtre. (Thérèse Raquin; Les Héritiers Rabourdin; Le Bouton de Rose) Paris 1878
Renée. Pièce en 5 actes. Paris 1887 – Renée. Deutsch von Jocza Savits. Berlin 1888
Messidor. Drame lyrique en 4 actes et 5 tableaux. Paris 1897

L'Ouragan. Drame lyrique en 4 actes. Paris 1901
Poèmes lyriques. (Messidor; L'Ouragan; L'Enfant-Roi; Violaine la Chevelue; Sylvanire; Lazare) Paris 1921

e) Kritische Schriften

Mes Haines. Causeries littéraires et artistiques. Paris 1866 – Was ich nicht leider. mag. Ins Deutsche übertr. von Paul Heichen. Leipzig 1886
La République et la littérature. (Recueil d'articles) Paris 1879
Le Roman expérimental. (Lettre à la jeunesse; Le Naturalisme au théâtre; L'Argent dans la littérature; Du roman; La République et la littérature) Paris 1880 – Der Experimentalroman. Eine Studie. Leipzig 1904
Documents littéraires, études et portraits. (Chateaubriand, Victor Hugo, Alfred de Musset, Th. Gautier, Les poètes contemporains, De la moralité dans la littérature) Paris 1881
Le Naturalisme au théâtre. Les théories et les exemples. Paris 1881
Nos Auteurs dramatiques. Paris 1881
Les Romanciers naturalistes. (Balzac, Stendhal, Gustave Flaubert, Edmond et Jules de Goncourt, Alphonse Daudet) Paris 1881 – Der naturalistische Roman in Frankreich. Stuttgart 1893
Une Campagne (1880–1881). Paris 1882
Lettre à la jeunesse. Paris 1897 – An die Jugend. Stuttgart 1897
«J'accuse.» L'Affaire Dreyfus. Lettre à Monsieur Félix Faure, Président de la République. Paris 1897 – J'accuse . . .! Straßburg 1898
La Vérité en marche. Paris 1901 – Die Affäre Dreyfus, der Siegeszug der Wahrheit. Übers. von Paul Seliger. Stuttgart 1901
Frankreich: Mosaik einer Gesellschaft; unveröffentlichte Skizzen und Studien / Émile Zola: Hg. u. kommentiert von Henri Mitterand. Aus dem Frz. v. Brigitte Pätzold. Wien 1990

3. Lebenszeugnisse

Lettres de jeunesse. Paris 1907
Les Lettres et les Arts. Paris 1908
Correspondance 1858–1902. Notes et commentaires de Maurice Le Blond. 2 vols. Paris 1928 (Les œuvres complètes. 48, 49)
Correspondance. Hg. von B. H. Baaker u. a. 1 : 1858–1867; 2 : 1868–1877; 3 : 1877–1880; 4 : 1880–1883; 5 : 1884–1886; 6 : 1887–1890; 7 : 1890–1893. Montréal 1978–1989
Briefe an Freunde. Übertr. von Auguste Foerster. Leipzig 1918
Mein Kampf um Wahrheit und Recht. Meist unveröffentlichte Briefe aus dem Nachlaß. Übertr. von A. Rosenberg. Dresden 1928
Der Fall Dreyfus und andere Kämpfe in Briefen und Bekenntnissen. Übertragen von A. Rosenberg. Dresden 1930
Mallarmé, Stéphane: Dix-neuf lettres à Zola. Introduction par Léon Duffoux. Paris 1929
Letters to J. van Santen Kolff. Hg. von Robert J. Niess. Washington 1940
Desprez, Louis: Lettres inédites à Émile Zola. Introduction et notes de Guy Robert. Paris 1952
Mes voyages, journaux inédits. Prés. par René Ternois. Paris 1958
Lettres inéd. à Henry Céard. Publ. et ann. par Albert Jacques Salvan. Providence 1959. Suppl. 1961 (Brown University studies. 22)
Album Zola. Iconographie réunie et comm. par Henri Mitterand et J. Vidal. Paris 1963
L'atelier de Zola. Textes de journaux 1865–1870. Recueillis et prés. par M. Kanes. Genève 1963

Brisson, Adolphe: L'envers de la gloire. Enquêtes et documents inéd. sur Zola. Paris 1904

Bruneau, Alfred: À l'ombre d'un grand cœur. Souvenirs d'une collaboration. Paris 1932

Grand-Carteret, J.: Zola en images. Portraits, caricatures et documents divers. Paris 1908

Émile Zola, Photograph: eine Autobiographie in 480 Bildern. München 1979

Le Blond-Zola, Dénise: Zola. Sein Leben, sein Werk, sein Kampf. Berlin 1932

Ternois, René: Les Zola. Histoire d'une famille véntienne. In: Les cahiers naturalistes 2, 1961/62, H. 49/70

Troyat, Henri: Zola. Paris 1992

4. Gesamtdarstellungen, Würdigungen

Alexis, Paul: Émile Zola. Paris 1882

Aragon, Louis: Actualité de Zola. In: Lettres Françaises, 1946, Nr. 128

Barbusse, Henri: Zola. Der Roman seines Lebens. Wien 1932

Baillot, Alexandre: Émile Zola, l'homme, le penseur, le critique. Paris 1925

Batilliat, Marcel: Émile Zola. Paris 1931

Becker, Colette u. a.: Dictionnaire d'Émile Zola: sa vie, son œuvre, son époque. Suivi du Dictionnaire des «Rougon-Macquart» et des catalogues des ventes après décès des biens de Zola. Paris 1993

Bédé, Jean Albert: Zola. New York 1974 (Columbia essays on modern writers. 69)

Berg, William J./Martin, Laurey K.: Émile Zola revisited. New York 1992

Bernard, Marc: Zola. Nou. éd. Paris 1976

Bouvier, Bernard: L'œuvre d'Émile Zola. Genève 1903

Colloque sur Émile Zola. London 1971 – Émile Zola, le style journalisme et théâtre, les mobiles, thèmes et idéologies. Actes. Paris 1971

Conrad, Michael Georg: Émile Zola. Berlin 1906

Les critique de notre temps et Zola. Éd. par Colette Becker. Paris 1972

Brulat, Paul: Histoire populaire d'Émile Zola. Paris 1907

Diederich, Benno: Emil Zola. Leipzig 1898

Émile Zola. Inspiration, techniques, rayonnement. Actes du colloque de Londres. 1963. In: Les cahiers naturalistes. No. Spéc. 24–25, 1963

Euvrard, Michel: Émile Zola. Paris 1966

Faguet, Émile: Zola. Paris 1903

France, Anatole: La vie littéraire. Série 1–3, 5. Paris 1888–1909

Grant, Elliot Mansfield: Zola. New York 1966

Guillemin, Henri: Zola, légende et vérité? Essai. Paris 1971

Guillemin, Henri: Zola. Sa vie, les sens de son œuvre. Bruxelles 1971 (Cercle d'éducation populaire. Cahier. 39)

Hemmings, Frederick W.: Émile Zola: Chronist und Ankläger seiner Zeit; Biographie. Frankfurt a. M. 1981)

Herriot, Édouard: Émile Zola et son œuvre. Paris 1935

Jouvenel, Bertrand de: Vie de Zola. Paris 1931

Kesten, Hermann: Zola. In: Kesten. Meine Freunde die Poeten. München 1959

Lanoux, Armand: Bonjour Monsieur Zola. Paris 1972

Laporte, Antoine: Le naturalisme ou l'immoralité littéraire. Émile Zola. L'homme et l'œuvre. Paris 1894

Mann, Heinrich: Zola. Essay. Leipzig 1962 (Insel Bücherei. 708)

Herrmann-Neisse, Max: Emil Zola. Berlin 1925

Maupassant, Guy de: Émile Zola. Paris 1883

Mueller, Peter: Émile Zola, der Autor im Spannungsfeld seiner Epoche. Stuttgart 1981

Péguy, Charles: Émile Zola. Textes et commentaire. Paris 1902
Piérard, Louis: Zola. 1938. Un discours. Paris 1939
Romains, Jules: Zola et son exemple. Paris 1935
Roth, Viktor: Émile Zola um die Jahrhundertwende: Stationen eines kämpferischen Lebenslaufs. Nördlingen 1987
Sherard, Robert H.: Émile Zola, a biographical and critical study. London 1892
Ten Brink, J.: Emil Zola und seine Werke. Braunschweig 1887
Vizetelly, Ernest Alfred: Emil Zola. Sein Leben und seine Werke. Berlin 1905
Walker, Philip D.: Zola. London 1969
Walter, Gerhard: Emil Zola, der Deuter des Fin de Siècle. München 1959
Zévaès, Alexandre: Zola. Paris 1946

5. Untersuchungen

a) Zu einzelnen Werken

Abastado, Claude: Zola, «Germinal» analyse critique. Paris 1970 (Profil d'une œuvre. 8)
Berta, Michel: De l'androgynie dans les Rougon-Macquart et deux autres études sur Zola. New York u. a. 1985
Brady, Patrick: «L'œuvre» de Zola, roman sur les arts. Genève 1967
Brady, Patrick: Le bouc émissaire chez Émile Zola: 4 essais sur «Germinal» et «L'œuvre». Heidelberg 1981
Buuren, Maarten van: «Les Rougon-Macquart» d'Émile Zola: de la métaphore au mythe. Paris 1986
Case, Frederick Ivor: La cité idéale dans «Travail» de Zola. Toronto 1975
Dezalay, Auguste: L'opéra des Rougon-Macquart: essai de rythmologie romanesque. Paris 1983 (Bibliotheque française et romane: Sér. C; 78)
Doisy, Ginette: Clés pour «Les Rougon-Macquart». Paris 1974
Descotes, Maurice: Le personnage de Napoléon III dans le Rougon-Macquart. Paris 1970
Dubois, Jacques: «L'Assommoir» de Zola. Société, discours, idéologie. Paris 1973
Frandon, Ida Marie: Autour de «Germinal». Genève 1955
Girard, Marcel: «Germinal» de Zola. Paris 1973
Grant, Richard B.: Zola's «Son Excellence Eugène Rougon». An Historical and Critical Study. Durham 1960
Gumbrecht, Hans U.: Zola im historischen Kontext: für eine neue Lektüre des Rougon-Macquart-Zyklus. München 1978
Huysmans, Joris-Karl: Émile Zola et «L'Assommoir». Paris 1880
Jagmetti, Antoinette: La «Bête humaine» d'Émile Zola. Étude de stilistique critique. Genève 1955
Kaiser, Elke: Wissen und Erzählen bei Zola: Wirklichkeitsmodellierung in den Rougon-Macquart. Tübingen 1990 (Romanica Monacensia; 33)
Kanes, Martin: Zolas «La Bête Humaine». Berkeley 1962
Kellner, Sven: «Le Docteur Pascal» de Zola: rétrospective des Rougon-Macquart, livre de documents, roman à thése. Lund 1981
Klotz, Volker: Die Stadt als Aufgabe. Emil Zolas Romanzyklus «Les trois villes» (1894–1898). In: Klotz, Die erzählte Stadt. München 1969. S. 194–253
Krumbholz, Karl W.: Émile Zolas Roman «L'Œuvre» als Wortkunstwerk. Bochum 1935 (Arbeiten zur romanischen Philologie. 31)
Lapp, John Clarke: Les racines du naturalisme. Zola avant les Rougon-Macquart. Paris 1972 (Collection Études. 350. Littérature Française)
Le Blond, Maurice: La publication de «La Terre». Paris 1937

LEJEUNE, PAULE: Germinal: un roman antipeuple. Paris 1978

LEMM, SIEGFRIED: Zur Entstehungsgeschichte von Zolas Rougon-Macquart und der Quatre évangiles. Halle 1913 (Beiträge zur Geschichte der romanischen Sprachen. 8)

NELSON, BRIAN: Zola and the bourgeoisie: a study of themes and techniques in «Les Rougon-Macquart». London 1983

NEUSCHÄFER, HANS-JÖRG: Zola. «Germinal». In: Der französische Roman. Vom Mittelalter bis zur Gegenwart. 2. Düsseldorf 1975. S. 9–33

Le personnel du roman: le système des personnages dans le Rougon-Macquart d'Émile Zola. Genf 1993 (Histoire des idées et critique littéraire; 211)

PETRY, SANDY: Discours social et littérature dans «Germinal». In: Littérature 22, 1976, S. 59–74

PLACE, DAVID: Zola and the working class; The meaning of «L'Assommoir». In: French studies 28, 1974, H. 1, S. 39–49

PROULX, ALFRED: Aspects épiques des Rougon-Macquart de Zola. The Hague 1966

PSICHARI, HENRIETTE: Anatomie d'un chef-d'œuvre: «Germinal». Paris 1964

ROBERT, GUY: «La Terre» d'Émile Zola. Étude historique et critique. Paris 1952

ROCHECOUSTE, GABRIELLE M.: The role of catamorphie systems in the structure of Zola's «Rougon-Macquart». Hildesheim 1988 (Romanische Texte und Studien. 2)

SCHMIDT, LIESELOTTE: Edouard Drumond – Zola. Publizistik und Publizisten in der Dreyfus-Affäre. Dissertation Berlin 1962

SCHMIDT, SUSANNE: Die Kontrasttechnik in den «Rougon-Macquart» von Émile Zola. Frankfurt a. M. 1989 (Bonner romanistische Arbeiten; 30)

SCHOBER, RITA: Stil- und Strukturfragen der «Rougon-Macquart». In: SCHOBER, Von der wirklichen Welt in der Dichtung. Berlin 1970. S. 248–266

SCHOBER, RITA: Zola, sein Roman «Das Werk» und der französische Impressionismus. In: s. o. S. 214–247

SCHOBER, RITA: Der «Doktor Pascal» oder vom Sinn des Lebens. In: Beiträge zur romanischen Philologie 12, 1973, H. 2, S. 317–343

SIEBURG, FRIEDRICH: Zolas großer Augenblick «J'accuse». In: SIEBURG, Lauter letzte Tage. Stuttgart 1961

STEFAN, MAX: Les métamorphoses de la grande ville dans les «Rougon-Macquart». Paris 1966

TERNOIS, RENÉ: Zola et son temps. Lourdes–Paris–Rome. Paris 1961 (Publications de l'Université de Dijon. 22)

TONARD, JEAN-FRANÇOIS: Thématique et symbolique de l'espace clos dans le cycle des Rougon-Macquart d'Émile Zola. Frankfurt a. M. 1994 (Europäische Hochschulschriften: Reihe 13; 190)

VIAL, ANDRÉ MARC: «Germinal» et le socialism de Zola. Paris 1975

VIENS, J.: «La terre» de Zola et «Trente argents» de Ringuet. Étude comparée. Paris 1970

VITI, ROBERT M.: A woman's time, a lady's place: Nana and Au bonheur des dames. In: Symposium, 44 (1990/91), n. 4, S. 291 ff.

WALKER, PHILIP: «Germinal» and Zola's philosophical and religious thought. Amsterdam 1984 (Purdue University monographs in Romance Languages. 14)

WOLFZETTEL, FRIEDRICH: «Le Docteur Pascal» und seine Bedeutung für den Rougon-Macquart-Zyklus. In: Die neueren Sprachen 71 (N. F. 21), 1972, H. 3, S. 148–160

WOLFZETTEL, FRIEDRICH: Vertikale Symbolik in Émile Zolas «La Curée». In: Germanisch-romanische Monatsschrift, N. F. 19, 1969, H. 4, S. 435–443

ZAKARIAN, RICHARD H.: Zolas «Germinal». Genève 1972

ZÉVAÈS, ALEXANDRE: Le cinquantenaire de «J'accuse». Paris 1948

b) Zu einzelnen Problemen

BANSEMER, ERWIN: Abbild und Sinnbild im Werke Émile Zolas. Dissertation Frankfurt a. M. 1951 (Mscr.)
BELGRAND, ANNE: Zola ‹élève› des Goncourt. In: Francofonia, 11 (1991), n. 20, S. 115–131
BENOUDIS BASILIO, KELLY: Le mécanique et le vivant: La métonymie chez Zola Genf 1993 (Histoire des idées et critique littéraire; 324)
BIERHOFF, ERICH: Verhältnis zwischen «hérédité», «milieu» und «moment» in Zolas Romanen. Bochum 1934 (Arbeiten zur romanischen Philologie. 11)
BORIE, JEAN: Zola et les mythes. Paris 1971
BRAUN, MARTIN: Émile Zola und die Romantik – Erblast oder Erbe?: Studium einer komplexen Naturalismuskonzeption. Tübingen 1993 (Erlanger romanistsche Dokumente und Arbeiten; 10)
BROWN, BARLOW: Le peinture des métiers et des meurs professionelles dans les romans d'Émile Zola. Montpellier 1985
BUDKA, MONIKA: Wandlungen in der Zolakritik. Dissertation Wien 1970 (Mscr.)
CARTIER, LAWSON A.: Zola and the theatre. Paris 1963
COLIN, RENÉ-PIERRE: Tranches de vie: Zola et le coup de force naturaliste. Tusson (Charente) 1991
COLLOT, SYLVIE: Les lieux du désir: topologie amoureuse de Zola. Paris 1992
COSSET, EVELYNE: Les «quatre évangiles» d'Émile Zola: espace, temps, personnages. Genf 1990 (Histoire des idées et critique littéraire; 286)
DAUDET, ALPHONSE: Pages inédites de critique dramatique. Paris 1924
DAUS, RONALD: Zola und der französische Naturalismus. Stuttgart 1976 (Sammlung Metzler 1946, Abt. D: Literaturgeschichte)
DESSIGNOLE, ÉMILE: La question sociale dans Émile Zola. Paris 1905
DUFOUR, MÉDÉRIC: La philosophie naturaliste de Zola. Critique. Paris 1905
FRANDON, IDA MARIE: La pensée politique de Zola. Paris 1959
GAUKEL, ANNELIES: Einheit und Wandlung im Gesamtwerk Émile Zolas. Dissertation Tübingen 1951 (Mscr.)
GUIEU, JEAN-MAX: Le théâtre lyrique d'Émile Zola. Paris 1983
GUIEU, JEAN-MAX (Hg.): Émile Zola and the arts: centennial of the publication of «L'Œuvre». Washington 1988
GUMBRECHT, HANS U.: Zola im historischen Kontext. München 1977
KAEMPFER, JEAN: Émile Zola: d'un naturalisme pervers. Paris 1989
KEINS, JEAN PAUL: Der historische Wahrheitsgehalt in den Romanen Zolas. Erlangen 1932 (Romanische Forschungen. 46)
KRAKOWSKI, ANNA: La condition de la femme dans l'œuvre de Zola. Préf. de HENRI MITTERAND. Paris 1974
KRANOWSKI, NATHAN: Paris dans les romans de Zola. Paris 1968
LATTRE, ALAIN DE: Le réalisme selon Zola. Paris 1975
MEYER, WERNER F.: Der Einzelmensch und die Gesellschaft bei Zola. Dissertation Münster 1939
MÜCHLER, FRED: «Pathologische» Syntax am Beispiel Zolas. Dissertation Innsbruck 1959
NIEHAUS, MICHAEL: Émile Zola und die unmögliche Selbstdarstellung des Naturalismus. In: Germanistisch-romanische Monatsschrift, N. F. 45 (1995), n. 3, S. 315–334
OEHLERT, RICHARD: Zola als Theaterdichter. Berlin 1920 (Romanische Studien. 17)
RIPOLL, ROGER: Zola journaliste. Paris 1972
RIPOLL, ROGER: Realité et mythe chez Zola. Vol. 1 u. 2. Lille 1981
SCHRÖDER, HEINZ: Leitmotiv in den Werken Émile Zolas. Dissertation Hamburg 1950 (Mscr.)
SEASSAU, CLAUDE: Émile Zola, le réalisme symbolique. Paris 1989

STIELER, ELISABETH: Zolas Stellung zur Religion und Kirche. Bochum 1934 (Arbeiten zur romanischen Philologie. 21)
TOUBIN-MALINAS, CATHERINE: Heurs et malheurs de la femme au XIXe siècle: «Fécondité» d'Émile Zola. Paris 1986
WEISKE, FRITZ: Zolas Stellung zum Katholizismus. In: Germanisch-romanische Monatsschrift 24, 1936, S. 127–144
WETHERILL, P. M.: Zola et l'effondrement du réalisme. In: Les lettres romanes, 46 (1992), n. 3, S. 185–199
WIEGLER, HANS: Geschichte und Kritik der Theorie des Milieus bei Émile Zola. Rostock 1905
WOLFF, EUGEN: Zola und die Grenzen von Poesie und Wissenschaft. Leipzig 1891

6. Beziehungen und Wirkungen

ALTHAUS, HANS: Zwischen alter und neuer besitzender Klasse: Stendhal – Balzac – Flaubert – Zola; Beiträge zur französischen Gesellschaftsgeschichte. Berlin 1987 (Schriften zur Kultursoziologie; 8)
BERTAUX, FELIX: L'influence d'Émile Zola en Allemagne. In: Revue de Littérature comparée 4, 1924, S. 73–91
BLOCK, HASKELL: Naturalistic triptych. The fictive and real in Zola, Mann and Dreiser. New York 1970
BORDIER, ROGER: Sur Zola et Proust. L'esprit de famille, l'art et le réel. In: Europe 48, 1970, S. 218–228
CHEVREL, YVES: Les rélations de Zola avec le monde germanique. In: Les cahiers naturalistes 19, 1973, H. 46, S. 227–247
DANGELZER, JOANE YVONNE: La description du milieu dans le roman français de Balzac à Zola. Thèse. Paris 1938
DECKER, C. R.: Zola's literary reputation in England. In: PMLA 49, 1934, S. 1140–1153
FRANKE, CARL: Émile Zola als romantischer Dichter. Dargest. an seinen Beziehungen zu Victor Hugo. Marburg 1914 (Marburger Beiträge zur romanischen Philologie. 13)
GUGGENHEIM, KURT: Minuten des Lebens. Roman um die Freundschaft zwischen Zola und Cézanne. Zürich 1969
HLYNSKY, BORIS: Ivan Franko et Émile Zola: une étude de relations littéraires. Hamburg 1979
JOLY, BERNARD: Maupassant et Zola. In: Les cahiers naturalistes 19, 1973, H. 46, S. 205–226
KAHN, MAURICE: Anatole France et Émile Zola. In: Grande revue 121, 1926, S. 40–67
KLOSE, JUTTA: Tafelfreud und Liebesleid in der Bourgeoisie: «Essen und Trinken» bei Balzac, Flaubert und Zola. Frankfurt a. M. 1987 (Heidelberger Beiträge zur Romanistik; 22)
LE BLOND, MAURICE: Émile Zola. Son évolution, son influence. Paris 1903
NIESS, ROBERT JUDSON: Zola, Cézanne and Manet. A study of «L'Œuvre». Ann Arbor 1968
PAGES, ALAIN: Émile Zola, un intellectuel dans l'affaire Dreyfus: histoire de J'accuse. Paris 1991
PARAF, PIERRE: Émile Zola et Henri Barbusse. In: Les cahiers naturalistes 19, 1973, H. 46, S. 139–145
PAUL, LOUIS: Les types sociaux chez Balzac et Zola. Paris 1925
PETREY, SANDY: Realism and revolution: Balzac, Stendhal, Zola, and the performances of history. Ithaca, New York u. a. 1988
RAUHUT, FRANZ: Zola, Hauptmann, Pirandello. In: Germanisch-romanische Monatsschrift 26, 1938, S. 440–466

REWALD, JOHN: Cézanne et Zola. Paris 1936

RIPOLL, ROGER: Zola juge de Victor Hugo (1871–1877). In: Les cahiers naturalistes 19, 1973, H. 46, S. 182–204

ROOT, WINTHROP H.: German criticism of Zola 1875–1893. New York 1931

SÄLTZER, ROLF: Entwicklungslinien der deutschen Zola-Rezeption von den Anfängen bis zum Tode des Autors. Berne u. a. 1989 (New York University Ottendorfer series; N. F. 31)

SALVAN, ALBERT JACQUES: Zola aux États-Unis. Providence 1943 – Repr. 1967

SCHOBER, RITA: Zolas ästhetische Auseinandersetzung mit Balzac. In: SCHOBER, Von der wirklichen Welt in der Dichtung. Berlin 1970. S. 185–213

SCHWARZ, GOTTFRIED: Krieg und Roman: Untersuchungen zu Stendhal, Hugo, Tolstoj, Zola und Simon. Frankfurt a. M. 1992 (Europäische Hochschulschriften: Reihe 18; 60)

VALKHOFF, PIET: Émile Zola et la littérature néerlandaise. In: Mélanges Baldensperger. Vol. 2. Paris 1930. S. 314–327

VIZETELLY, ERNEST ALFRED: With Zola in England. London 1899

WOLF, NELLY: Le peuple dans le roman français de Zola à Céline. Paris 1990

ZIEGER, KARL: Die Aufnahme der Werke von Émile Zola durch die österreichische Literaturkritik der Jahrhundertwende. Bern u. a. 1986 (Europäische Hochschulschriften: Reihe 18; 44)

Namenregister

Die kursiv gesetzten Zahlen bezeichnen die Abbildungen

Quellennachweis der Abbildungen

Ullstein Bilderdienst, Berlin: 79 (oben u. unten), 96, 112 unten, 134, 135 (oben u. unten), 151

Archiv für Kunst und Geschichte, Berlin: 93, 148; 95, 120 (Sammlung Historia-Photo)

Bildarchiv Preußischer Kulturbesitz, Berlin: 69, 129 (oben und unten)

Violett: 86/87

Alle übrigen Bildvorlagen wurden freundlicherweise von der Familie Zola zur Verfügung gestellt.

rowohlts monographien

Ein Gesamtverzeichnis der Reihe *rowohlts monographien* finden Sie in der *Rowohlt Revue*. Vierteljährlich neu. Kostenlos in Ihrer Buchhandlung.

Ein Gesamtverzeichnis der Reihe *rowohlts monographien* finden Sie in der *Rowohlt Revue*. Vierteljährlich neu. Kostenlos in Ihrer Buchhandlung.

Literatur

rowohlts monographien

rowohlts monographien

Ein Gesamtverzeichnis der
Reihe *rowohlts mono-
graphien* finden Sie in der
Rowohlt Revue. Vierteljähr-
lich neu. Kostenlos in Ihrer
Buchhandlung.

Ein Gesamtverzeichnis der Reihe *rowohlts monographien* finden Sie in der *Rowohlt Revue*. Vierteljährlich neu. Kostenlos in Ihrer Buchhandlung.

Medizin / Psychologie / Naturwissenschaft

rowohlts monographien